calligrammes
LIBRAIRIE A
DEUTSCHE BÜCHER

Bollmann Bibliothek
Band 2

1. Auflage 1991

Herstellung: Clausen & Bosse, Leck
Printed in Germany
ISBN 3-927901-06-7

Georg Lechner (Hrsg.)

Prägungen

Deutsche in Paris

Bollmann

Inhalt

Dieses Buch ist eine Hommage an die Deutschen in Paris, die – wie das Goethe-Institut – während der letzten 25 Jahre in dieser Stadt gewirkt haben; und es ist eine Hommage an die Stadt, die beide aufgenommen hat.

Georg Lechner

Erstes Vorwort

Paris und kein Ende

Eckart Peterich lobte in seinen *Pariser Spaziergängen* »die unermüdliche Geselligkeit« der Stadt, die »selbst der Arbeit, wo immer es angeht, eine gesellige Form zu geben versucht« und führte die französische Vorliebe für Spiegel nicht nur auf ihr Nationallaster, die »Eitelkeit«, zurück (von der Ernst Bloch sagte, sie sei das letzte Kleid, das der Mensch ablege), sondern auch auf das gesellige Leben, das sie, »wo sich das tun läßt, durch Spiegel verdoppeln, ja durch sich ineinander spiegelnde Spiegel unendlich vervielfachen«.

Theodor Däubler wähnte Paris eine Sinfonie in Grau, vor der alle anderen Farben desto deutlicher werden. Für Heinrich Heine war die Luft von Paris »holdselig zivilisiert«, und der gleiche Heine sah in der Eröffnung der beiden neuen Eisenbahnstrecken von Paris nach Rouen und Orleans im Jahre 1843 das Nahen einer neuen Zeit. »Mir ist«, schwärmte er im *Pariser Tagebuch,* »als kämen die Berge und Wälder aller Länder auf Paris angerückt. Ich rieche schon den Duft der deutschen Linden, vor meiner Tür brandet die Nordsee.« Die gleiche Stadt inspiriert R. M. Rilke in *Malte Laurids Brigge* dazu, über das Sterben zu schreiben und jene Ambulanzen, »diese verteufelten kleinen Wagen und ihre ungemein anregenden Milchglasfenster, hinter denen man sich die herrlichsten Agonien vorstellen kann, dafür genügt die Fantasie einer Concierge«. Alexander von Humboldt hielt es zwanzig Jahre in Paris. Paul Celan schrieb und gab sich hier den Tod. E.T.A. Hoffmann fühlte sich hier wohl mehr zu Hause als in Deutschland. Arno Breker verstieg sich für seine Memoiren gar zu dem verwegenen Titel: *Hitler – Paris – und ich.* »Zu allen Zeiten«, sagt Saint-Beuve, »hatten wir in Frankreich einen deutschen Dichter unter uns.«

Prägungen

Wie verhält sich der Bildhauer zu seinem Material, der Künstler zu seinem Modell, die Sensibilität des Dichters zur Lebens- und Konkursmasse einer Stadt? Hat nicht Baudelaire »aus dem Schmutz der Städte das Gold seiner Verse« gemacht? Wieviel Paris steckt im *Passagenwerk* von Walter Benjamin, wieviel *Passagenwerk* in Paris? Heinrich Mann reagiert auf diese Stadt anders als Klaus Mann oder Thomas Mann, Tucholsky anders als Joseph Roth, Döblin anders als Grass. War Paris auf der Höhe von Mozart, von Wagners *Tannhäuser* oder Strawinskys *Frühlingsopfer?* Hätte sich Goethe, wäre er je nach Paris gekommen – trotz seines Lobliedes auf Paris in seinem Eckermann-Gespräch vom 3. Mai 1827 – für diese Stadt ebenso begeistert wie für Rom, seine »Hauptstadt der Welt«?

Jede große Stadt nimmt Maß an den Menschen, die zu ihr kommen, und die Besucher nehmen Maß an ihr, da »jeder Fremde nach dem Maßstab beurteilt, den er mitbringt«, wie Goethe in seinem Tagebuch am Tag seiner Ankunft in Rom am 1.11.1786 vermerkt.

A propos Rom und Paris: Ernst Robert Curtius weiß, was er beiden schuldet: »Das antike Rom und das moderne Paris sind die beiden einzigen Beispiele dafür, daß die politische Hauptstadt eines großen Staates der Mittelpunkt seines gesamten nationalen und geistigen Lebens geworden ist und daß sie darüber hinaus für die ganze bewohnte Welt die Bedeutung eines kosmopolitischen Kulturzentrums erlangt hat«, schreibt er in *Die französische Kultur.* War es nicht auch er, der schließlich Paris fast metaphysisch verklärte. »Wer an einem leuchtenden Sommerabend der schönen Steigung der Champs Elysées folgt, dem kann es erscheinen, als ob hinter dem monumentalen Tor des Triumphbogens ein Meer der Lust sich öffnen müßte.«

Weltstadt Paris

Sie heißt nicht so, weil sie in aller Welt bekannt ist – das ist auch Coca-Cola –, sondern weil sie zur kreativen Werkstatt und zum Erfahrungsbrennpunkt für so viele aus aller Welt taugt. In diesem Buch treten für die letzten Jahrzehnte als Zeugen hierfür zwar nur Deutsche oder solche deutscher Zungen auf – sit venia absentibus – sie stehen jedoch an diesem kosmopolitischen Ort für Tausende anderer, von denen die Stadt auch weiterhin nimmt und denen sie generös gibt. Sie kommen aus den verschiedensten Berufen und haben hier vorübergehend oder dauerhaft Heimat gefunden. Es sind Mannequins, Filmemacher, Germanisten, Opernsänger, Historiker, Maler, Schriftsteller, Komponisten, Grafiker, Fernseh-, Radio- und Zeitungsjournalisten, Liedermacher, Verleger, Kunsthistoriker, Diplomaten, Regisseure, Zeichner, Philosophen, Mulitmediakünstler. Ihre Beiträge sind Erinnerungsstücke, Durcharbeitungen, Aperçus, wie sie nur die Erfahrung liefert und so komplex wie diese. Die Sprache spielt dabei nicht selten eine geheime Starrolle: hier wird sie souverän mit allen Registern, einer Orgel gleich, eingesetzt, dort behilft sie sich mit der Übersetzung, hier wird sie verweigert, kokettiert bald zwischen den beiden Sprachen, bald greift sie mutig zum historisierenden Stil, scheint auch mal gelassen als Zweisprachigkeit durch. Wer Sprache sagt, sagt Bewußtsein. In ihrer unendlichen Vervielfältigung, wie sie eben nur diese Stadt kennt, stellen solche Texte nicht nur ein Stück Kultur- und Sozialgeschichte dar, sondern sind ein wirkliches Psychogramm des Ortes, der sie prägt und den sie prägen.

Hier und Heute

Die Bedingung für diese Zeugenschaft war freundlich genug: die Autoren sollten für sich selbst Zeugnis ablegen – und somit noch leben. Die Zeugnisse sind dementsprechend, unverwechselbar wie das individuelle Leben, indem sich in der Erinnerung Humor, Witz, Zärtlichkeit, Distanz, Analyse und Leidenschaft auf eine Weise vermischen, die historische Berichte nicht kennen. Ihre eigenen Geschichten sind hineingewoben in die vieler anderer, alle wiederum in die Geschichte mit großen »G«, die zusammen jenes Muster ergeben, wie es eine Stadt wie Paris zusammenfügt. Ob Aufzeichnungen, Stimmungen, Interviews, Briefe, biografische Reminiszenz oder Fragebogenpointe, stets bleiben die Autoren im direkten Dialog mit ihrer Stadt und ihrem Land, stellen Individualgleichungen auf, die nur das Leben hervorbringt und der Verwissenschaftlichung, Vermassung und Gleichschaltung der heutigen Welt auf ihre Weise entgegenwirken.

Wenn Lichtenberg mit seinem Aphorismus recht hatte, daß die größte Landschaft immer noch das menschliche Antlitz ist und wir mit Beuys weiterhin den wichtigsten plastischen Vorgang in der Entwicklung des menschlichen Bewußtseins sehen dürfen, so bleibt Paris, dieser Menschheitshort, für uns alle eines der großen schöpferischen Zentren der Welt.

Am Zustandekommen dieses Buches hat Stefan Bollmann, neben den Autoren, entscheidenden Anteil. Karin Biro hat die Vorarbeiten mit Rat und Tat begleitet, Hildegard Gerloff und Gisela Werner sparten nicht mit Anregungen und sorgten für ihre praktische Durchführung. Ihnen allen gilt der Dank des Herausgebers.

Heinrich Heine

Zweites Vorwort

Den 1. Mai 1831 fuhr ich über den Rhein. Den alten Flußgott, den Vater Rhein, sah ich nicht, ich begnügte mich, ihm meine Visitenkarte ins Wasser zu werfen. Er saß, wie man mir sagte, in der Tiefe und studierte wieder die französische Grammatik von Meidinger, weil er nämlich während der preußischen Herrschaft große Rückschritte im Französischen gemacht hatte, und sich jetzt eventualiter aufs neue einüben wollte. Ich glaubte, ihn unten konjugieren zu hören: »J'aime, tu aimes, nous aimons«. – Was liebt er aber? In keinem Fall die Preussen. Das Straßburger Münster sah ich nur von fern; es wackelte mit dem Kopfe, wie der alte getreue Eckart, wenn er einen jungen Fant erblickt, der nach dem Venusberge zieht.

Zu Saint-Denis erwachte ich aus einem süßen Morgenschlafe, und hörte zum ersten Male den Ruf der Coucouführer: »Paris! Paris!« so wie auch das Schellengeklingel der Coco-Verkäufer. Hier atmet man schon die Luft der Hauptstadt, die am Horizont bereits sichtbar. Ein alter Schelm von Lohnbedienter wollte mich bereden, die Königsgräber zu besichtigen, aber ich war nicht nach Frankreich gekommen, um tote Könige zu sehen; ich begnügte mich damit, mir von jenem

Cicerone die Geschichte des Ortes erzählen zu lassen, wie nämlich der böse Heidenkönig dem heiligen Denis den Kopf abschlagen ließt, und dieser mit dem Kopf in der Hand von Paris nach Saint-Denis lief, um sich dort begraben und den Ort nach seinem Namen nennen zu lassen. Wenn man die Entfernung bedenke, sagte mein Erzähler, müsse man über das Wunder staunen, daß jemand so weit zu Fuß ohne Kopf gehen konnte – doch setzte er mit einem sonderbaren Lächeln hinzu: »Dans des cas pareils il n'y a que le premier pas qui coûte.« Das waren zwei Franken wert, und ich gab sie ihm, pour l'amour de Voltaire, dessen Spottlächeln ich hier schon begegnete.

In zwanzig Minuten war ich in Paris, und zog ein durch die Triumphpforte des Boulevard Saint-Denis, die ursprünglich zu Ehren Ludwig XIV. errichtet worden, jetzt aber zur Verherrlichung meines Einzugs in Paris diente. Wahrhaftig überraschte mich die Menge von geputzten Leuten, die sehr geschmackvoll gekleidet waren, wie Bilder eines Modejournals. Dann imponierte mir, daß sie alle französisch sprachen, was bei uns ein Kennzeichen der vornehmen Welt; hier ist also das ganze Volk so vornehm, wie bei uns der Adel. Die Männer waren alle so höflich, und die schönen Frauen so lächelnd. Gab mir jemand unversehens einen Stoß, ohne gleich um Verzeihung zu bitten, so konnte ich darauf wetten, daß es ein Landsmann war; und wenn irgendeine Schöne etwas allzu säuerlich aussah, so hatte sie entweder Sauerkraut gegessen, oder sie konnte Klopstock im Original lesen. Ich fand alles so amüsant, und der Himmel war so blau und die Luft so liebenswürdig, so generös, und dabei flimmerten noch hie und da die Lichter der Julisonne; die Wangen der schönen Lutetia waren noch rot von den Flammenküssen dieser Sonne, und an ihrer Brust war noch nicht ganz verwelkt der bräutliche Blumenstrauß. An den Straßenecken waren freilich hie und da die »Liberté, égalité, fraternité« schon wieder abgewischt. Die Flitterwochen vergehen so schnell!

Ich besuchte sogleich die Restaurants, denen ich empfohlen war; diese Speisewirte versicherten mir, daß sie mich auch ohne Empfehlungsschreiben gut aufgenommen hätten, da ich ein so honettes und distinguiertes Äußere besäße, das sich von selbst empfehle. Nie hat mir ein deutscher Garkoch dergleichen gesagt, wenn er auch ebenso dachte; so ein Flegel meint, er müsse uns das Angenehme verschweigen, und seine deutsche Offenheit verpflichtet ihn, nur widerwärtige Dinge uns ins Gesicht zu sagen. In den Sitten und sogar in der Sprache der Franzosen ist so viel köstliche Schmeichelei, die so wenig kostet, und doch so wohltätig und erquickend ist. Meine Seele, die arme Sensitive, welche die Scheu vor vaterländischer Grobheit so sehr zusammengezogen hatte, erschloß sich wieder jenen schmeichlerischen Lauten der französischen Urbanität. Gott hat uns die Zunge gegeben, damit wir unsern Mitmenschen etwas Angenehmes sagen.

Mit dem Französischen haperte es etwas bei meiner Ankunft; aber nach einer halbstündigen Unterredung mit einer kleinen Blumenhändlerin im Passage de l'Opera ward mein Französisch, das seit der Schlacht bei Waterloo eingerostet war, wieder flüssig, ich stotterte mich wieder hinein in die galantesten Konjugationen und erklärte der Kleinen sehr verständlich das Linéische System, wo man die Blumen nach ihren Staubfäden einteilt; die Kleine folgte einer anderen Methode und teilte die Blumen ein in solche, die gut röchen, und in solche, welche stänken. Ich glaube, auch bei den Männern beobachtete sie dieselbe Klassifikation. Sie war erstaunt, daß ich trotz meiner Jugend so gelehrt sei, und posaunte meinen gelehrten Ruf im ganzen Passage de l'Opera...

Ich verdankte diesem Zwischenfalle die Bekanntschaft einer jungen Person, die in meiner Nähe stand und die ich gegen den neugierigen Haufen in Schutz nahm. Sie war sehr zierlich und klein, ihr Mund bildete ein Herz, ihre schwarzen Augen waren fast zu groß, und es lag etwas Trotziges in dem Schnitt ihrer Stülpnase, deren feingeformte Nüstern sich bei jedem Geschmetter der Musik vor Lust aufblähten. Man nannte sie Mademoiselle Josephine oder gar kurzweg Fifine. Als sie erfuhr, daß ich ein Deutscher sei, war sie hoch erfreut, und sie bat mich, ihr eine Bärenhaut zu schenken, denn seit Jahren, sagte sie, sei es ihr Wunsch, eine Bärenhaut zu besitzen, um dieselbe vor ihr Bett zu legen; es sei ihr beständiger Traum! Sie hielt mich mehr für einen Nordländer, als ich es wirklich war, und vermutlich glauben diese Damen, daß man in meinem Vaterlande nur die Hand auszustrecken braucht, um einen Bären am Kragen zu erfassen und ihm seine Haut abzuziehen. Die Kleine war so harmlos, ihr Lächeln war so schmeichlerisch, ihre Redeweise so süß, ihr zwitscherndes Geplauder hallte in meinem Herzen so lieblich wieder, daß ich mit Freuden, ein so guter Patriot ich auch bin, der französischen Hexe zu Gefallen die Häute sämtlicher Bären Deutschlands geopfert hätte. Ich schrieb sofort ihr Begehren in mein Notizbuch, und, ihre Adresse aufzeichnend, versprach ich ihr, daß ich mich bald mit meiner deutschen Bärenhaut bei ihr einstellen würde.

Inzwischen bat ich sie, mir die Ehre zu erweisen, eine südlichere Frucht von mir anzunehmen, nämlich eine Apfelsine. Sie nahm dieselbe ohne weitere Zeremonie mit der Bemerkung an, daß sie, nächst Schweinsfüßchen à la sainte Ménéhould, just Apfelsinen am liebsten äße. »Was aber jene, die Schweinsfüße, betrifft«, fügte sie hinzu, »so verehre ich dieselben bis zur Abgötterei, und für dies Gericht könnte ich eine Nichtswürdigkeit begehen.« Während Mademoiselle Josephine langsam und mit Behagen ihre Apfelsine, oder, um mich ihres eigenen Ausdrucks zu bedienen, sich mit derselben identifizierte, suchte ich sie in ebenso angenehmer wie belehrender Weise zu unterhalten. Von den Bärenhäuten kam ich auf die Zoologie, ja selbst auf die häklichste Frage der vergleichenden Anatomie, auf die Schwanzfrage, ob nämlich der erste Mensch mit einem Schwanze wie die Affen begabt gewesen, und ob die menschliche Rasse diese antediluvianische Zierart später durch eine mehr oder minder rühmliche Krankheit verloren? Mademoiselle Josephine war erstaunt über meine große Gelehrsamkeit und sagte mir mehrmals: »Sie werden es weit bringen, mein Herr.« Ich bezweifle nicht, daß sie mir recht hilfreich unter die Arme gegriffen, indem sie meine Talente im ganzen Faubourg Saint-Jacques und den angrenzenden Straßen herumposaunte. Durch die Weiber wird man berühmt in Paris.

Aufzeichnungen

Rudolf von Thadden

Zwischen Nation und Europa

Ein denkwürdiges Jahr in Paris

Nicht nur Bücher haben ihr Schicksal, auch Rufe. Als ich 1988 einen Ruf auf eine Stiftungsprofessur der *Fondation de France* an der *Ecole des Hautes Etudes en Sciences Sociales* in Paris erhielt, konnte ich nicht ahnen, daß ich in seiner Folge ein Jahr der deutschen Einheit an der Seine verbringen würde. 1988 beneidete man mich in Göttingen um die Chance, nach Paris zu gehen; 1989/90 erwärmte man sich in Paris bei dem Gedanken, daß ich aus der Universitätsstadt an der Grenze zur DDR, Göttingen, komme. Als sei die Stiftungsprofessur als Beobachterstation für die weltgeschichtlichen Vorgänge in Deutschland geschaffen worden, erwartete man von mir die Bereitschaft, jeden aus der Mauer herausgebrochenen Stein zu kommentieren und die Rolle des Historikers mit der des Zeitzeugen zu vertauschen.

Dabei erwiesen sich meine Gesprächspartner in der Regel nicht nur als neugierig und »curieux d'esprit«, sondern auch als freundlich aufgeschlossen für den Weg von der politischen Freiheit zur nationalen Einheit, der in der Bundesrepublik eher halbherzig und zögerlich begleitet wurde. Nicht, daß es nicht auch Ängste und Skepsis in Frankreich gegeben hätte, aber diese verdrängten nur selten das Empfinden, daß es »normal« und folglich positiv sei, wenn ein Volk seine Einheit wiederfinde; »l'unité nationale est inscrite dans l'histoire«!

»L'histoire«: Kein Deutscher, der nur in den vier Wänden der Bundesrepublik lebt, macht sich klar, welche Bedeutung die Geschichte für die politische Orientierung der Franzosen hat. Als gebe es Gegenwart nur im Bewußtsein der Vergangenheit, werden alle aktuellen Vorgänge von einiger Tragweite vor dem Hintergrund denkbarer Parallelen oder Verformungen in früheren Jahrhunderten diskutiert. »Die Vergangenheit führt ihre Fluten bis an uns heran«, wie Fernand Braudel in der Einleitung zu seinem Alterswerk *L'identité de la France* sagt.

Dies gilt natürlich in besonderem Maße für ein Stück Geschichte, das wie kaum ein zweites französische historische Erinnerungen berührt: die Wiederherstellung der deutschen Einheit. War schon die deutsche Teilung als »deutsche Frage« ein Dauerthema der politischen Diskussion in Frankreich, so beschäftigte deren Aufhebung die Phantasie fast des ganzen Volkes. Aber da man keine hinreichenden Vorstellungen von den wirklichen Umständen der deutschen Vereinigung in der Gegenwart hatte, gewann die Geschichte der nationalen Einheit im 19. Jahrhundert als Orientierungsmodell geradezu magische Kraft. Bundeskanzler Kohl geriet unaufhörlich in fatale Nähe zum Reichsgründer Bismarck, die Wiederentdeckung des östlichen Deutschland ließ Bilder des alten Preußen entstehen und Berlin als Hauptstadt des wiedervereinigten Staates schien über jeden Zweifel erhaben.

Auf diesem Hintergrund konnte deutsches Zögern

nur kleinmütig wirken. Wer von den Schwierigkeiten des Zusammenwachsens einander entfremdeter Teilstaaten sprach, stieß auf kopfschüttelndes Unverständnis und erweckte den Eindruck, nicht vom Atem der Geschichte ergriffen zu sein. »Die Schriftsteller und Künstler der Bundesrepublik und der DDR«, so konnte man in *Le Monde* lesen, »haben es vernachlässigt, die (nationale) Einheit zu ›denken‹ und haben damit den Zug der Geschichte verpaßt.«

Solche Vorhaltungen, die sich aus der Sehnsucht speisen, im Einklang mit der »Geschichte« zu leben, können freilich nicht vollständig von Ängsten befreien. Auch wer die deutsche Vereinigung unabwendbar von der Geschichte vorgezeichnet findet, kann sich vor der verstärkten Macht des östlichen Nachbarn fürchten. Französische Ergebung in die Geschichte ist wegen der ihr zugrundeliegenden Skepsis keine deutsche Geschichtstheologie!

Aber die Ängste, die ich in Frankreich antraf, haben eine tiefere Wurzel. Sie kommen aus dem Gefühl, daß Deutschland durch die wiedergewonnene Einheit mit seinen östlichen Landesteilen eine Gewichtsverlagerung weg von Westeuropa erfährt, daß es wieder »abdriften« könnte. Dabei geht es keineswegs nur um politische Befürchtungen. Vielmehr steht im Hintergrund die irrationale und doch nicht grundlose Angst, daß sich im Lebensgefühl der Deutschen etwas verändern könnte – so sehr, daß sie den Franzosen wieder verloren gehen. Historisch notwendige Wiedervereinigung der Deutschen und dabei doch Verlust an Zusammenklang mit Europa.

Deutschen fällt es in der Regel schwer, solchen französischen Paradoxien gegenüber standzuhalten. Sie versuchen, sich entweder politisch zu rechtfertigen, oder sie beteuern ihren guten Willen. Nur selten habe ich in Paris Deutsche getroffen, die den französischen Paradoxien mit humoriger Gelassenheit begegneten und sie als das zu nehmen gewillt waren, was sie sind: Ausdruck eigener Schwierigkeiten, mit dem geschichtlichen Wandel zu leben. Sind denn die deutschen Spannungen zwischen nationaler Einigung und europäischer Familienzugehörigkeit unbedingt größer als die zwischen einer selbstzufriedenen »nation une et indivisible« und einer nach Öffnung verlangenden europäischen Gemeinschaft? Sind die inneren Widersprüche Deutschlands konfliktreicher als die Frankreichs?

Wahrscheinlich nein, aber die Franzosen können besser mit Spannungen und Konflikten leben als Deutsche. Franzosen, dies konnte ich immer wieder erfahren, geraten durch Konflikte weniger aus dem Gleichgewicht; ja, sie können aus ihnen geradezu Energie für neue Stabilität gewinnen. Wenn Deutsche meinen, widerstreitende Wirklichkeiten durch Formelkompromisse harmonisieren zu sollen, sind Franzosen eher geneigt, den Konflikt zwischen ihnen auszuhalten und auf die langfristig bändigende Kraft des Lebens zu setzen. Nationales und europäisches Denken können danach zusammenkommen, so wie sich Menschen verschiedener Prägung durch Gewöhnung und gemeinsame Lebenserfahrungen zusammenfinden mögen. »C'est à la vie de décider.«

Im Sinne solcher Lebensklugheit wird mir insbesondere ein Gespräch in Erinnerung bleiben, das am Abend der Wiederherstellung der deutschen Einheit im Hause von Pariser Freunden stattfand. Nachdem alle Argumente pro und contra ausgetauscht waren, ergriff die

Gastgeberin das Wort, lud zum Anschauen der Fernsehübertragung vor dem Berliner Reichstag ein und faßte die widerstreitenden Gefühle in dem Wunsch zusammen, daß man in und mit dem neuen Deutschland einträchtig leben könne. Keine politischen Theorien, keine Bekundung von Zwiespältigkeiten, kein gequältes Ja-Aber, sondern ein Gedanke an Werte, die das Leben lebenswert machen. Wer hat daran am Vorabend des 3. Oktober 1990 in Deutschland gedacht?

Fragebogen

In welcher Epoche der französischen Geschicht
hätten Sie am liebsten geleb

Was schätzen Sie bei den Franzosen am meister

Was ärgert Sie bei den Franzosen am meister

Welches deutsche Thema müssen Sie Ihre
französischen Freunden am meisten erklärer

In welchen Bereichen gleichen sich Ihres Erachter
Deutsche und Franzosen im Zuge der europäischen Einheit ar

Nennen Sie Ihr (e,en) Pariser Lieblings

Nennen Sie Ihr(en) französisches (en) Lieblings

Ist für Sie Paris eine »Ville lumière

Was ist Ihr Lieblingswerk der französischen Literatur

Welchen französischen Politiker schätzen Sie a

Wo liegen die größten Mißverständniss
zwischen Deutschen und Franzosen

Können Sie sich jeweils mit einem Satz zu folgenden Phänomenen äußer
Geist/Espri

14. Juli in Pari

Mode in Frankreic

Französische Sprach

igismund von Braun

tzt; oder 1820 - 1861; nicht zwischen 1871 und 1925

re Logik, ihr Nationalgefühl

re Abneigung gegen pragmatische Lösungen;
r selektives Geschichtsbewußtsein

ie Demokratie der Bundesrepublik

der Erkenntnis, daß wir nicht mehr Erzfeinde sind, sondern
e gemeinsame Basis Europas.

uartier:	*6ème*
raße: atz:	*Place Furstemberg*
ericht:	*Alles außer Bocuse*
lm:	*»Les enfants du Paradis«*
hanson:	*»Parlez moi d'amour« (Lucienne Boyer)*

ascal, Les Pensées

eisten:	*Robert Schuman*
enigsten:	*Clémenceau, Poincaré*

unterschiedlichen Auffassungen über Europa und die Ein-
rdnung der Staaten in die Europäische Gemeinschaft

ür Staat und Philosophie ist Geist wichtiger;
r das Gespräch der Esprit.

uviel Theater; die Terreur wird vergessen.

bertrieben.

l'adore.

Welchen zwei der folgenden Sätze von Franzosen üb
Deutsche/Deutschen über Franzosen würden Sie am ehest
und welchen zwei Sätzen am wenigsten zustimme

»Ein Hegel, ein Schopenhauer, ein Nietzsche sind in Frankreich undenkb
Sie würden den Garten der Zivilisation und das Reich des Menschen zerstören. D
Unendlichkeit des Geistes kann sich in der französischen Philosophie nicht ausleben
(E. R. Curtius: Die französische Kult

am wenigsten (gerade noch) ✘

»... l'Allemagne, force de la nature à laquelle elle tient aut plus près, faisceau d'instin
puissants mais troubles, artistes-nés qui n'ont point de goût, techniciens restés féoda
pères de famille belliqueux, restaurants qui sont des temples, usines dans les forêts, pal
gothiques pour les nécessités, oppresseurs qui veulent être aimés, séparatistes obéiss
au doigt et à l'œil, chevaliers du myosotis qui se font vomir leur bière, route que Siegfri
de Limousin voit épique le matin, romantique vers midi, guerrière le soir, océan sublime
glauque d'où le filet retire pêle-mêle des monstres et des trésors.
(Ch. de Gaulle: Vers l'armée de méti

am wenigsten; er hat später Treffenderes gesagt ✘

»Deutschland und Frankreich zusammen – die beiden befreundet
Länder – werden das Herzstück eines freien geeinten Europas bedeute
Eines ist sicher: Europa wird nur diese Zukunft haben oder kein
(Klaus Mann: Das innere Vaterla

am ehesten ✘

Was halten Sie von der Behauptung, Paris sei nicht Frankreic

Wie steht es Ihrer Meinung nach heute um die französische Kult
im weitesten Sinne (Aufstieg, Abstieg, Stagnation

Was würden Sie sich auf die berühm
einsame Insel nachschicken lasse

Welche Frage hätten Sie am liebsten selbst gestellt und beantworte n pourrait dire avec raison que les Français et les Allemands sont aux deux extrêmités la chaîne morale, puisque les uns considèrent les objets extérieurs comme le mobile de ıte les idées, et les autres, les idées comme le mobile de toutes les impressions.« ermaine de Stael: De l' Allemagne)*

✘ *am ehesten, aber sie hat auch Treffenderes gesagt*

lle großen Franzosen sind, wie ihre Rasse, im Gleichgewicht zwischen er sinnlichen Intensität und dem Eifer und der Klarheit ihres Geistes.« *einrich Mann: Geist und Tat. Essays über Franzosen)*

✘ *am ehesten*

ie Mathematiker sind eine Art Franzosen: redet man zu ihnen, so über- tzen sie es in ihre Sprache, und dann ist es alsobald ganz etwas anders.« *W. Goethe: Maximen und Reflexionen)*

✘ *am ehesten*

u bien encore est-il vrai que nous autres Allemands ne pouvons produire aucune bonne médie et sommes à perpétuité condamnés à emprunter aux Français ces sortes de èmes.« *(Heinrich Heine: De la France)*

✘ *am ehesten*

en deutschen Gegensatz des Romantischen und Klassischen besitzen die Franzosen lkommen unter dem Namen des Widerstreits von Sensibilité und Raison.« *homas Mann: Pariser Rechenschaft)*

✘ *am ehesten*

utreffend

u Aufstieg und Erhaltung bedarf sie besserer Beachtung des irtschaftlichen Sektors.

✘ *Die »Pensées« von Pascal*

✘ *Einen grand cru aus dem Médoc*

ne frische Baguette, einen grand café crème und ein Päckchen Gauloise

as kann und muß geschehen, um Franzosen und Deutsche äher miteinander bekannt zu machen?

Günter Metken

Pariser Mauerschau

»Wird man es glauben, daß es solche Häuser gibt? Nein, man wird sagen, ich fälsche. Diesmal ist es Wahrheit, nichts weggelassen, natürlich auch nichts hinzugetan. Woher sollte ich es nehmen? Man weiß, daß ich arm bin. Man weiß es. Häuser? Aber, um genau zu sein, es waren Häuser, die nicht mehr da waren. Häuser, die man abgebrochen hatte von oben bis unten. Was da war, das waren die anderen Häuser, die danebengestanden hatten, die Nachbarhäuser. Offenbar waren sie in Gefahr, umzufallen, seit man nebenan alles weggenommen hatte, denn ein ganzen Gerüst von langen geteerten Mastbäumen war schräg zwischen den Grund des Schuttplatzes und die bloßgelegte Mauer gerammt. Ich weiß nicht, ob ich schon gesagt habe, daß ich diese Mauer meine. Aber es war sozusagen nicht die erste Mauer der vorhandenen Häuser (was man doch hätte annehmen müssen); sondern die letzte der früheren. Man sah ihre Innenseite. Man sah in den verschiedenen Stockwerken Zimmerwände, an denen noch die Tapeten klebten, da und dort den Ansatz des Fußbodens oder der Decke. Neben den Zimmerwänden blieb die ganze Mauer entlang noch ein schmutzig-weißer Raum, und durch diesen kroch in unsäglich widerlichen, wurmweichen, gleichsam verdauenden Bewegungen die offene, rostfleckige Rinne der Abortröhre. Von den Wegen, die das Leuchtgas gegangen war, waren graue, staubige Spuren am Rande der Decken geblieben, und sie bogen da und dort, ganz unerwartet, rund um und kamen in die farbige Wand hineingelaufen und in ein Loch hinein, das schwarz und rücksichtslos ausgerissen war. Am unvergeßlichsten aber waren die Wände selbst. Das zähe Leben dieser Zimmer hatte sich nicht zertreten lassen. Es war noch da, es hielt sich an den Nägeln, die geblieben waren, es stand auf dem handbreiten Rest der Fußböden, es war unter den Ansätzen der Ecken, wo es noch ein klein wenig Innenraum gab, zusammengekrochen. Man konnte sehen, daß es in der Farbe war, die es langsam, Jahr um Jahr, verwandelt hatte: Blau in schimmliches Grün, Grün in Grau und Gelb in ein altes, abgestandenes Weiß, das fault. Aber es war auch in den frischeren Stellen, die sich hinter Spiegeln, Bildern und Schränken erhalten hatten; denn es hatte ihre Umrisse gezogen und nachgezogen und war mit Spinnen und Staub auch auf diesen versteckten Plätzen gewesen, die jetzt bloßlagen. Es war in jedem Streifen, der abgeschunden war, es war in den feuchten Blasen am unteren Rande der Tapeten, es schwankte in den abgerissenen Fetzen, und aus den garstigen Flecken, die vor langer Zeit entstanden waren, schwitzte es aus. Und aus diesen blau, grün und gelb gewesenen Wänden, die eingerahmt waren von den Bruchbahnen der zerstörten Zwischenmauern, stand die Luft dieser Leben heraus, die zähe, träge, stockige Luft, die kein Wind noch zerstreut hatte.«

Rilkes berühmter Text aus den *Aufzeichnungen des Malte Laurids Brigge* ist zwischen 1906 und 1910 entstanden, zu einer Zeit also, da die Städte unwirtlich zu werden, ihren Bewohnern zu entgleiten begannen. Gewiß, schon im 19. Jahrhundert hatte das Unbehagen an den Metropolen eingesetzt, als sie an Überblick einbüßten; in Texten von Stifter, Melville, Flaubert und Zola spiegelt sich die Verlorenheit des Einzelnen, der in Wien oder New York, Paris und Rom nach Anhaltspunkten sucht. Damals radiert Charles Meryon, auf statische, sich in die Wände wie einsaugende Photographien gestützt, seine physiognomischen Fragmente. »Poetischer sah ich die natürliche Feierlichkeit einer Riesenstadt selten dargestellt«, schrieb Charles Baudelaire, noch ganz im Heroismus des modernen Lebens befangen, in seinem *Salon* von 1859 über die Ätzungen Meryons: »... die Majestät des geschichteten Steins, die Kirchtürme, die gen Himmel zeigen, die Obelisken der Industrie, welche ihren Rauch geballt ans Firmament speien.«

Heute dünkt uns ein Blatt wie *La Morgue* prophetisch, weil jene Verselbständigung der Fassaden getroffen ist, welche für das neuere Paris-Erlebnis so charakteristisch scheint. Gebautes und Bewohntes treten auseinander; letztere wirken, wie bei Callot, bei Piranesi, als Staffage einer Kulisse, die aus sich zu existieren vermag und der Komparsen kaum noch bedarf. Es ist jener Animismus der Pariser Hausfronten, der mit Rilke auf das Innere übergreift, Sonden an die Eingeweide legt, damit sie Intimes preisgeben.

Zur Zeit, da Rilke seinen Schnitt durch ein Abbruchhaus legte, war ein Außenseiter längst dabei, das Inventar des aussterbenden alten Paris zu erstellen. Eugène Atget (1857-1927) hat sein auf tausende von Platten angewachsenes Archiv stets als dokumentarisch bezeichnet. Es ging ihm darum, Zeugnisse einer untergehenden Zivilisation zu sammeln: Beginn der Stadtarchäologie. Er spürte, daß sich Paris als Ort nicht mehr selbst gehörte. Das engmaschige Gewebe alltäglicher Beziehungen war veränderten ökonomischen Bedingungen mit ihren gewaltsamen Mischungen gewichen. Die Hausfronten und Höfe, Eingänge, Ladenschilder und Gewerbe wurden zu Spurenelementen einer verblassenden Kultur: Paris als Pompeji.

Freilich lassen sich Atgets Dokumente doppelt lesen. Als Man Ray anfangs der zwanziger Jahre auf solche Abzüge stieß und sie den Surrealisten zeigte, sahen sie in die protokollarisch gemeinten Aufnahmen ihre eigene Vorstellung von Paris als einem Ort hinein, wo das nicht mehr Gewußte ins Geheimnisvolle umschlägt und die Entfremdung in Stadtexotik, an der sich ihre Abenteuersucht entzündete. Angelegt war dergleichen schon in Giorgio de Chiricos Schilderung einer Pariser Ladenstraße als Requisitenkammer für seine Rebusbilder: »Der Stulpenhandschuh aus bunt bemaltem Zink mit schrecklichen vergoldeten Krallen, der über der Ladentür im dumpfen Atem des großstädtischen Nachmittags baumelte, deutete mit seinen auf die Platten des Bürgersteigs weisenden Zeigefinger rätselhafte Zeichen einer neuen Melancholie an.«

Es war dann ein Photograph, Brassai, der den Blick auf Pariser Wände als Spiegel der Stadtfolklore lenkte. Ende 1933 erschien in *Minotaure* sein Text »Von der Höhlenwand zur Fabrikmauer«, den neun Photos mit Ritzzeichnungen begleiteten: Strichmenschen, gehörnte Wesen, das vom Pfeil durchbohrte Herz, Geschlechtsorgane, ein Fisch: alles Motive, die mit Liebeszauber,

Atget, *Rue des Ursins,* (April-Mai) 1923

erotischer Possession, Abwehr und Beschwörung zu tun hatten. Von unbekannter Hand angeführt, gaben sie die Wünsche und Befürchtungen jugendlicher Städter wieder. Durch die bürgerliche Fassade schien ein anarchisches Unterbewußtsein hindurch: die verdrängten Obsessionen der Namenlosen.

Brassai begnügte sich nicht mit dem Registrieren der Zeichen; er deutete sie auch, und zwar im Geist des Surrealismus, der, auf Leonardo da Vincis berühmte Mauerschau gestützt, in amorphe Wände Formen und Wesen hineinphantasierte. Wenn die von André Breton beeinflußte Zeitschrift *Minotaure* solche Photos aufnahm, dann, weil sich hier ungeahnte Tiefenblicke ergaben: »Diese Einritzungen wurden mitten in Paris auf zufälligen Gängen festgehalten«, schrieb Brassai, »Zwei Schritt von der Oper entfernt, tauchen im Jahr 1933 an den Wänden Zeichen auf wie in den Höhlen der Dordogne, im Nil- und Euphrattal. Die gleiche Angst, welche die Höhlenwände mit einer chaotischen Welt von Eingrabungen überzog, zieht heute ihre Striche um das Wort ›Verboten‹, das erste, welches das Kind auf seinen Wänden entziffert. Hier geht es nicht um Spiel, sondern um das Meistern unbewußter Raserei. Diese knappen Zeichen sind nichts anderes als die Geburt der Sprache, diese Tiere, Ungeheuer, Teufel, Dämonen, Helden, phallischen Götter nichts anderes als Wesen der Mythologie.«

Wichtig an dieser Äußerung ist auch der antikulturelle Akzent; er sollte den »Graffiti«, wie Brassai die Einritzungen nannte, nach dem Krieg ungeahnte Aktualität verleihen. Brassai setzte seine Erforschung Pariser Wände systematisch fort. Ein Corpus von Symbolen entstand, das auf subkulturelle Verständigungs-

Brassai, *Graffiti*

weisen, ein graphisches Rotwelsch schließen ließ, dem hellhörige Naturen wie Klee oder Miró nie ihr Ohr versagt hatten, während es für Wols zunächst photographische und dann malerische Anregung war.

Vor allem aber war es Jean Dubuffet, der die Ästhetik des Stadtalltags, die Muster von Asphaltdecken und rissigen Wänden erkundete. Unermüdlich gegen die Bevormundung durch Elitekulturen wetternd, schrieb er auch der Bildnerei der Geisteskranken, die er selbst ausgiebig sammelte und verarbeitete, Kunstrang zu, 1947 schlug er Brassai eine Buchveröffentlichung der »Graffiti« in seiner Schriftenreihe *L'Art Brut* vor – ein Projekt, das keine Gegenliebe fand. Der Band mit den Graffiti erschien schließlich erst 1961, als sie ihre Wirkung längst getan hatten; er enthielt Bilder und Texte von Brassai sowie zwei Gespräche mit Picasso; der Autor näherte die Ritzzeichnungen also eher der klassischen Moderne als den Schizophrenen an.

Dubuffet selbst aber erprobte auf der Suche nach authentischen Bildtexturen auch Wände mit all ihren Sprüngen und Craquelüren, die er als Assemblagen von Farbabdrücken auf Papier nicht so sehr wiedergibt als vielmehr neu errichtet. Es entsteht ein von der Wand unabhängiges Mosaik, ein Patchwork aus Papierflecken, das ebensoviel mit den gestuellen Flecken der Tachisten zu tun hat – ein Antoni Tàpies stellt ganze Wände als Materialbild her – wie mit dem sich ankündigenden Nouveau Réalisme, der die Pariser Wände als Bildmaterial nutzt.

Und zwar speziell die Plakatwände. Auf der ersten Pariser Biennale von 1959 stellt Raymond Hains seine *Palissade des emplacements réservés* aus, eine richtige Anschlagtafel, die mit Fetzen von Originalplakaten beklebt war. Zunächst Photograph, hatte Hains schon in den vierziger Jahren verschossene, halbzerstörte Plakate wie Bilder aufgenommen. Nun schnitt er seine »Gemälde« direkt aus Anschlagwänden; die Holz- oder Metallträger dienten als Bildgründe. Der Künstler hielt, wie Jacques de Villeglé es formuliert hat, jedermann an, »die Welt wie eine Malerei zu betrachten«. Denn als Kronzeuge dieses Neuen Realismus hatte Jean Dubuffet ja längst betont: »Die Farben, die ich auf einem Kiesel oder einer alten Mauer finde, sind für meinen Geschmack köstlicher als die Farben von Bändern und Blumen.«

Dasselbe empfand Francois Dufrêne vor den zerschlissenen, von Wind und Wetter mitgenommenen Papierschichten auf Plakatsäulen. Doch faßte er die Hinterseiten als Bild auf, das oft noch durch Abreißen und Kratzen verändert wurde. Er sah in seine Vorlagen japanische und andere Muster hinein und arbeitete auf lyrisch abstrakt wirkende Abziehbilder hin. Hains und Villeglé dagegen ließen ihre Ausschnitte ohne Eingriff wirken; hier lag der künstlerische Akt in der Auswahl, welche den Alltag der Stadt ästhetisch und ihre Fassaden zu Stellwänden eines stets geöffneten und ständig wechselnden Freilichtmuseums machte, zum Louvre der Gegenwart.

Bemerkenswert war, daß die Überlegungen der Decollagisten, welche durch die Geste des Abreißens eine neue Schönheit sichtbar machten, ausschließlich um formale Gesichtspunkte kreisten. Man hatte es auf zufällige Kompositionen und Farbklänge im Sinne einer gegenstandslosen Kunst abgesehen, in der brutale Farbtöne neben zarten, ja morbiden standen. Das angetroffene Material wurde als Aussage genommen; die Brisanz seiner Thematik blieb latent, mit der Ausnahme Wolf

Vostells, der auf seinen Abzügen bevorzugt die Buchstaben der Plakate und später auch ihre Inhalte sprechen ließ.

Das sollte sich Ende der sechziger Jahre nach dem Einschnitt des Pariser Mai ändern. »Die Wände haben das Wort«, hatten die Studenten von 1968 verkündet. Die Medien als Werkzeuge der Gängelung verachtend, suchten sie mit schlagwortartigen, graphisch eingängigen Plakaten die direkte Ansprache, den Dialog. Von den Hausmauern sprang das Wort auf die Straße über, das Gespräch kam in Gang: ein neues, säkularisiertes Pfingstwunder, bei dem jeder mit jedem redete.

Die Fortschrittsgläubigkeit war nun gebrochen. Besinnung auf die Stadt als menschliche Umgebung mit all ihren Wegmarken und Merkzeichen setzte ein. Zu diesen gehören die Wundstellen der Hausabrisse, aber vor allem auch die gemalten Reklamen auf Brandmauern. Jene Zahnpasten, Schuhwichsen, Seifen, Apéritifs und Nähmaschinen, für die da geworben wurde, sind vielfach längst außer Gebrauch; ablesbar bleiben die gelenkten Wünsche als Epopöe des Kapitalismus. Jean-Pierre Faye spricht von »anonymen Fresken, einem gemeinsam und unaufhörlich erstellten Wandbild der ökonomischen Niederschrift der Welt«, welche Regen und Verwitterung nun im pompejanischen Rot, diaphanem Blau und dem Ocker von Ostia Antica erscheinen lassen.

Im Wettlauf mit Zeit und Übertünchung kam eine Archäologie des Sichtbaren in Gang, die sich meist auf Photographien beschränken mußte, nur ausnahmsweise gelang die Konservierung solcher »murals«. Und zwar dort, wo eingesehen wurde, daß Wandbilder zur urbanen Physiognomie gehören, daß solche Verdichtungen des Kommerziellen ins Imaginäre die Städte am Leben erhalten. Moderne Glaswände mit ihrer Spurenlosigkeit ergeben keine Straßenbilder mehr; nichts kann sich in glatte Scheiben einnisten oder eingraben. Zeit und Erinnerung, diese lebenswichtigen Funktionen, bleiben nicht an ihnen haften.

Die Archäologie der Pariser Fassaden ist vor allem das Verdienst Deidi von Schaewens. Als Kunststudentin photographierte sie 1962 in Berlin eine Hauswand mit übereinandergemalten Reklamen. Als sie zwei Monate später Einzelheiten ergänzen wollte, hatte bereits ein Neubau die Mauer verdeckt. Von nun an galt Wänden die besondere Aufmerksamkeit der Künstlerin. Namentlich in Paris, wo sie nach Aufenthalten in Barcelona und New York seit 1973 lebt. Wände bilden ihre innere Topographie, eine Karte, die sie immer wieder abgeht, abfährt. Ständig verschwinden ausdrucksvolle Wände, tauchen neue auf – für ein paar Tage oder Wochen, daher der intensive Aufruf ihrer schwarzen Kaminzüge und des vergehenden Kolorits, unsere Betroffenheit durch die Wiedergabe, welches Rilkes fast obszöne Voyeurhaltung auf die Gestaltebene verlagert. Ihre Motive nennt Deidi von Schaewen »unerwartete Kunstwerke; ephemere Monumente«. Zum Beispiel jene haushohen Brustbilder des Dr. Pierre, eines romantischen Elegants mit langen schwarzen Koteletten und Lavalliere, dem die Künstlerin an zwölf Hauswänden in Paris und Umgebung begegnet. Die Halsschleife ist blütenweiß; nur daran und an den gesunden, energischen Zügen könnte ein Analphabet erkennen, daß dieser Mann für ein von ihm erfundenes Zahnpulver wirbt, nachdem ihn in der Oper die schlechten Zähne der Sänger gestört hatten: Hier steht das vertrauenerweckende Äußere für die Ware ein.

Im Vorort Kremlin-Bicêtre hat von Schaewen eine solche Büste in vier aufeinanderfolgenden Jahren und Jahreszeiten photographiert. Da das Gesicht des Dr. Pierre hier mit Efeu bewachsen war, ging es mit der Zeit; im Sommer wie von Bartflechte heimgesucht, im Herbst zugewachsen, im Winter durch kahle Äste geädert. Und im Frühjahr? Als sie 1977 wiederkam, war der Bart ab, das Efeu weggeschnitten. Unveränderlich fixiert die Ikone der Reinlichkeit seither den Passanten; das Ziegelmauerwerk der Wand gibt seinen Zügen Halt und Festigkeit. Der Befreier von Zahnbelag reicht dem Marquis de Sade, wie in Man Ray auf seinem bekannten Bild aus Steinen der Bastille geschichtet hat, die Hand.

In diesem Falle scheinbar angehalten, arbeitet die Zeit in Wirklichkeit unablässig an den Gebäuden weiter, was dem aufmerksamen Betrachter nicht entgeht, ist man doch in Paris nicht auf, sondern in der Straße, um eines der bodenlosen Paradoxe von Karl Valentin aufzugreifen. Man ist von Mauern umgeben, deren Farbe, Belag und Rissigkeit Zeit speichern, gelebte Zeit, nicht Chronologie.

Indem sie Wind, Wetter und Abgasen ausgesetzt ist, erhält die Fassade ihren wechselnden, von Jahreszeit und Beleuchtung abhängigen Ausdruck, der sie zum alternden, verfallenden Lebewesen macht. Zwar ist dieser Rhythmus unmerklicher und auseinandergezogener als der unsrige; weil aber die Wände sich bei all ihrer Beständigkeit noch ändern, weil sich das, was an ihnen vorbeigeht oder mit ihnen vorgeht, darauf abzeichnet, haben diese Epidermen Spiegelfunktion. Die Risse, die Ablagerungen, die Einbrüche geben im Grunde unseren Umgang mit Gebautem und unser Leben im umbauten Raum wieder. Weshalb Dorothee von Windheim bei ihren Stadtgängen Putzfragmente einsammelt, die ständig wie Schuppen von den Häusern fallen und dem, der die Augen auf den Boden heftet, langsamere Zeitabläufe punktieren. Die Künstlerin befestigt diese Bröckchen, nach Fundstätten und Größe geordnet, wie Relikte einer Ausgrabung auf Gaze, legt sie unter Folie oder bindet sie zu Faszikeln, die wie das Logbuch ihrer Kreuzfahrten durch Paris sind. Aus den Makrostrukturen der Decollagisten und Dokumentarier sind Atome geworden. Wir erleben den Kreislauf der Städte im Teilchenbeschleuniger, die Wand als Mikroskopie, die Zeit in der Feineinstellung. Je rascher die Spuren verschwinden, desto empfindlicher werden die Sucher.

Aber war Paris je intakt? Die frühen Photographien zeigen lauter ruinöse Fassaden, und ein Jahrhundert davor scheint der anfängliche Eindruck auch nicht einladender gewesen zu sein: »Durch welches Tor man auch immer heute nach Paris kommt, der erste Anblick ist immer der gleiche: eine Palisadenwand in schlechtestem Zustand, notdürftig mit Querbalken verstärkt, in sie eingelassen eine alte, verrottete Holztür, die von zwei Misthaufen flankiert wird. Und das ist das, was man pompös die ›Tore von Paris‹ nennt.« (I.M.A. Laugier, *Essai sur l'architecture,* Paris 1755, S. 209)

théâtre du vieux colombier
21, rue du vieux colombier métro: St Sulpice lit. 57-87
soirée à 21h dimanche 2 matinées à 15 et 18h30 relâche mardi
1958-1968
COMPAGNIE DE LA MANDRAGORE
direction : wolfram mehring
10 ans de créations théâtrales
LE CHAT
comédie fantastique d'après LUDWIG TIECK
adaptation française du 28 février au 7 avril les jeudis, vendredis, samedis a 21h et en matinée a 15h les dimanches
WOYZECK
drame de GEORG BÜCHNER
en FRANÇAIS les lundis 4, 11, 18 mars a 21h
en ALLEMAND les dimanches 3, 10, 17 mars a 18h30
LEONCE et LENA
comédie de GEORG BÜCHNER
en FRANÇAIS les lundis 25 mars 1er et 8 avril a 21h
en ALLEMAND les dimanches 24, 31 mars 7 avril 18h30
LA MARMITE
d'après PLAUTE
en FRANÇAIS mercredis 28 février 6, 13, 20 mars a 21h
METAMORPHOSES
grand spectacle visuel
de MEHRING et GRILLON
mercredis 27 mars 3 et 10 avril a 21h
mises en scène : WOLFRAM MEHRING décoration et costumes : GRILLON

Wolfram Mehring

Pariser Inszenierungen

Eigentlich sollte es Herbst 1954 eine Informationsreise von nur sechs Monaten sein. Auch war es weniger ein Besuch, als eine Flucht: nur weg aus der Emsigkeit im Bundes-Wirtschaftswunder und aus dem kleinbürgerlich-provinziellen Münster. Daß aus sechs Monaten mehr als 35 Jahre wurden, lag an den Begegnungen und Ereignissen der ersten Jahre. Die Suche nach Ansätzen für ein visuelles Theater, das an den Grenzen des Bewußtseins entlanggeht, dort wirksam ist, wo Wort und Syntax nicht mehr ausreichen, setzte den Anstieg aus den überlieferten, Literatur illustrierenden Theatermodellen voraus. Der erste Kontakt war da enttäuschend. Literarischer als in den Kulturtempeln an der Seine konnte es kaum zugehen. Wir kannten das gesamte Repertoire an den Pariser Bühnen nach der Halbzeit: nach der Pause brauchte man keine Eintrittskarten mehr vorzuzeigen, so daß wir uns auf noch – oder wieder – freie Plätze mogeln konnten. Es wurde zu einem Spiel, den ersten Teil der Vorstellung aus dem Teil nach der Pause zu rekonstruieren. Der Anspruch an unsere Phantasie war bald erschöpft; szenisch gab es da keine Anreize. Es ging um Texte, Texte, Texte – und von denen servierte man uns zur Genüge an der Sorbonne. Aus den Nationaltheatern – mit Ausnahme des TNP – flogen wir raus. Unser Habitus war nicht soirée-gerecht. Doch waren Jeans und schwarze Pullover zunächst gar keine antibürgerliche Protestkundgebung: wir hatten kein Geld, lebten davon, daß wir Touristen und Lourdes-Pilger durch Paris führten. Gelang es, einen Türschließer im Salle de Richelieu zu umgehen, langweilten wir uns zu Tode, oder bekamen vor dem ernsthaft vorgetragenen Pathos Lachkrämpfe – weswegen wir dann doch wieder bemerkt wurden und rausflogen.

Das Konservatorium stanzte Schauspieler für den Comédie-Française-Bedarf. Man deklamierte auf französische Manier; die Sprache war wohlklingende Musik, bestätigte, illustrierte, bewahrte, was alle schon wußten. Und *wieviel* das normale französische Publikum wußte, war überwältigend. Wie man übergangslos nach einer Vorstellung, nach einem Konzert bis ins letzte Detail diskutieren konnte, sofort ein Urteil bereit hatte, war für den mühsam über Sinn und Herkunft grübelnden Literatur- und Theaterstudenten schon beeindruckend. Wo die gesuchte körperliche Darstellung dominierte, entpuppte sich der Gestus als brillianter Versuch, mit der Sprache zu konkurrieren. Was dort erzählt wurde, war verbal einfacher zu sagen. Der Pantomime kamen wir bald auf die Schliche: geschwätziges Gestikulieren und keine Spur vom »nicht Sagbaren eines Theaterrituals«. Nach anfänglicher Bewunderung langweilten uns auch die visuellen Fertigprodukte von Barrault und Marceau.

Hingezogen war ich zum TNP Jean Vilars, hospitierte bei Gérard Philips *Lorenzazzio,* genoß *Dantons Tod* – wenn dieser auch mehr eine Laudatio auf die große Revolution war, als eine skeptische Frage oder Absage. Das TNP hatte seine eigene Ästhetik, brach mit der

Comédie, brachte neues Leben, hatte großartige Darsteller. Ein schönes Ereignis, doch kein Ansatz für neue Wege ins Unbekannte, außerhalb des Kultursystems; und System war und ist alles *Sichtbare* in Paris.

Kurz vor enttäuschtem Aufbruch in andere Länder und definitivem Rückzug vom Theater traf ich auf Etienne Decroux und seinen Sohn Maximilien.

Daß Decroux Lehrer von Barrault und Marceau war, versprach nichts Neues; daß er über seine karrieretüchtigen ehemaligen Schüler und Mitarbeiter kommentarlos lächelte, interpretierte ich als Verbitterung des erfolglosen Lehrers. Zwei Fehlschlüsse, wie sich bei näherem Kennenlernen herausstellte.

Als Decroux bei meinem ersten Besuch meine deutsche Herkunft erfuhr, umwölkte sich seine Patriarchenstirn und unser Gespräch endete mit einem barschen *Non!* – Decroux war germanophober Antisemit und mochte keine Amerikaner; es würde mich wundern, wenn er bis heute, neunzigjährig, von seinem Standpunkt abgerückt wäre. Er rechtfertigte seine absoluten Meinungen in kartesianisch-emotionalem Diskurs, immer wieder neu, vor dem kleinen Kreis seiner zum grossen Teil israelischen und amerikanischen Studenten. Nachdem wir uns näher kennengelernt hatten, glättete sich die Unmutsfalte auf seiner Stirn, und in jäher Eingebung verfrachtete er meine Herkunft nach Florenz. Warum gerade dorthin, ist mir unerklärlich geblieben. Fortan stand unserem sehr freundschaftlichen Verhältnis nichts mehr im Wege.

Noch mehr als seine bemerkenswerten, das moderne Bewegungstheater stark beeinflussenden Theorien und Praktiken faszinierte mich das unentwegt Widersprüchliche in Person und Leben von Decroux. Verblüffte die außergewöhnliche Gelehrsamkeit und Rationalität des Autodidakten, so überraschten im gleichen Maße die explosive Vitalität und seine irrationalen Ausbrüche. Wohl das Wissen um die eigene Chaotik machten ihn zum leidenschaftlichen Anhänger französischer Aufklärung. Seine Thesen suchten und fanden alle Referenzen in einer monumentalen, selbst in Frankreich seltenen Kenntnis von Philosophie und Literatur der letzten drei Jahrhunderte. – Die Ethik seines mimischen »homme supérieur et spirituel«, die moralphilosophischen Ideen seiner Ästhetik sowie die Ausschließlichkeit des »mime corporel« entsprachen nicht der eigenen Suche nach Wirklichkeit, führten bald zur Trennung und meinem späteren, zum Teil von ihm provozierten, Gegenentwurf einer situationsbezogenen Ästhetik und der Forderung des »acteur total«, der die Ganzheit des Einzelnen postuliert. Im Rückbezug auf die Realität der Situationen traf ich mich wieder mit seinem mir von Anfang befreundeten Sohn Maximilien.

Etienne Decroux gehörte zu den wichtigsten Begegnungen dieser ersten Jahre. Eine Erscheinung mit Ecken und Kanten, aus archaischem Geist – in europäischer Theaterwelt einzigartig in solch kompromißloser Absolutheit. Nur in Ostasien begegnete ich ähnlichen Menschen, zum Beispiel im japanischen No-Theater; doch sind diese getragen von kollektiven Traditionen und brauchen sich nicht immer wieder neu zu behaupten. Es ist charakteristisch für die Pariser Theatertradition, daß Decroux dem größeren Publikum unbekannt blieb. Ich merkte bald, daß in Frankreich die wichtigsten Ereignisse nicht auf der großen Bühne zu finden waren. Decroux' Veranstaltungen waren nur für die Premièren programmiert und fanden statt – bis auf wenige Ausnahmen im *Maison de la Chemie* oder im *Maison Internationale der Cité Universitaire* – im Arbeitszimmer seiner Wohnung, Rue de Gergovie, im 14. Arrondissement, vor geladenen Freunden aus Kunst und Literatur. Von hier gingen grundsätzliche Einflüsse auf das moderne Theater aus, weit über Frankreichs Grenzen hinaus.

Mit Decroux begann die Begegnung mit den avantgardistischen Bühnen der fünfziger und sechziger Jahre, welche eine nach der anderen französischer Kulturpolitik zum Opfer fielen. Es waren mittellose Theater, die den subventionierten nationalen Bühnen und Boulevardtheatern nichts neideten. Man wußte um die Gefahr von Komfort und kultureller Vereinnahmung. Decroux proklamierte folgerichtig – und lange vor Grotowski – sein »Theater der Armut«. War für ihn die Forderung »Un homme nu sur une scène nue«, so stellten andere, wie Roger Blin und Jean Marie Serrault, auf winzigen Bühnen des Quartier Latin die von der Presse ignorierten oder bösartig verrissenen Stücke Becketts und Ionescos zur Diskussion; ein Theater, das seit langem zum Kapitel der kulturellen Dienstleistungsbetriebe gehört.

Wie setzten uns damals heftig damit auseinander. Ich bewunderte, wie behaglich sich französische Intelligenzler (»Les Intellos«) in dieser Welt des Absurden einrichteten. Absurdität und Sinnlosigkeit lagen im Desaster von Dien-Bien-Phu und dem Horror des Algerienkriegs täglich realiter vor uns. Die Hoffnungslosigkeit auf der Bühne wurde oft zur intellektuellen Koketterie. Ich meinte, daß Theater anderes zu leisten hätte. Es sollte Lebensentwürfe und Lebensmöglichkeiten wenigstens andeuten, nicht langweilig immer wieder die Gesellschaft reflektieren. Die fanden wir sowieso zum Kotzen – und demonstrierten das in friedfertiger Verachtung. Zu den Freunden und Kollegen gehörten viele Kommunisten. Viele waren Moskau-treu und penetrant dogmatisch. Ich sympathisierte am stärksten mit Trotzkisten, wie Roger Blin und fragte mich, warum ich in Deutschland nie auf Dichter wie Louis Aragon, Philippe Soupault, Paul Eluard gestoßen war. Deren Poesie lasen und rezitierten wir mit demselben Feuer wie Rimbaud und Lautréamont. Als dann die ersten Kontakte zu der damals noch aktiven Surrealisten-Gruppe entstanden und André Breton gar meine *Leonce und Lena*-Inszenierung in den surrealen Himmel hob (es sei »die erste Aufführung seit Jahren, der er begeistert bis zum Ende beigewohnt hätte«), da konnte natürlich von einer Rückreise in die deutsche Sicherheit nicht mehr die Rede sein. Aber da hatte die *aktive* Phase und Stellungnahme schon längst begonnen. In dieser neuen Phase wirkten manche Erlebnisse aus allerersten Stunden lange nach. So die Begegnung mit *Robert Minder,* dem verehrten Lehrer an der Sorbonne, dann im Collège de France, den ich bis zu seinem Tode immer wieder traf und treffen mußte, der uns in unserem Alleingang innerhalb der Pariser Theaterwelt genauso ermutigte wie André Breton und zu allen meinen Inszenierungen kam. Auch Robert Minder war versteckt – in sich und vor der Welt. Ehrlichkeit und Non-Konformismus machten ihn zum Einzelgänger in der germanistischen Elite Frankreichs. Wir sahen uns oft wieder in seiner Wohnung Rue Molitor. Ich mußte ihm über meine jeweiligen Erfahrungen und Erlebnisse mit Theater und Literatur auch aus anderen Kulturen berichten; und immer war es, als sei keine Stunde seit unserer vorherigen Begegnung vergangen. Ein beschäftigter Mann, der immer für uns Zeit hatte.

In Paris zu bleiben, habe ich nie entschieden. Es wurde zur Selbstverständlichkeit. Gründe gab es überall. Ich glaube, einer der wichtigsten war die Sprache mit ihrer Literatur. Paradoxal bei der ursprünglichen und immer beibehaltenen Suche nach den Grenzen des Bewußtseins und des sprachlichen Ausdrucks. In eine solide altphilologische Sprachwelt brach das Französische ein, wie ein Vakuum, als neue Sensibilität, das den urdeutschen Hang zur Tiefsinnigkeit ausglich. Es war nicht das alltägliche Kommunikations-Instrument: denn dann wäre es nicht Montaigne gewesen, auf dessen alten Wortschatz mein miserables Lexikon nur ungenügend antwortete und den kein Mensch auf dem Boulevard verstand. Auch galt das Interesse mehr der Syntax als dem Wohlklang. Ich habe das Französische nie bewundert; es war mir selbstverständlich von Anfang an. Ich fühlte mich wohl in ihm, wie in einer vertrauten Kleidung – und weit mehr in Sicherheit, als im Deutschen.

Ein weiterer Grund zu bleiben, war provokativ: vor dem »sale boche« knallten bei der ersten Zimmersuche die Türen zu. Daß ich trotz allem eine Unterkunft fand, verdanke ich, wie so viele andere, Madame Grosser, die sich unermüdlich um die Annäherung mit dem »Allemagne Nouveau« einsetzte. Eine wunderbare Frau, die man nicht vergißt. Ihr Sohn, Alfred Grosser, half, als ich dann im *Maison des Lettres* in der Rue Férou mit germanistischen Freunden das *Théâtre Franco-Allemand* gründete und zunächst einmal auf zusammengeschobenen Tischen Goethes *Mitschuldige* produzierte, wohl die erste »kulturelle Manifestation« in deutscher Sprache nach Kriegsende.

Über Indifferenz beim Publikum konnten wir uns bei den Veranstaltungen in den nachfolgenden Jahren nicht beklagen. Die einen hätten uns am liebsten mit der ganzen deutsch-französischen Freundschaft aus dem Land geprügelt – mit Gründen aus jüngster Vergangenheit, die mir plausibel erschienen. Die anderen, begeistert über unsere Initiative, bezogen ihre Germanophilie aus den Daten, an die wir lieber nicht erinnert werden wollten. Ich saß zwischen zwei Stühlen und wäre dort ohne die französischen Freunde lange sitzengeblieben. Unsere Neugier galt zu dem Zeitpunkt Unterschieden wie Identitäten im deutschen und französischen Erleben, Denken, Erkennen und Entäußern. Eine passionierende Zeit, in der jedes Stück auf deutsch und französisch inszeniert wurde. Der Probenprozess war wichtig. Die Aufführungen interessierten uns weniger. Trotzdem kamen sie zustande auf improvisierten Bühnen im Quartier Latin und in Hörspielen, die der französische Rundfunk ausstrahlte.

Daß man mich einlud, unsere Aktivität ins gerade erbaute *Maison de l'Allemagne* zu verlegen, war verbunden mit der Auflage, ein deutsches Kultur- und Theaterprogramm zu organisieren. Verdächtig war uns dieses Angebot zunächst schon. Wurden wir erfaßt? War das die »Récupération«? Das hing dann eben nur von uns ab. Ich akzeptierte, und es stand uns nun als Gegenleistung ein Theatersaal ständig zur Verfügung. Unserem Unabhängigkeitsfanatismus widersprach nichts. Mit Hilfe der befreundeten Lotte Eisner konnten wir unbekannte Dokumente expressionistischer Stummfilmzeit aus der

Cinémathèque entleihen, projizieren und viele Veranstaltungen im Sinne unserer »Begegnung« durchführen. Dabei galt das Interesse fortan stärker den verbindenden Identitäten in deutsch-französischer Mentalität. Die trennenden Unterschiede waren uns inzwischen zur Genüge bekannt und holten uns tagtäglich sowieso wieder ein.

Es waren Begegnungen mit Boulez, der damals dodecaphonisch gegen die deutsche Klassik donnerte – mit Stockhausen, der aus Köln anreiste und bescheiden, fast schüchtern seine letzten Klangkompositionen unterm Arm mitbrachte, sie erklärte und zur Diskussion stellte. Wir standen vor beiden, gegen eine Phalanx verständnislos und lautstark ablehnender Studenten der Cité Universitaire. Wir machten uns genauso lautstark die Devise unserer surrealistischen Freunde zu eigen: »Vous ne comprenez que ce que vous connaissez déjà, tas de cons!«

Schon 1955 hatte ich in den als *Opéras électroniques* vorgestellten Aufführungen und Hörfunksendungen mit der *musique concrète* von Alumro, Henry, Xenakis experimentiert. Was herauskam, stieß auf massiven Protest und ermunterte uns zum Weitermachen. Mit Hilfe des Leiters des Deutschen Hauses, Dr. Steffen, und des herrlich unkonventionellen Kulturattachés von Tieschowitz organisierten wir deutsch-französische Mini-Theaterfestivals. Eine Arbeit im Vorlauf des damals in Paris noch nicht eingerichteten Goethe-Instituts. Als dieses dann 1962/64 aktiv wurde und diskret die deutsche Kultur offiziell anmeldete, war Paris schon die Stadt geworden, in der man mich in Ruhe ließ, wo ich außerhalb und trotz aller gerade hier bestehenden Vorurteile, trotz gesellschaftlicher und künstlerischer

Unbeweglichkeit frei leben und arbeiten konnte. Und gearbeitet wurde ununterbrochen, wenn das noch Arbeit zu nennen ist, was man zwanglos, aus eigener Entscheidung und ohne Erfolgserwartung unternimmt.

An der zweisprachigen Inszenierung von Büchners *Leonce und Lena* entwickelten und erprobten wir fünf Monate lang die neuen Wege und Möglichkeiten eines »audio-visuellen Theaters«, wie es mir seit der Abkehr von den traditionellen Gewohnheiten vorschwebte. An der *Goldtopfkomödie (La Marmite)* probten wir acht Monate. Das Spiel mit Masken wurde zum Postulat neuer körperlicher Ausdrucksarbeit.

Vieles mußte zusammenkommen, um eine kontinuierliche Arbeit zu ermöglichen. Den Probensaal hatten wir im *Maison de l'Allemagne.* Dann die materielle Bedürfnislosigkeit der Darsteller und Mitarbeiter. Von »Opferbereitschaft« konnte nicht die Rede sein. Das gemeinsame Ziel war ausschlaggebend; materielle Werte waren nichtssagend, belanglos. Ohne Honorar und ohne konkrete Spielperspektiven anderthalb Jahr an einem Stück zu proben, setzte mehr als oberflächliche Motivationen schauspielerischer Selbstdarstellung voraus. Die Zunft der Schauspieler mit ihrem eitlen Pathos war uns sowieso zuwider. Es war bezeichnend, daß auch alle anderen von irgendwo abgereist, irgendwoher geflüchtet waren. Daß wir uns in Paris trafen, war sicher kein Zufall. Keine andere Stadt hätte das Terrain, den Hintergrund für das Besondere unserer Bewußtseinsarbeit geben können. Da war Pierre Boeswillwald, der konsequenter als Boulez der traditionellen Musik den Rücken gekehrt hatte, einer der Begründer elektroakustischer Avantgarde, dann Tullia, aus dem niederländischen Theater ausgestiegen und dem Großbürgertum entlaufen, Pancho, der Indianer aus Santiago, der Spanier Diègo und Johannes aus Deutschland, die beide den Zeichentisch des Architekten verließen, Israel und Salomon aus Tel-Aviv, die sich von Marceau trennten, endlich Grillon, Decroux' bekannte »Meisterschülerin«, die aggressionslos der Gesellschaft den Rücken kehrte, selbst die eigene Mimenkarriere wieder in Frage stellte; eine genialische Allround-Künstlerin, deren Spielbegabung vom Valerio bis zum Geizigen durch alle Rollenfächer reicht, wunderbare Masken und Kostüme kreierte, meinen Vorstellungen vom totalen Darsteller am meisten entsprach und später unser Mandragore-Zentrum mitbegründete. Jeder lebte für die Gruppe, niemand von ihr, und die Eigenwilligkeit der ausgeprägten Individualitäten gab der Truppe eine außergewöhnliche Kraft. Alles entstand im Probenprozeß, aus praktischer Arbeit. Kein Requisit, kein Kostüm wurde von außen herangetragen. Grillon entwickelte ihre Masken immer neu, dem jeweiligen Probenstand entsprechend.

Bald war es kein *Suchen* mehr, sondern ein permanentes Entdecken, Finden, Entstehen. Wir lernten dabei, wie die eigene Veränderung über ständiges Aufgeben und Zerstören des Vorherbestehenden geht. Das Algerien-Debakel mit den sich abzeichnenden Denkveränderungen im gesellschaftlichen Umfeld lebte uns das tagtäglich vor, bestätigte die Richtigkeit unserer Arbeits- und Lebensweise. Nur war der Zerstörungsprozeß bei uns gewaltlos, selbstverständlich im Verfolgen des gemeinsamen Ziels: Entdeckung der Realität hinter kulturellen Masken, erstarrten Denkschemata und außerhalb ideologischer Verblendung und Spekulation. Theater interessierte uns nur noch als Forum, wo die Veränderungen des eigenen Bewußtseins provoziert und gelebt werden konnten. Die sympathischen Revoluzzer von 1968 konnten uns später mit ihren neuen Forderungen nur ein Lächeln abgewinnen: Wir hatten das alles bereits zehn Jahre vorher gewaltlos durchlebt. Die Slogans vom »politischen Bewußtsein« und von der »Veränderung der Umstände« erschien uns als verdächtige Flucht vor dem, was wir unter persönlichem Bewußtsein und eigener Veränderung verstanden hatten, damals, als Camus meinte, es sei wichtiger »bewußt, als glücklich zu leben«. Wir wollten beides und versuchten tapfer, das bei der damaligen Situation Unmögliche zu realisieren. Bei aller Zurückgezogenheit war das, was überall draußen passierte auch unsere Sache. Alfred Grosser erregte sich einmal zu Recht über eine Gruppe deutscher Studenten der Politik, die von den französischen Kollegen ausschließlich das Trauma ihres geteilten Deutschland beklagten, statt auch nur einen Blick auf die dramatische Situation des Landes zu werfen, in dem sie sich befanden. Die deutsche Larmoyanz ging mir auf die Nerven. Die ganze Welt sollte das tragische Los der Deutschen bejammern, die sich selbst in ihr Schicksal hineinmanövriert hatten – wie Frankreich in den Algerienkrieg.

Die Premiere von *Leonce und Lena* fand statt in der Nacht, in der man in Paris mit einem Putsch der Rechtsextremisten mit Massu und seinen Paras rechnete. Die Stimmung war gedämpft. Man hörte Flugzeuge, zuckte auf der Bühne und im Saal zusammen. Kommen sie? Kommen sie nicht? – Sie kamen nicht!

Aber unsere Vorstellung, an der wir anderthalb Jahr gearbeitet hatten, war vorbei. Wahrscheinlich wäre es bei der einen Vorstellung geblieben, wenn Frantz Vossen nicht in der *Süddeutschen Zeitung* über diese einmalige Vorstellung in der Cité Universitaire berichtet und damit unmittelbare Einladungen nach München, Berlin, Hamburg provoziert hätte, denen dann Aufführungen in 60 deutschsprachigen Theatern folgten. In Paris selbst wäre es wahrscheinlich nicht über ein paar Vorstellungen hinausgegangen, hätten gegen die Totalverrisse nicht André Breton, wieder Robert Minder und ein breites Publikum von Künstlern und Studenten hinter der Inszenierung gestanden.

Wir hatten beabsichtigt, das Stück einmal vor Gästen in der Cité Universitaire zu spielen: Wir hielten es über zehn Jahre im Repertoire und spielten es über 300 mal.

Mit Büchner, Plautus und selbstentwickelten visuellen Stücken wanderten wir durch die Pariser Theater: *Studio des Champs Elysées, Théâtre d'aujourd'hui, Théâtre Moderne, Théâtre de Lutèce.* Der erste Preis der Pariser Biennale brachte Gastspiele in der Provinz. Eine Tournée durch Südamerika wurde geplant. Das Auswärtige Amt in Bonn wollte sie gemeinsam mit der Kulturabteilung des französischen Außenministeriums sponsern. Dort lehnte man ab mit dem diskreten Hinweis, auf kulturelle Gemeinsamkeit mit Deutschland lege man absolut keinen Wert. Die Presse berichtete immer vom Gegenteil; wir staunten und verließen uns wieder auf uns selbst. Von Public Relations keine Ahnung, reagierten wir nur auf Anfragen – und die kamen immer häufiger aus dem Ausland. Es gab monatelange Tourneen durch Spanien, Deutschland, Tunesien,

Schweiz, Österreich; dann, auf Einladung der Goethe-Institute durch Nordafrika und den vorderen Orient. Der Bus führte uns in abenteuerlichen Reisen alle zwei Jahre ums Mittelmeer, von Casablanca bis Bagdad, und wir hätten um nichts in der Welt mit Ruhe und Sicherheit in heimischen Kulturbetrieben getauscht.

Schließlich kam auch aus einem Pariser Theater eine Anfrage, mitten aus der Stadt. Bernard Jenny lud uns ins traditionsträchtige *Théâtre du Vieux Colombier* ein. Als »Reformer des Darstellers« sollte ich die Tradition von Copeau und Artaud fortführen; denn, so hieß es, denen seien meine Absichten verwandt. Wir zogen also ein in die Keller des *Vieux Colombier*, hinter Saint-Germain-des-Prés. Unsere erste Handlung war eine Säuberungsaktion. Denn seit Copeau in den frühen zwanziger Jahren mit Dullin und Jouvet das Pariser Theater erneuerte, hatten seine Verliese offensichtlich weder Besen, noch Wasser, noch Farbe gesehen.

Zuerst arbeiteten wir ein Jahr lang ungestört im neuen Refugium. Dann kam die Bitte, unsere letzten Ergebnisse doch ein paar Mal auf der Bühne des *Vieux Colombier* zur Diskussion zu stellen. Meinen Vorschlag, mit Büchners *Woyzeck* zu beginnen, konnte ich nur mit Mühe durchsetzen, da das Stück bereits mit zwei vorherigen Versuchen bei der Presse durchgefallen war. Ich lehnte eine Pressevorstellung mit den üblichen 500 Korrespondenten aus der ganzen Welt und Paris ab, verschenkte stattdessen die drei ersten Vorstellungen an die Ecole Centrale, Ecole Polytechnique, Ecole des Beaux Arts, an die Sorbonne und andere Hochschulen: es waren fast 150 Vorstellungen. Die Presse kam, nachdem das Ausland bereits berichtet hatte.

Die nun folgende Repertoire-Gestaltung auf der Bühne des *Vieux Colombier* brachte bisher unbekannte Erfahrungen mit einem größeren Pariser Publikum und deutsch-französischer Kulturpolitik. Das Publikum kam, plötzlich hatte ich das, was ich mir seit Jahren vom Halse gehalten hatte: einen funktionierenden Betrieb.

Die erste Erfahrung war, daß man mit einem versierten Verwalter nebst Sekretärin, einem motivierten Pressechef, einem Buchhalter und einer Kassiererin das leisten kann, wofür ein Theaterbetrieb normalerweise einen Verwaltungsapparat mit 20 Angestellten benötigt. Als Techniker hatten wir ein Team von jungen Rockern aus den Vorstädten. Ich vertraute ihnen ohne Kontrolle die Technik auf Tournéen und im Theater an. Es war eine wunderbare Gruppe, die gleich zum Ensemble gehörte. Es lief alles viel einfacher, als ich es mir vorgestellt hatte.

Schwierigkeiten gab es zunächst mit dem französischen Schauspieler-Syndikat. Es hieß, ich dürfe nur einen oder zwei Ausländer im Ensemble beschäftigen. Bei uns spielten Franzosen, Deutsche, Araber, Spanier, Israelis, Japaner, Holländer, Amerikaner. Mit dem Hinweis, unsere Schauspieler seien in jahrelangem Training besonders geschult, traditionelle französische Darsteller könnten zwar wunderbare Texte rezitieren, genügten jedoch nicht unseren Ansprüchen des »acteur total«, stieß ich auf taube Ohren. Ich schimpfte auf die künstlerisch-reaktionäre Theatergenossenschaft – und man ließ uns in Ruhe. Für die Aufenthaltsgenehmigung schrieb ich den ausländischen Mitarbeitern Anträge. Die Polizeipräfektur gewährte sie – bekam Premierenkarten – ignorierte merkwürdigerweise, daß ich selbst seit Jahren weder Aufenthalts- noch Arbeitsgenehmigung beantragt hatte. Als Unternehmer war das offensichtlich nicht nötig.

Wir hatten im *Vieux Colombier* eine Insel der Außenseiter. Kein Wunder, daß die in Ateliers behandelten Themen und Stücke vornehmlich um die Freiheit des Einzelnen vor der Gesellschaft kreisten, daß uns Autoren faszinierten, die in Übergangsperioden gelebt hatten, wie Büchner, Lenz, Sophokles, Plautus, Grabbe, Kaiser, Tieck. Das mag einer der Gründe gewesen sein, warum viele Studenten im Mai 1968 mit uns sympathisierten. *Der Gestiefelte Kater* von Tieck wurde für viele zum Stück der »contestation«. Ich hatte es im Bus auf einer Tournée durch den Orient übersetzt und als heutige Kulturkritik bearbeitet. Im Studentenviertel wurde damit das *Vieux Colombier* – wie das Odeon – zu einem »Quartier Général« der Revoluzzer. Roger und sein Rocker-Team achteten darauf, daß die Mauern nicht bekritzelt wurden. Das war doch *ihr* Theater, und da versaute man die Wände nicht.

Dann kam der Solidaritätsstreik der Pariser Theater. Ich ging zur Generalversammlung und merkte zum ersten Mal, wieviel Schauspieler, Regisseure, Theaterleiter in Paris am Werk oder arbeitslos waren. Aus allen Löchern kamen sie – und schrien nach mehr Geld, um der Theaterkrise begegnen und ein neues Publikum gewinnen zu können. Wie so oft vorher waren wir verblüfft; kein Wort von den Forderungen der Studenten, von grundsätzlichen Veränderungen gesellschaftlicher Strukturen, geschweige denn von der Forderung nach einem neuen Bewußtsein. Wir distanzierten uns von der sich zunehmend politisierenden Bewegung, begannen als erste Bühne wieder zu spielen, wurden zu »Streikbrechern«. Bei der ersten Vorstellung war das Gitter vorm

Theater geschlossen. Ich öffnete es selbst für jeden, auf den die CRS einschlugen und schloß es jedesmal wieder; und das solange, bis der Saal voll war. Dann begann eine Vorstellung vor Zuschauern, die zum großen Teil noch kein Theater von innen gesehen hatten. Niemals vorher und nie wieder hat die Polizei das Publikum ins Theater geprügelt. Wir waren glücklich und die Zuschauer auch. Sie blieben bis tief in die Nacht, diskutierten über Ludwig Tieck, während draußen die Autos brannten und bis die tränengasangereicherte Luft wieder rein war.

Roger Maria, der Theaterkritiker der kommunistischen *Humanité,* inzwischen ein Freund unserer Truppe, holte uns in die Citroen-Fabrik. In der Kantine spielten wir vor den Arbeitern *Die Goldtopfkomödie* von Plautus. Wie groß war mein Erstaunen zu erfahren, daß ich, laut Roger Marias Einführungsvortrag, ein marxistisches Stück von über 2000 Jahren wiederentdeckt hatte: der Diener im Stück sei kein anderer, als der ausgebeutete Sklave in den Fabriken kapitalistischer Industriegesellschaft. Nach einigem Zögern kam dasselbe Publikum am nächsten Abend zu uns in Theater und setzte eine Gruppe von Schauspielern vor die Tür, die uns aufforderten, die Vorstellung abzubrechen. Am nächsten Tag saßen unsere Freunde hinten im Saal: Judo-Weltmeister Fukami, Aikidomeister Noro und die schwarzen Gürtel aus seinem Dojo. Ihre bloße Präsenz genügte, um fortan den reibungslosen Ablauf unserer Vorstellungen zu garantieren.

Die Verantwortlichen des französischen Kultusministeriums – *Arts et Lettres* – zeigten sich erfreut über die neue Animation im *Vieux Colombier*, ermutigten uns und verharrten zunächst in Schweigen, als es darum ging, Truppe und Theater zu subventionieren. Pierre

Aimé Touchard, George Lherminier standen hinter unseren Vorstellungen, wollten uns helfen, doch waren ihnen die Hände gebunden: Schließlich lag die Aktivität des von Copeau zum Avantgarde-Theater gekürten *Vieux Colombier* bei einem Nicht-Franzosen, ausgerechnet einem Deutschen, der zudem in jugendlichem Elan Manifeste gegen die französische Kulturbourgoisie schrieb und gegen die »geistige Hochstapelei und Verlogenheit der politischen Theater« wetterte. Zudem war das Theaterbudget des Minsters minimal, gingen Malraux' Subventionen in die von ihm kreierten »Maisons de la Culture«, mit dem Wagnis, zentralgesteuert die französische Dezentralisation zu betreiben. Was auch prompt nicht funktionierte.

In diesen Häusern florierte politisches Theater, insbesondere mit einem Brecht-Repertoire. Brecht selbst hatte dazu den Anstoß gegeben, mit dem ersten Besuch seines Berliner Ensembles in Paris. Als Student hatte ich bei der publizistischen Vorbereitung mitgeholfen, durch Übersetzungen in der Wohnung J. M. Serraults. Dem enthusiastischen Beifall der Aufführungen folgte ein Brecht-Boom, begleitet und gesteuert von dramaturgischen Schulmeistern, denen die V-Effekt-Methode zum Evangelium wurde. Unter der Oberaufsicht von Theoretikern wurde dem Brecht-Theater das Leben ausgetrieben. Was die rechte Presse nicht vermochte, gelang den Ideologen aus eigenen Reihen: das Publikum desertierte aus den Sälen gähnender Langeweile. Die Wichtigkeit der Diskussionen brachte die Veteranen unter den deutschen Emigranten zum Lächeln. Schließlich mochte man Frankreich und die Franzosen. Nur Walter Mehring, aus Zürich angereist, sagte mir offen, das sei nun wirklich der Schnee von vorgestern.

Was da so eifrig diskutiert und zum Dogma erhoben würde, sei im Berlin der zwanziger und dreißiger Jahre bereits abgehandelt worden. Sprachs und ging für mehrere Stunden in den Louvre, jeden Tag, zur gleichen Morgenstunde, immer in denselben Saal, immer vor dasselbe Bild.

Das sichtbare, hörbare Paris, das sich anbietet, dem man auf den ersten Blick verfällt, war mir schon bald verdächtig. Es wurde zu einem nützlichen Widerstand, der sich zwischen uns und die Ziele unserer Sehnsüchte drängte, der uns herausforderte – und den wir zu lieben lernten.

Widerstand der Sprache, die tiefsinnig vagen Eingebungen zur Klarheit verhilft, sie aber gleichzeitig, wie keine andere Sprache, domestiziert, anzuhalten und kulturell verwertbar zu machen droht; die uns die Sicherheit herrlicher Formulierungen gibt, denen sogleich die elegante Belanglosigkeit folgt. Eine Sprache, der man ständig wieder verfällt. In der Sprache äußert sich vornehmlich die französische Bildungsgesellschaft, welche alles Fremde zunächst bekämpft, nichts zuläßt, was sich nicht referenziell dem Kulturkapital zuordnen läßt, bis das Fremde sich trotz hartnäckiger Ablehnung dennoch durchsetzt – oft auf dem Umweg über das Ausland.

Die produktiven Auseinandersetzungen in eigenen Reihen fanden wir in Paris nie in bombastisch subventionierten Veranstaltungen. Sie waren verborgen, und man mußte sie suchen. Sie waren solange lebendig, bis sie auf den großen Plakaten erschienen und zur Kulturfassade gehörten. Daß manche dort nie erschienen, gereicht ihnen zur Würde. Sie gingen nicht in die Falle.

Fragebogen:

In welcher Epoche der französischen Geschichte hätten Sie am liebsten gelebt?

Was schätzen Sie bei den Franzosen am meisten?

Was ärgert Sie bei den Franzosen am meisten?

Welches deutsche Thema müssen Sie Ihren französischen Freunden am meisten erklären?

In welchen Bereichen gleichen sich Ihres Erachtens Deutsche und Franzosen im Zuge der europäischen Einheit an?

Nennen Sie Ihr (e,en) Pariser Lieblings-

Nennen Sie Ihr(en) französisches (en) Lieblings-

Ist für Sie Paris eine »Ville lumière«?

Was ist Ihr Lieblingswerk der französischen Literatur?

Welchen französischen Politiker schätzen Sie am

Wo liegen die größten Mißverständnisse zwischen Deutschen und Franzosen?

Können Sie sich jeweils mit einem Satz zu folgenden Phänomenen äußern:

Geist/Esprit:

14. Juli in Paris:

Mode in Frankreich:

Französische Sprache:

Karl Ferdinand Werner

Als Historiker Frankreichs im Staat der Robertiner *des 10. Jh., schon um zu sehen, was ich richtig erkannt habe, und was nicht! Als Mensch fand ich 1950-89 großartig.*

Ihre unglaubliche Offenheit für alles Neue, Interessante, eben auch für Menschen, die ihnen etwas sagen, und denen sie treuer sind als andere.

Ihre übergroße Sorge, Rang und Größe ihres Landes hervorgehoben zu sehen, weil sie es gar nicht nötig hätten.

Die Probleme, die die Deutschen mit sich selber haben: warum ihre eingebildeten Fehler sie hindern, ihren wirklichen abzuhelfen.

Mit Sicherheit in der Cuisine und in der stärkeren Beachtung regionaler Vielfalt – hoffentlich nicht in weiterem Schwinden der Fremdsprachenkenntnisse.

Quartier: *Horribile dictu, das »XVIe«*
Straße: *Quai de Conti - Quai Voltaire*
Platz: *Place des Vosges*

Gericht: *Fische (so viele frische!) und die Saucen und Weine (!) dazu*
Film: *»Le Clan des Siciliens«*
Chanson: *»Mademoiselle de Paris« (reinste Nostalgie!)*

ja

Das Œuvre Molières, und, natürlich, die »Chanson de Roland«

meisten: *Delors*
wenigsten: *Le Pen*

Wie soll man zwei Ozeane beschreiben? Nur Beispiele sind möglich: Der Franzose liebt die Revolutionen, ist aber viel konservativer als der Deutsche. Er will eben die Politik revolutionieren, nicht seine Lebensweise. Diese will das Beste bewahren, ist also aristokratisch im Volk der Verächter der aristocrates, *während sie im Land der Fürstendiener kleinbürgerlich blieb, so daß man, um dem zu entfliehen, sich im Ausland, der* großen Welt *umschaut. Verhaltensweisen sind historisch gewachsene Kulturformen – wie soll man die* des andern *verstehen, wenn man nicht einmal seine eigene Geschichte kennt? Wenn einem die Sprache des andern verschlossen ist? Es hilft nur, in direktem Austausch sich selbst zu entdecken: Liebe ist auch hier der einzige Weg.*

Goethe wußte, daß das franz. Gegenstück zu Geist Génie *ist, und Lessing, daß das deutsche zu* Esprit Witz *ist – es mußten Philologen kommen, um Frankreichs* Esprit *gegenüber deutschem* Geist *abzuwerten – wann spricht sich die Wahrheit herum?*

In Frankreich ist gemeinsames Feiern das wichtigste in der Politik, weil der Mensch mit anderen dabei das *ist, was er sein und bleiben will: Franzose.*

Die Frau steht im Mittelpunkt, für alle, nicht nur die Reichen: Charme *ist, wie die* Dame, *ein Geschenk Frankreichs an die Menschheit.*

Die Franzosen haben aus einem Verständigungsmittel den Mittelpunkt ihres Seins und Denkens gemacht: le style, c'est l'homme, *wer das sagt, braucht nicht über* Kommunikation *nachzudenken – er lebt sie, über die Zeiten hinweg.*

Welchen zwei der folgenden Sätze von Franzosen über Deutsche/Deutschen über Franzosen würden Sie am ehesten und welchen zwei Sätzen am wenigsten zustimmen?

»... l'Allemagne, force de la nature à laquelle elle tient aut plus près, faisceau d'instincts puissants mais troubles, artistes-nés qui n'ont point de goût, techniciens restés féodaux, pères de famille belliqueux, restaurants qui sont des temples, usines dans les forêts, palais gothiques pour les nécessités, oppresseurs qui veulent être aimés, séparatistes obéissant au doigt et à l'œil, chevaliers du myosotis qui se font vomir leur bière, route que Siegfried de Limousin voit épique le matin, romantique vers midi, guerrière le soir, océan sublime et glauque d'où le filet retire pêle-mêle des monstres et des trésors...«
(Ch. de Gaulle: Vers l'armée de métier)

am ehesten ✘

Skandalös, aber als es geschrieben wurde, in mehreren Punkten wirklich »treffend«. De Gaulle's Fehler war nur, an die Unveränderlichkeit der »Gallier« und »Germanen« zu glauben, im Land und im Jh., die das harmlose Wort »race« rassistisch verfärbt haben. Das ist eines der »Monstres« aus dem Netz Frankreichs, das für plumpe Nachahmer jedoch nicht verantwortlich ist.

Was halten Sie von der Behauptung, Paris sei nicht Frankreich?

Wie steht es Ihrer Meinung nach heute um die französische Kultur im weitesten Sinne (Aufstieg, Abstieg, Stagnation)?

Was würden Sie sich auf die berühmte einsame Insel nachschicken lassen?

Welche Frage hätten Sie am liebsten selbst gestellt und beantwortet?

Karl Ferdinand Werner

»Ein Hegel, ein Schopenhauer, ein Nietzsche sind in Frankreich undenkbar. Sie würden den Garten der Zivilisation und das Reich des Menschen zerstören. Die Unendlichkeit des Geistes kann sich in der französischen Philosophie nicht ausleben.«
(E. R. Curtius: Die französische Kultur)

✘ *am wenigsten*
»Alle« vermögen alles, nur auf verschiedene Weise, zum Glück! Ein Denken jedoch, dessen Absolutheit den Menschen eliminiert, muß den »Garten der Zivilisation«, den es doch wohl auch in Deutschland gibt, überall bedrohen und hat es getan.

»Alle großen Franzosen sind, wie ihre Rasse, im Gleichgewicht zwischen ihrer sinnlichen Intensität und dem Eifer und der Klarheit ihres Geistes.«
(Heinrich Mann: Geist und Tat. Essays über Franzosen)

✘ *am wenigsten*
»Rasse« ist keine Kategorie der Kultur, und schon gar nicht menschlicher Größe. »Alle großen Franzosen« gehören keineswegs zur gleichen Rasse, sondern tragen und verändern eine Kultur.

»Deutschland und Frankreich zusammen – die beiden befreundeten Länder – werden das Herzstück eines freien geeinten Europas bedeuten. Eines ist sicher: Europa wird nur diese Zukunft haben oder keine.«
(Klaus Mann: Das innere Vaterland)

✘ *am ehesten*
So richtig, daß es schon banal erscheint.
War es aber nicht, als es geschrieben wurde.

Sehr viel. Ein Pariser, der die »Provinz« unterschätzt, irrt sich fast soviel wie ein Franzose, der Frankreich für Europa hält. Dennoch ist und bleibt Paris ein Brennspiegel Frankreichs und Europas, ein Tummelplatz der Eliten im guten und weniger erfreulichen Sinn. Deutschland, ohne »Paris«, steht dafür an der Spitze der Bewegung »Europas Kulturlandschaften im Direktverbund«, wie sie es in der Geschichte längst gewesen sind (Toskana, Burgund, Rheinland etc.)

In 1000 Jahren war Frankreich mehr als ein Dutzend mal (häufiger als jedes andere Land) führender Innovator Europas, einmal in der Bau-, einmal in der Kriegskunst, einmal in der Malerei, mehrfach in der Literatur und in den religiösen Bewegungen, in Technik (oh ja!) und Naturwissenschaft und Politik, zuletzt in der Geschichtswissenschaft – warum sollte sich das plötzlich ändern? Tant pis für diejenigen, die schon so lange nach dem »Niedergang« Ausschau halten, anstatt endlich einmal ihre eigenen Komplexe abzulegen. Antwort also: Abstieg, Stagnation, Aufstieg allenthalben, vor allem in Frankreich, schon weil dieses Land Langeweile nicht erträgt.

✘ *Die »Pensées« von Pascal (Die Alternativen sind zu kurzlebig)*

Einen grand cru aus dem Médoc
Eine frische Baguette, einen grand café crème und ein Päckchen Gauloise

Sind die wechselseitigen Bespiegelungen in Bewunderung und ungerechtem Urteil überhaupt wert, daß man seine Zeit damit verliert?

Helma Sanders-Brahms

Eine Dosis Frankreich

Als ich zum ersten Mal in Paris war, hatte ich Angst vor der Stadt. Ich fühlte mich wie der Held in Rhomers Film *Signe de Lion,* der ohne Geld und ohne Freunde in einer abweisenden Häuserwüste umherirrt, in der alle glücklich und verliebt sind außer ihm. Alles, was ich sah, war wie in tausend Filmen gesehen, und jetzt real, greifbar – und doch um so entfernter. Und alles war Erinnerung. Es gab Tische, an denen hatte Cocteau gesessen, Picasso, Dali, Chagall. Messingplatten mit ihren Namen waren da eingelassen. Sie selber aber waren nicht mehr da. Ihre Kämpfe waren vorüber, sie waren Klassiker geworden, lebten in entfernten Häusern an der Côte d'Azur, und bewundernd streiften jetzt die Finger der Touristen über die eingravierten Buchstaben. Ich stand da, war neunzehn, hatte kein Geld, aber die Moderne war schon geschehen, ohne mich. Irgendwo in einem Keller spielte noch Sidney Bechet, auch er schon durchgesetzt, mehr noch, eine Legende. Nichts mehr zu entdecken übrig, nichts mehr selbst zu erobern, alles schon jetzt, kurz nach der Mitte des Jahrhunderts, zum Epigonentum verurteilt. Das war 1960.

Dann entdeckte ich für mich das Kino, traute mich aber nicht nach Paris. Und mitunter überfällt mich immer noch, wenn ich wieder einmal die Champs Elysées überquere, dieses Gefühl des Vergeblichen, der Hilflosigkeit angesichts all dessen, was in Paris geschehen ist, gerade geschieht. Ich weiß, daß ich dieses Gefühls wegen Paris lange gemieden habe.

Als ich meinen ersten Film auf einem Festival außerhalb Deutschlands zeigte (ein kleines Festival in Norditalien) waren auch ein paar Franzosen da, darunter Marcel Ophüls und René Allio. Obwohl über weite Strecken bei der Vorführung der Ton ausfiel, blieb René Allio im Saal. Als das Licht anging, waren wegen der Probleme mit dem Ton nur noch wenige Menschen ausser mir da, darunter René Allio. Der ging auf mich zu, nahm mich in den Arm, sagte mir, dies sei der aufregendste Film, den er in diesem Jahr bisher gesehen habe (das Festival war im April). Und seine Frau, Christine Laurent, die später selbst Filme machte, sagte mir dasselbe. Und von da an hatte ich zwei Freunde in Paris. Ich hatte ein Zimmer in ihrer Wohnung. Ich aß bei ihnen, führte mit ihnen Gespräche über Kunst und Marxismus, und plötzlich schien mir alles in Paris möglich, was ich als vergangen und für mich unerreichbar angesehen hatte. Die Kunst noch einmal neu zu erfinden. Nicht die Malerei, nicht den Jazz. Auch nicht das Theater. Aber das Kino. So viele Möglichkeiten lagen darin noch ungenutzt vor mir, so viele Geschichten, die ich im Kopf hatte, so viele Bilder, Töne, die zusammengebracht werden wollten. Und ich spürte, daß ich mein eigenes Land zwar brauchte als ein riesiges Reservoir an Filmstoffen, die so extrem, so politisch brennend, so schmerzhaft in Frankreich nicht zu finden waren – aber daß ich Paris brauchte als einen Ort, an dem ich leben konnte. In Deutschland schien ich immer alles falsch zu machen. In Paris aber schien gerade das, was in Köln oder Berlin als Fehler abgetan wurde, auf geheimnisvolle Weise genau die Dimension zu haben, die ich mir vorgestellt hatte. Es schien verstanden zu werden, so, wie ich wollte, daß es verstanden würde.

Und das vor allem auf der Ebene des Kinos. Während ich mich in Deutschland oft ausgestoßen, wie mit einem unsichtbaren Buckel versehen fühlte, der mich daran hinderte, gemocht und in meinen Absichten erkannt zu werden, erlebte ich in Paris etwas wie Treue und Geborgenheit bei meinen Freunden, durch die mir Flügel wuchsen. Ich fing an, mich zu trauen, Dinge zu erdenken und zu erfinden, für die ich in Deutschland keinen Mut gehabt hätte. Ein offizielles Echo kam nicht sofort, aber doch relativ schnell. Mein Film *Die letzten Tage von Gomorrha* wurde vom ersten Frauenfilmfestival *Musidora* eingeladen. Er gefiel dem Publikum dort so sehr, daß er den ganzen Tag von morgens bis abends gespielt wurde. Alexander Kluge begleitete mich. Ich sehe ihn da noch sitzen und sich leise vorstellen: »Ich bin der Freund von Helma Sanders«. So sehr war der Film ein Ereignis geworden, der doch in Deutschland durch eine wirkliche Kampagne der Bildzeitung »auf den Müllhaufen« – so die headline – geworfen worden war. Der nächste Film *Unter dem Pflaster ist der Strand,* ein von der Kritik kaum beachtetes und eher hämisch beurteiltes »Kleines Fernsehspiel«, lief dann schon in Cannes, geriet dort in die wichtigsten Festivalberichterstattungen der großen Zeitungen, bekam einen Verleih, lief im Kino, wochenlang, monatelang, hatte begeisterte Kritiken... Ich könnte jetzt sagen, daß sich diese Geschichte noch mehrfach wiederholt hat, am extremsten mit dem Film *Deutschland, bleiche*

Mutter, den das Kino *Le Marais* eineinhalb Jahre lang spielte, ohne ihn abzusetzen. Unvergeßlich der Augenblick bei seiner Vorführung auf dem Frauenfestival von Sceaux (heute Créteil), als die Lichter im Saal angingen und ich unten ziemlich hilflos stand und sagte »Ich bin Helma Sanders« – vor einer stummen Menge, von der ich angenommen hatte, sie würde den Film vielleicht gar nicht gemocht haben... und plötzlich all diese tausend Menschen aufstanden und auf mich zugehen und mich umarmen wollten. Das war einer der schönsten Augenblicke meines Lebens, ein Moment, in dem ich mich in Paris fühlte wie mitten in einer großen liebevollen Familie von lauter Menschen, die mit mir fühlten und mit mir verstanden, was meine Kindheit gewesen war, was meine Mutter, mein Vater – und alle die Verbiegungen, die Nazizeit und Krieg und Nachkriegszeit darin verursacht hatten.

Und noch ein anderer dieser Augenblicke, als bei einer Vorführung meines Films *Die Berührte* (frz. *La Fille Offerte)* in der Cinémathêque mich ein Zuschauer sehr heftig angriff und daraufhin eine schöne blonde Frau unweit von ihm meine Partei ergriff und ihn auf die allerleidenschaftlichste und zugleich brillianteste Weise in seinen Argumenten niedermachte – Brigitte Fossey, die dann auch eine Freundin wurde, für die ich ein Drehbuch schrieb. Produziert wurde dieser Film *Flügel und Fesseln (L'Avenir d'Emilie)* von Margaret Menegoz, bis zum heutigen Tage die Produzentin, mit der ich am liebsten gearbeitet habe, die ich ihres Ernstes, ihrer Klarheit, ihrer bewunderungswürdigen Ruhe wegen verehre – und vor der ich mich immer schäme, denn gerade dieser Film war ein Flop. Ich habe mich oft gefragt, woran das lag, daß diese ersehnte Arbeit, die ich endlich in Frankreich selbst machen durfte, umgeben von Menschen, für die Kino nicht nur ein Geschäft, sondern vor allem ein schöpferischer Prozeß ist, mir nicht so gelang, wie ich es mir vorgenommen hatte.

Als ich neunzehn war, stand Paris vor mir mit all seinen Bauwerken und Bäumen, seinem Fluß und seinem silbergrauen Himmel als ein kostbares und unnahbares Gebilde, belebt von Menschen, die sich leichter bewegten und schöner aussahen als ich. Jetzt sehe ich die Gebäude kaum noch; nur manchmal, wenn ich bei Bir-Hakeim mit der Metro über die Seine fahre und sie da liegen sehe mit dieser atemberaubenden Schönheit, weiß, grau, die Biegung, das Licht, der Himmel, dann geht es durch mich wie ein Schmerz, und ich sage mir, was für eine wunderbare Stadt, was für ein unvergleichlicher Ort. Aber kaum denke ich es, da möchte ich den Gedanken schon wieder abschneiden, da er so oft geäußert worden ist, durch die Jahrhunderte: die Stadt aller Städte, die große Mitte der Lustbarkeiten und der Liebschaften, des Lasters und der Keuschheit, der blöden Songs von Parisparisparis und der Reisebüroprospekte und fetten Touristenbusse.

Für mich ist Paris die Stadt, in der meine besten Freunde und Freundinnen wohnen. Hinter dem Eiffelturm auf der linken Seine-Seite ist eine Wand, auf der sind alle Gesichter der wichtigen Menschen dieses Jahrhunderts aufgemalt. So möchte ich meine Wand malen mit allen Gesichtern, die mir in Paris etwas bedeuten. Am größten die Größte, meine Loulou, Louisette Neil, für deren Großzügigkeit und Lebendigkeit es keinen Vergleich gibt. Bei ihr wohne ich zwischen zwei blühenden Terrassen, die rechts und links auf Paris gehen, nach vorn zum Panthéon und nach hinten die Moschee und der Jardin des Plantes. In der Moschee sitze ich im Sommer im kleinen Garten und horche auf das Wasser des kleinen Brunnens und trinke unzählige Tees mit Pfefferminz und schreibe oder lese dabei. Und fast so nah wie Loulou ist mit Françoise Maupin, Kritikerin, deren Lachen ich gleich im Ohr habe, wenn ich nur in mich hineinhöre. Meine Verehrung auch für Jacques Robert, den Kenner des Kinos, und dafür, daß er immer noch voller Leidenschaft ist. Und für die schöne Sao. Und für die starke und sensible und rigorose Pascale Breugnot. Die sind das auch: »Passioné(es)« Selbst Jack Lang ist das, den ich zwar nicht zu meinen Freunden zählen kann, und der mir doch sofort und wirksam in meinem Kampf um die Erhaltung der Filmstudios in Babelsberg (in der ehemaligen DDR) geholfen hat. Während die deutschen Politiker flaue Ausreden suchten, schrieb er einen kurzen, aber flammenden Brief, sprach mit Helmut Kohl, mahnte ihn an seine Verantwortung. Ohne ihn und sein Eingreifen wären die Studios längst verkauft, ein Raub der Immobilienhaie. Also kommt er auch mit aufs Bild an meiner Wand. Gleich neben – Marie Dedieu zum Beispiel, die halb Gelähmte, deren Eleganz und Schönheit eine einzige mitreißende Auflehnung gegen die Krankheit ist. Auch Barbe Schroeder muß mit dazu gemalt werden. Und Marin Karmitz. Und Leslie Kaplan, die Schriftstellerin. Und Pierre Braunberger, der schon nicht mehr lebt – aber solange er noch lebte, des Kinos ergebener Diener und Herr war. Ein paar möchte ich auch verschweigen. Dich zum Beispiel. Alle muß man nicht nennen. Es würde uferlos und endlos.

Wichtig ist vielleicht noch die Erkenntnis, daß persönliche Beziehungen für die Arbeit in Frankreich und speziell in Paris sehr viel bedeuten. Ich meine damit nicht die Arroganz der gesellschaftlichen Zirkel, die um sich selbst kreisen und hier und da den Künstler, den Ausländer zum Schmuck bei sich aufnehmen, solange er oder sie in der Mode ist. Ich meine auch nicht das deutsche »Vitamin B« – die Beziehung, die Seilschaften bildet und als solche gegen andere intrigiert. Eher, daß man ein menschliches Gewicht, eine menschliche Dimension angenommen haben muß, damit man wahrgenommen wird, damit man respektiert wird. Wird man es, hat man ein Stadium erreicht, das so in Deutschland nicht zu erreichen ist. In Deutschland wird eher ein Professor als ein Künstler respektiert. Frankreich dagegen respektiert den Künstler, gerade ihn; gerade sie, die Künstlerin – respektiert den einsamen Kampf des Einzelgängers, der in Deutschland immer wieder zum Sturz in den Abgrund, zum Selbstmord, zum Wahnsinn bei den Besten geführt hat. Büchners, Hölderlins, Kleists Schicksal ist typisch deutsch – und immer wieder stelle ich mir vor, Rudi Dutschke, Ulrike Meinhof und Gudrun Ensslin wären in Frankreich geboren und hätten dort den Mai 68 mitgemacht. Wohlbestellt säßen sie heute vielleicht in Jack Langs Kultusministerium, hätten möglicherweise den *Prix Goncourt* gewonnen, würden eine große Zeitung machen oder irgend so etwas. Jedenfalls wäre zwischen ihnen und der Gesellschaft ein lebbarer Konsens gefunden worden. Vielleicht ist ihr Ikarus-Bild mit zerschmetterten Flügeln schrecklicher und großartiger. Vielleicht hätten sie jetzt einen Bauch und würden Austern bei Lipp schlemmen. Aber sie lebten noch. Und die Gesellschaft hätte versucht, sich mit dem, was sie von ihr wollten, zu arrangieren – und sie dabei mit arrangiert. Die deutschen Tragödien zeugen von unserem Drang zur Perfektion, der etwas Unmenschliches hat.

Ein Letztes noch möchte ich zum Lobe Frankreichs und der Franzosen sagen: es läßt sich bei ihnen sehr viel leichter vereinbaren, sich in einer intensiven Arbeit zu verzehren und gleichzeitig eine Frau bleiben zu wollen. Jede Arbeitsbeziehung hat in Frankreich immer auch einen, wenn auch nur ganz leichten, erotischen Unterton, den es sonst in keinem Land gibt, und der es macht, daß es viele Französinnen in leitenden Positionen gibt, die doch ungewöhnlich reizvoll geblieben sind. Deutsche Frauen an ähnlicher Stelle – wenn sie sie überhaupt erreichen – strömen zumeist etwas puritanisch Zurückgenommenes, Verzichtendes aus. Die Lippen werden schmal wie der Anspruch an Leben und Liebe. Das Lächeln ist so verführerisch wie die Suppen der Heilsarmee. Das liegt daran, daß deutsche Männer, auch hier wieder Perfektionisten, immer ein Entweder-Oder setzen. Entweder jemand darf als Frau reizvoll sein, dann aber muß sie doof oder einer wahren Männerrunde nicht würdig scheinen. Oder sie steht beruflich »ihren Mann«, dann ist das Spiel mit der Erotik ein gefährliches Glatteis und abzulehnen. Ich weiß, es gibt Ausnahmen von dieser Regel. Aber dann doch auch so viele Bestätigungen, daß man sie gelten lassen kann. Der deutsche Perfektionsdrang sucht den reinen Tisch, die tabula rasa, schafft sie sich historisch immer wieder neu. Das Leben auf vielen Ebenen, die Wahrheit mit vielen Gesichtern, die Frau mit Grips *und* Hintern, die doch keine Nutte, sondern auch noch ein Wesen mit moralischen Maßstäben ist... alles das ist ihm zutiefst suspekt. Während es den Reichtum Frankreichs ausmacht, gerade in solchen Erscheinungen den üppig gedeckten Tisch des Lebens zu vermuten. So ist ja auch das französische Essen – erst dies und dann das und dann das und auch das noch und hinterher das –, während der deutsche Tisch im wesentlichen ein Gericht mit was Flüssigem davor und was Süßem danach kennt, dreiteilig wie ein Altarbild, unter das die Warnungen vor der Völlerei und der Unzucht und der Eitelkeit gemalt sind. Dies denn auch die Sünden, die der Deutsche flieht. Daß aber auch der Neid und der Zorn und der Geiz Todsünden sind, vergißt er gern. Frankreichs Heilige wie Frankreichs menschliche Personifizierungen – Jeanne d'Arc und Marianne. Deutschland sieht sich zwar mit dem Namen des Erzengels Michael, des Drachentöters verbunden, leider aber in der Ausprägung eines Trottels mit Zipfelmütze. Schlafmütze. »Es schläft sich in deutschen Betten so süß, denn das sind Federbetten«, sagt Heinrich Heine hierzu. Auch das gehört zum Bild des Perfektionisten: im Schlaf, im Traum ist die Welt in Ordnung, die Widersprüche sind aufgelöst.

Ich lebe in Berlin. Ich bin in Deutschland geboren. Meine Geschichten, meine Träume sind deutsch. Aber ich brauch' ab und zu eine Dosis Frankreich. Sonst wär ich schon tot oder verrückt.

Joseph Hanimann

Pariser Begegnungen

Begegnung 1: Michel Serres

Ein Jahr, nachdem die Montagne Sainte-Victoire brannte, war der Berg, von Cézanne gemalt, im Museum von Aix zu sehen. Kunst lindert den Schmerz über die geschändete Natur: So kommt der alte Begriffsgegensatz noch einmal zum Tragen. Doch das Drama der Dialektik, das seit der Frühromantik in den Tiefen dieses Dualismus stattfand und unsere ästhetischen und politischen Utopien beflügelte, mündet ins Nachspiel.

In Frankreich ist die Debatte über Fortschritt und Destruktion jedenfalls in eine neue Runde getreten. Nachdem sie von Paul Virilio bis Jean-François Lyotard zehn Jahre lang in spekulativer Schwebe verharrte, fällt die Spannung nun jäh ab, und aus der früheren Ambivalenz von Glück- und Schreckvision steigen Ansätze zu einer zeitgenössischen Naturphilosophie empor.

Zwar ist laut Jean Baudrillard *(La Transparence du Mal,* Galilée-Verlag) in unserer allgegenwärtig gewordenen Nachwelt des glücklosen Konsenses der Widerstreit der Gegensätze einer rißlosen Ausbreitung des Immergleichen gewichen, ist die Zerreißprobe der Metapher in unserer Vorstellungswelt vom geschichtslosen Wuchern der Metastase verdrängt, ist der Topos der Alterität im

Spiegelbild von der Totalkommunikation der Bildschirme verschluckt worden: Die Wachstumsgesellschaft sei – so Baudrillard – mit ihrer geschwürartigen Waren-Überproduktion zur Auswuchsgesellschaft mutiert, in der Katastrophen wie AIDS, Droge, Krebs, Terrorismus und Börsenkollabs nur noch als parasitäres Selbstregulativ des Systems fungierten.

Daß mit dem Verschwinden der Protagonisten des Widerstreits auf der Szene der Dialektik aber Krieg und Katastrophe überhaupt entfallen, darf man bezweifeln. Wenn wir heute in der Welt keine großen Helden und Frevler mehr ausmachen können, hat das mehr mit unserem veränderten Blick als mit dem neuen Anblick der Welt zu tun. Achill steht noch heute vor Troja und wehrt sich gegen den mit Leichen anschwellenden Fluß, wie Homers einundzwanzigster Gesang ihn beschreibt. Nur interessieren wir uns inzwischen anstatt für den Helden und seine Gegner mehr für das verheerende Anschwellen des Flusses und für den Augenblick, wo Achill die Waffen von sich wirft und flehend die Hände zum Himmel streckt. Die Bildreminiszenz stammt von Michel Serres. Seit dem Trojakrieg sei es uns immer auf die Sieger und Leichen, nie auf die Verwüstung überhaupt angekommen, in der wir heute uns alle befänden – so lautet der Ausgangsgedanke seines *Contrat Naturel* (François Bourin-Verlag), eines Plädoyers für einen neuartigen Vertrag mit der Natur, der den bestehenden »Gesellschaftsvertrag« ergänzen sollte.

Denn während die subjektive Gewalt zwischen den Menschen in den Gesellschaftsregeln und deren Extremform, dem Krieg, längst ihre Ordnung gefunden habe, sei die objektive Gewalt zwischen Mensch und Welt bis heute anarchisch geblieben: Die Gefahr einer schleichenden Weltzerstörung, die in dem Maße real, wie jene eines konventionellen Krieges virtuell werde, mache einen »Naturvertrag« zur Regelung der Gewalt aller gegen alle und alles notwendig. Daß hier das Verhältnis von Mensch und Natur nicht auf der Grundlage von Versöhnung und latenter Idylle, sondern von – geregeltem – Dauerkrieg abgehandelt wird, ist das eigentlich Bemerkenswerte an diesem Buch und legt die Voraussetzung zu einer neuartigen Naturphilosophie. Das Denken, das seit zweihundert Jahren angelsächsisch und germanisch, kurz: nordeuropäisch in der freien Landschaft als Matrix der universalen Weltordnung herumstreifte, kehrt ins Getümmel der Polis zurück: Die Naturphilosophie wird urban, umgänglich, gesittet und nimmt Manieren an – nicht aus kosmogonischem Pathos, sondern aus Gründen des Überlebens. Gleichzeitig ist der Traum einer auf *Wissenschaft* gestützten Handlungsgrundlage ausgeträumt, das *Recht* tritt in seine alten Rechte, das Pendel vom rechtsstiftenden Ägypten und Rom zum wissenschaftsstiftenden Jerusalem und Athen schlägt zurück.

Mit wissenschaftlichen Gutachten lassen sich heute keine Maßnahmen mehr herleiten: Ob die Klimaschwankungen natur- oder zivilisationsbedingt seien, ist wissenschaftlich einstweilen nicht zu belegen. Allfällige Maßnahmen sind nur aufgrund einer Wette möglich, und in Serres' klarer Sprache klingt das verbüffend einfach: »Wenn wir unser Tun für unschädlich halten und damit die Wette gewinnen, gewinnen wir nichts, die Geschichte läuft weiter wie zuvor; wenn wir aber verlieren, verlieren wir alles, ohne Vorbereitung auf mögliche Katastrophen. Nehmen wir hingegen unsere Verantwortung wahr: wenn wir dann verlieren, verlieren wir nichts;

wenn wir aber gewinnen, gewinnen wir alles und bleiben Akteure der Geschichte. Nichts oder Verlust zum einen, Gewinn oder nichts zum anderen: das enthebt jedes Zweifels.«

Im Namen von Fortschritt und Expansion über Jahrhunderte weg verdinglicht, wird die Erde wieder zum Subjekt: Keins allerdings, das man in Göttergestalt verehrt und mit Opfergaben versieht wie in animistischen Zeiten, sondern ein Subjekt, mit dem man einen Vertrag eingeht. – Vermessenheit des Menschen, der das Ende des Anthropozentrismus ausruft und sich ans obere Tischende setzt, des Parasiten, der seinem Nährboden Bedingungen diktiert? Sagen wir eher: Einsicht des vermeintlichen Siegers und Weltbeherrschers, daß er seiner eigenen Herrschaft zum Opfer fällt, und der nun mit sich selbst seine Überlebensbedingungen aushandelt.

Das verlangt nach klarer Terminologie, angefangen mit dem Begriff »Umwelt«. Er ist aufzugeben, meint Serres, weil er in cartesianischer Manier die Welt um den Menschen als Mittelpunkt ordnet. Das scheint so verfehlt wie der Versuch, ihn in neue Naturmythologien aufzulösen. Führt der Ausweg über jenen geradezu klassischen Balanceakt, der, auf die Wissenschaft kritisch trauend und auf das Recht praktisch bauend, Michel Serres' heitere philosophische Fragmentkomposition bestimmt? Ja, sofern die Polarität nicht aufs neue klassizistisch verkrustet.

Begegnung 2: Isabelle Adjani

Wenn sie im vergitterten Wagen in die Irrenanstalt von Ville-Evrard abfährt, verliert sich ihr Blick in wütender Stummheit, als nähme er dreißig sprachlose Anstaltsjahre vorweg. Isabelle Adjani spielt die Rolle der Bildhauerin Camille Claudel wie ein Spiegelbild ihrer selbst, wild in der Fügung, mild in der Wut. Sie hat nach jenem Portraitfilm einen Höhepunkt der Beliebtheit erreicht; zu Zehntausenden strömten die Kinogänger in die Säle, die Kritiker übten sich in Lob, der Schriftsteller Philippe Sollers schrieb ihr einen offenen Liebesbrief.

Der abgründig blaue Mädchenblick, der willensstark sanfte Gesichtszug, die pergamentene Blässe der Haut, auf der Revolte und Verklärung sich kreuzen, haben ihre Vorgeschichte. Eine Vorgeschichte aus Frühbegabung, Fügsamkeit, Wachheit, Eigensinn, Auflehnung, Leidenschaft, Instinktsicherheit, perlender Intelligenz. Sie begann im Jahre 1973. Die Abiturientin aus dem Pariser Vorort, Tochter eines algerischen Automechanikers und einer strengen Mutter aus Bayern, wird dem Regisseur Jean-Paul Roussillon und dem Direktor der Comédie Française, Pierre Dux, vorgestellt, die sie sofort für die Rolle der Agnès in Molières *Schule der Frauen* engagieren. »Wir werden Ihnen das Theaterspiel beibringen, den Rest können Sie schon«, sagte ihr Pierre Dux, und sie lernte auf der Bühne der Salle Richelieu – ohne Konservatoriumsvorbildung – mit der Behendigkeit des Naturtalents. Andere Rollen folgten in kurzen Abständen; der Erfolg schien gesichert.

Er kam jedoch zu geballt. Ihr Charakter war unfertig, ihre Herkunft unbewältigt, und wie viele Frühtalente rächte sich die Achtzehnjährige, die dreizehnjährig schon vor der Kamera stand, mit Verweigerung des Erwachsenwerdens. Bald kehrte sie dem Theater den Rücken und wurde in eine inkohärente Kinolaufbahn hereingezogen, von Claude Pinoteaus *Ohrfeige,* über Truffauts *Geschichte der Adele H.,* Polanskis *Mieter,* bis zum amerikanischen Trivialstreifen *Ishtar.* Am Rande dieser Laufbahn: private Eskapaden und Capricen. Herzensgeschichten in den Palace-Hotels der Welt, Querelen mit den Medien und unzählige Prozesse. Eine Rückkehr zum Theater nach mehreren Jahren als Strindbergs *Fräulein Julie* endete im Krach; der Regisseur Jean-Paul Roussillon gab auf, mit seinem Nachfolger wurde es noch schlimmer und wie Julie verließ Isabelle psychisch zerrüttet die Bühne – Bestimmungsort: die Klinik. Neue Projekte, neue Interessen, neue Kontakte führten zurück zum seelischen Gleichgewicht und nicht zuletzt auch die Geburt eines Sohnes, den die Schauspielerin mit dem Filmregisseur Bruno Nuytten aufzieht.

Isabelle Adjanis Kunst spielt in der Spannung zwischen weiblicher Vollkommenheit und tief rebellischem Temperament. Märchenfee, Mädchentraum, Wahnsinnige und Hexe – Bewunderung und Haß gehen in die Extreme. Mitunter gab es auch wirkliche Feindschaft; manche Medien suchten eine Zeitlang das Gerücht in Umlauf zu bringen, Isabelle Adjani liege aidskrank in der Klinik. Sie selbst hat einen Hang zur Selbstmystifizierung und verbreitete abwechselnd unterschiedliche Versionen ihrer Herkunft. Selbstbewußt bezeichnet sie sich jedoch heute als »Beur«, als Kind arabischer Einwanderer. Bei den Protestbewegungen in Algerien im Jahr 1988 tauchte sie plötzlich – erstmals in ihrem Leben – zur Solidaritätsbekundung im Land ihres

Vaters auf: nicht als Algerierin allerdings, sondern als Französin. Oft war es schon umgekehrt; ihre Zugehörigkeit ist jeweils dort, wo der Protest herkommt. »Ich fand mich überall als Fremde und in allem heimatlos«, lautet ihr Lebensbekenntnis. Daraus hat sie ihre Kunst geschmiedet.

Begegnung 3: Claude Parent

Kathedralen werden heute kaum mehr gebaut. An Bahnhofs- und Fabrikhallen haftet neunzehntes Jahrhunderts, auch Autobahnbrücken sind wenig aufregend und Geschäftshochhäuser geradezu banal. Welches sind die großen Projekte des späten zwanzigsten Jahrhunderts, die einen Architekten heute noch beflügeln? Museen? Theater? Erbe als Spiegel der Zukunft. Und doch schien es eine Zeitlang, als könnte der Durchbruch zur Kernspaltung den Pioniergeist der Architekten zu neuen Taten anspornen. »Meine Hauptsorge war es, den Anschluß ans neue Zeitalter nicht zu verpassen«, sagt Claude Parent, Hofarchitekt des Hauses *Electricité de France.*

Parents Haltung ist bezeichnend im Bestreben des französischen Kernkraftprogramms, die neue Energietechnik mit einem ästhetischen Konzept zu verbinden. Als EDF in den sechziger Jahren auf die Kernkraft setzte, stand fest, daß das Programm mit der Entstehung eines neuen Architekturstils einhergehen müsse, wie es früher jenen von Kathedralen, Fabriken oder Straßenviadukten gab. Die neuen bautechnischen und gestalterischen Anforderungen sollten nicht nur von Ingenieuren gelöst werden. Im Jahr 1974 wurden bei Parent erste Studien in

Auftrag gegeben. Dieser Poet des Rohbetons und radikale Vertreter der Moderne, der mit seinem Geschäfts- und Wohnhaus in Neuilly bei Paris und mit der von der Bunkerarchitektur angeregten massiven Kirche Sainte-Bernadette in Nevers Zeugnis seiner Visionen abgelegt hatte, ahnte in dieser neuen Aufgabe eine zeitgemäße Herausforderung und entwarf vier Grundtypen des AKW-Stils mit den bildhaften Namen »Orgel«, »Tempel«, »Schichtung«, »Haube«.

EDF behielt nur die beiden letzten Modelle im Auge und berief 1975 acht weitere Architekten in ein Gremium, das unter der Leitung von Claude Parent zum »Architektenkolleg für Kernkraft« wurde. Zum Stolz dieses Gremiums gehörte, daß es nicht nur ästhetische Alibifunktion, sondern volles Mitspracherecht während des ganzen Planungsprozesses haben sollte. Die Architektur schien zu neuen Ehren gekommen und befähigt, in großzügiger Landschaftsplanung geradezu biblische Träume wahrzumachen: Berge versetzen, Wälder abroden und neue aufforsten. Denn erstes Prinzip des Kollegs war es, eine Architektur zu entwickeln, die sich gestalterisch gegenüber der Landschaft behauptet. »Es ist undenkbar«, schrieb Parent in seinem Buch *L'architecture et le nucléaire*, »die Architektur eines AKW's zu verbergen und in ihrer landschaftlichen Umgebung zum Verschwinden zu bringen.« Sie sollte weitherum sichtbar sein, und in einem Thesenpapier des Architektenkollegs heißt es: »Kernkraftwerke sind Tempel der Energie.« Befremdlich, ja rührend muten heute die Vorstellungen jener frühen siebziger Jahre an, wonach diese »Tempel« einst Begegnungsort für Sonntagsausflügler sein würden, auf parkartigem Gelände gelegen und zur Besichtigung für jedermann offen.

Die Realität zeigte sich bald von einer anderen Seite. Die Zusammenarbeit der Architekten mit EDF erwies sich als mühevoll; finanzielle und sicherheitstechnische Erwägungen zerzausten ihnen die ästhetischen Pläne. Das Projekt einer Rundkuppel über dem Reaktorturm, für das die Architekten in religiös anmutender Bewunderung für Transsubstanziationsvorgänge sich einsetzten, wurde gestrichen, mit Ausnahme des Werkes *Paluel* an der Ärmelkanalküste. »Mit gebrochenem Herzen gaben wir nach«, schrieb Parent 1983 im Buch *Les maisons de l'atome.*

Ein Vergleich der beiden Bücher lohnt sich. Den ehrgeizigen Zeichnungen und Modellen des ersten stehen im zweiten die Fotos der inzwischen teils vollendeten, teils im Bau befindlichen Atomkraftwerke gegenüber. An die Stelle von Formvielfalt und Materialreichtum ist ein Standardstil getreten, anstelle von Farbspielen grauer Rohbeton. In der hochentwickelten Industriegesellschaft sind auch die Utopien dem Prinzip der Rentabilität unterworfen. Dennoch zeigt die AKW-Architektur in Frankreich eine stilistische Sorgfalt wie nirgendwo sonst. Sind aus ihr auch keine »Tempel« der Zukunft hervorgegangen, so ist sie zumindest ein neues Kapitel der Industriearchitektur.

Der Architekt: ein *»Narr der Gesellschaft«* – wie Claude Parent 1982 im Titel eines satirischen Buchs behauptet? Mit beißendem Spott wirft er die Frage nach der gesellschaftlichen Rolle des Architekten in der damaligen Postmoderne-Debatte auf. »In unserer Zeit der verdrehten Machtentfaltung, wo die Gewalten sich gegenseitig aufheben und widersprechen, hat die Gesellschaft ihr Bild des Narren gefunden: der Architekt.« Er werde für alle Probleme verantwortlich gemacht, von der Selbstmordrate in den traumatischen Vorstädten bis zum Schulversagen an den sterilen Bildungsanstalten. Diese öffentliche Anprangerung habe den Rückzug der Architektur in die kleinmütig konformistische Tändelei zur Folge: »Nun kommt die Zeit der Kleinmeister, derer, die der Menge gefallen und ihr den Hintern lecken, derer, die der Macht ums Maul reden, indem sie den Überdruß in den Städten verkleistern, derer, die unterhalten und von den Streitpunkten ablenken. Nun treten die Belustigungs-Architekten auf den Plan. Vergangenheitsemphase, Retro-Mode und Folklore ist ihr Baustoff.«

Welches ist aber die ästhetische und ethische Verantwortung eines Planers heute, der auf seinem Reißbrett unweigerlich auch die virtuelle Katastrophe mitzeichnet? Gewiß bringe die Atomkraft auch Gefahr, antwortet Claude Parent. Aber im Unterschied zu allen anderen Gefahren, die die Menschheit seit hundertfünfzig Jahren bedrohten, sei diese zumindest von vornherein offensichtlich und abschätzbar. Auch er habe Freunde auf dem Lande, zartfühlend und ein bißchen naiv, die an Windrädern herumbasteln. Das sei schön und gewiß auch interessant, aber die heutige Gesellschaft müsse wissen, was sie wolle, zurück oder vorsichtig voran. »Das Drama Frankreichs ist, daß das Atomprogramm forciert wurde, um in kurzer Zeit Spitzenkapazitäten zu erzielen. Das führte zur utopistischen Fehleinschätzung, daß ein 1300-Megawatt-Reaktor besser sei als einer mit 900 Megawatt. Nun steht Frankreich neben den Unfallrisiken auch noch mit einer Energieüberproduktion da.«

Diese Frage liegt aber schon nicht mehr im Verantwortungsbereich des Architekten. Parent flaniert in der Vorstellung zurück nach *Cattenom,* worüber er

1983 schrieb: »Die Modellandschaft ist zart und gemessen, fast bedächtig. Für die vier Reaktorwerke wurde eine zueinander verschobene Zweier-Anordnung gewählt, um besser den Linien der Landschaft zu entsprechen. Ein Spiel mit ausgedehnten Schrägflächen am Eingang verbirgt vom Tal her die Einzelheiten des Werks. Nur die großen Massen tauchen empor. Es handelt sich um eine stille, wenig spektakuläre Anlage, deren Reiz in der Wirkung der Umrisse liegt.« Auf der letzten Seite des Buchs, aus dem diese Sätze stammen, befindet sich eine Bleistiftzeichnung von einem Reaktorwerk auf verlassenem Feld, von Sträuchern und Lianen umwachsen wie ein Märchenschloß aus längst vergangener Zeit. Es strahlt Ruhe, Verträumtheit, Abgeklärtheit aus. Was es sonst noch ausstrahlt, ist auf der Zeichnung nicht erkennbar.

Katharina von Bülow

Die verheißungsvolle Lüge

Sprachen sind wie Häuser, die man bewohnt. Als die meine mir zu eng geworden war, zog es mich in ferne Länder. Ich hoffte, mir neue Häuser bauen zu können, mit anderen, unbefleckten Worten, aus schönen Buchstaben zusammengesetzt. Frisch gepflasterte Wege würden zum Haus führen, Asphalt einer hoffnungsvoll beginnenden Flucht. Hoch sollten die Wände sein, zum Schutz gegen die noch fremde Welt, vier starke Wände aus Sätzen geflochten, doch ohne Dach, um den Himmel frei zu lassen für den Blick. Wolkenkratzer aus »Yes« und »Darling« gemacht. Schonungslos sollte die abgelegte Sprache, die der Mutter und des vermißten Vaters, dem Vergessen überlassen werden. Zur feig abgestreiften Geschichte wollte ich sie degradieren, der Vergessenheit anheimgegebenen Menschen überlassen. Schuld und Sühne, Lager, Tod und Verderben, diese alteingesessenen deutschen Worte wollte ich hinter mir lassen. Ich nahm ein Schiff, fuhr über den Ozean und glaubte, endlich frei zu sein, frei vom Zorn des Nichtverstehens, der das Leben in der Heimat so unerfreulich gemacht hatte.

Amerika war höchstwahrscheinlich eine zufällige Wahl. Der Name versprach Abenteuer und unendliche Möglichkeiten des Vergessens. Auch Spuren der Familie gab es dort. Der Großvater mütterlicherseits, der vormalige Hofschauspieler aus Weimar, hatte dort die amerikanische Großmutter getroffen, sie heim ins Reich gebracht, um sie dort der Trauer zu übergeben. Auf alten Bildern von ihr sehen tieftraurige, braune Augen voller Sehnsucht in eine Welt, die sie wohl nie zu lieben gelernt hatte.

Die Ankunft war, wie versprochen, abenteuerlich. Gelbe Taxis, schwarze Fahrer, ineinander verwachsene Hochhäuser, quer sich überschneidende Straßen, durch die der Wind raste, mit Zahlen anstelle von Namen bedacht, verrückt aussehende Menschen, unendliche viele, mir unbekannte Sprachen, ja, schön war die Stadt. Fünf Jahre lang überlebte ich dort als Tänzerin, stolz, Mitglied der berühmten *Metropolitain Opera* zu sein, und New York brauste laut und spannend im Hintergrund.

Eingebettet in eine neue Sprache entstand so ein leidlich neuer Mensch, halb Frau, halb Kind, zuweilen froh, oft unbekümmert, von wohlmeinenden Fremden umringt, dann wieder einsam, getragen von lustloser Wartezeit. Verheißungsvoll hatte die Fahrt ins Blaue begonnen, vielversprechend waren die anfänglichen Erfolge. Doch fehlte etwas, etwas schwer zu bestimmendes. Ein Hauch von Heimweh stand vor dem Eingang der New Yorker Wohnung, klopfte diskret an die Tür und ließ wissen, daß Sprachen als Fluchtwege sich als ungenügend erweisen könnten. Ein Schiff zurück gab es nicht, also mußte ich fliegen, nach Rom und Madrid zuerst, dann nach Athen. Nach langem Reisen, von heiterem Alleinsein begleitet, gelangte ich nach Paris, wo das Geld ausging. Warum nicht bleiben? Der Vater hatte oft davon erzählt, von Abendessen im berühmten Restaurant *Maxim's,* hatte stolz bekannt gegeben, daß Frankreich, trotz Gefangenschaft im ersten Weltkrieg, das Land der schönsten Frauen sei, und die Sprache sprach er auch. Also würde auch ich sie erlernen können. Ich ging zu einem Katholischen Institut, schrieb mich mutig in Kurse ein, übersetzte täglich, wie in New York, die überall an Häusern und in den Métrostationen angeklebten Reklamen, suchte mir eine Arbeit, die Sprache nicht brauchte, wie alle Immigrantinnen als Reinmachefrau, ließ die französische Sprache langsam und zögernd in mich hineinziehen, ließ ihr Zeit, es sich bei mir gemütlich zu machen, verhandelte mit ihr, um ihr nicht ganz zu erliegen, und es gelang ihr auch nie, die treue deutsche Seele gänzlich in mir zu besiegen. Ja, es war gut, der alten Heimat etwas näher zu sein. Sozusagen nebenan zu wohnen, als Gast, bei fremden Mächten untergebracht. Die Geschichte, die meinige, saß gewissermaßen vor dem Tor, ich konnte mich für Sie interessieren, ohne mit ihr leben zu müssen im Rummel des täglichen Lebens.

Ich konnte reisen, ohne fliegen zu müssen, in Zügen, die ohne zu zögern, unmerkbar Grenzen überschritten, von einer Minute zu anderen Landschaften auswechselten, als sei Vergangenes nie gewesen. Das Rattern der Räder brachte mich unmerklich meiner Kindheit näher; doch konnte die Frau, im Pelzmantel versteckt, das Gesicht verbergen, hinter der Sprache eines Voltaire. Als Journalistin verkleidet – die Putzfrau hatte sich herausgemacht! – konnte ich den früheren Lebensgefährten die französische Sprache als Beweis meiner Selbständigkeit entgegenhalten, um dann »zu Hause«, in Paris, den Herren Heine und von Kleist, mit von alter Klassik erfülltem Herzen zu gestatten, die abendliche Intimität mit mir zu teilen.

Ich konnte die Seiten der Bücher als Tarnung, wie Lendenschürze um mich drapieren und so eine unilaterale Identität verlieren. Die Fremdsprache war Schutz geworden, Bewahrung des Rechts auf selbstbestimmte Identität. Zweisprachig geworden, konnte ich wählen, den zwiespältigen Gefühlen Richtung geben. Die Kindheitsgeschichte blieb deutsch, Opfer der Muttersprache, die Lebensgeschichte der Frau wurde intellektuell uminterpretiert, oft nannte man das Politik. Französisch sprechend übte ich Kritik, verschrieb ideologische Pillen als Heilmittel für erkrankte Begebenheiten. Ich stritt mich mit den so geteilten Welten, ließ das Deutsche in mir nie gänzlich deutsch sein und verbot der anderen Identität, ganz die meine zu werden.

Kurz gesagt, das Land, Frankreich genannt, konnte mir Abstand borgen, mich ab und zu befreien von alten Sorgen. Großzügige Freunde gaben mir sogar mehr: In der Lage, fehlerfrei deutsch zu sprechen, wurde ich zum Spezialisten ernannt. Man hatte erkannt, daß die Geschichte von drüben, durch den Umweg über meine Person dialektisch aufgewärmt, so manchem französischen Bürger so erschien, wie er selber sie so oft schwärmerisch erwähnt. Böse Geschichten, aus längst vergangener Zeit, oder neuere Begebenheiten, voll von gefährlichen Pazifisten, von Wiedervereinigungsträumen, über Sonderwege errungen, und von möglichem Verrat an der gemeinsamen, zukünftigen Identität. Die frühere Putzfrau, zur Journalistin aufgestiegen und nun zur Kennerin promoviert, fungierte als Postbote über Grenzen hinweg; nur heimlich blieb sie das alte Kind, verschwieg die wirklichen Wunden und verdiente Geld.

Es hätte immer so bleiben können, wenn Gott es nicht anders gewollt! Am wolkenlosen Himmel einer auf ewige Trennung ausgerichteten Politik erschienen Engel als Vorboten einer nicht mehr erwarteten Revolution. Es war eine völlig überraschende Explosion. Grenzen fielen, Mauern stürzten ein, Menschen wählten und sagten plötzlich *nein*. Vier kleine Buchstaben, doch so folgenschwer! Selbst die gerissensten Politiker wußten nicht mehr, an wen sich wenden. Schweigen brach aus, in den Kanzleien, aber auch zu Haus. Die Kennerin ließ ihren Träumen freien Lauf. Was war geschehen? Ein Mauerfall, nach all den Jahren, konnte er wirklich eine solche Bedeutung haben? Frankreich, zur neuen Heimat geworden, Frankreich, als sicherer Ort, schien plötzlich zu reisen, immer weiter weg vom richtigen Ort, dort, wo Geschichte den alten, künstlich aufrechterhaltenen Teilungen das Weiterbestehen verbot. Der Bruch in meinem Leben schien beinahe geheilt. Etwas Neues bahnte sich an, etwas, das ich seit vielen Jahren verloren geglaubt hatte. Die Kindheit, erst hinter einer Mauer verborgen, dann in Amerika und Frankreich von fremden Worten überlagert, war wieder bereisbar geworden!

Pommern, Sachsen, Schuld und Sühne, Ahnen, sogar Nationen klopften an die Tür. Waren es neue Sorgen für morgen? Mußte ich andere Fluchtwege finden, oder würde Europa die alten Geschichten entsorgen? Ist es im Endeffekt naiv zu glauben, daß Fremdsprachen mehr Abstand erlauben? Und last but not least, wie ist das eigentlich mit dieser berühmten Identität?

Die verheißungsvolle Lüge, daß die Suche nach neuen Wegen, aus Worten anderer Sprachen entstanden, uns eine bessere, weil kulturell anders fundierte Identität beschert, hatte mich Jahre hindurch beschützt vor unangenehmen Fragen und vor Aggressivität. Als Deutsche am fremden Ort war ich beliebt, und so manche meiner

Reisen hatte mich trügerisch weit von der Kindheit entfernt. Nun erreichte sie mich wieder, weil der Wind der Geschichte, dieses himmlische Kind, sich gedreht hatte.

Alors, Paris? Ce n'etait peut-être qu'un lieu emprunté, faute de mieux! J'y ai vecu, par hasard, une partie de ma vie, loin de mes origines, vaterlos, als Waise, am Rande der Welt. Reich an Worten war ich geworden, sicherlich, war durch Sprachen neu geboren; man könnte fast sagen: selbsthergestellt.

Was jetzt noch fehlt, muß ich erst einmal erforschen. Eine vage Ahnung sagt mir, daß ich es eigentlich weiß: auf Irrwegen habe ich versucht, davon zu kommen. Die Geschichte hoffte ich zu heilen, anstatt ihr Sinn zu erteilen.

»Sinngebung des Sinnlosen« hatte der Jude Theodor Lessing das genannt. Er wurde hingerichtet von Hitlers Schergen.

Wilhelm Schmid

Mein Turm der Leidenschaft

Geschichte einer Obsession

Meine ersten Besuche in Paris in den siebziger Jahren: Ich wohnte damals immer in einer Pension knapp außerhalb des Boulevard péripherique, Höhe Porte d'Orléans, ein Zimmer mit zerbrochenem Fenster. Das zerbrochene Fenster störte mich nicht weiter, auch nicht das professionelle Stöhnen, das zu jeder Tages- und Nachtzeit von nebenan drang. Das Zimmer war billig, und Paris, das war für mich sowieso der Ort des Anderen, des Anderslebens. Das zählte. Ich selbst war ein anderer in dieser Stadt.

Mich faszinierte die Metro: Es gab keinen Fahrplan, keine Uhren, man wußte, wann die erste fährt, wann die letzte, das genügte. Am meisten aber faszinierte mich der Eiffelturm. Staunend stand ich oft vor diesem Monster, zuweilen angewidert, zuweilen angetörnt. Nicht in der Natur lernte ich staunen, sondern vor dem Eiffelturm. Gewiß, auch die Mondrakete Saturn V hatte es mir angetan, aber ich sah sie nur im Fernsehen. Der hier dagegen war echt.

Nicht daß mir die Natur nichts sagte, ganz im Gegenteil. Aber sie war die Schöpfung Gottes, und Gott war schließlich allmächtig, es war für ihn keine Kunst, nichts

Besonderes, er machte sowas mit der linken Hand. Der Mensch dagegen, dieses schmächtige, unvollkommene, unfertige Wesen erregte mein Staunen, wenn ich diese Werke sah, die vor Kompliziertheit nur so strotzten und doch eine einprägsame Schlichtheit an sich hatten – ich konnte mir so gar nicht vorstellen, daß das nur einem simplen, denkenden Kopf entsprungen sein sollte. Der Eiffelturm war die Inkarnation des »Gestells«.

Bei jedem Besuch also der obligatorische Abstecher zum Eiffelturm. Ich sah ihn, aber ich verstand ihn nicht. Ich stand vor ihm, aber ich kam ihm nicht nahe. Der traumhafte Anblick, den der Turm aus Eisen bietet, hat nicht leicht seinesgleichen in der modernen Welt. Es gibt höhere Türme, jüngere, gewichtigere, Türme aus Beton, Türme aus Glas – neben ihrem Urgroßvater aber verblassen sie alle. Allein dieser Turm zieht irre Massen von Menschen an; seine Maschinen summen unentwegt und liften die Leute in eine Höhe von 300 Metern über dem Erdboden, in eine Perspektive, die doch im Jetzeitalter längst schon überboten sein sollte.

Was, um alles in der Welt, repräsentiert nur dieser Turm, fragte ich mich ein- ums anderemal. Woher rührte diese Faszination? War es das Staunen darüber, daß ein einziger Gedanke derartige Ausmaße anzunehmen in der Lage war? Unglaublich, wie so etwas erbaut werden konnte. Die Dichter ließ er träumen: »Ich liebe den Turm, denn er ist für mich die Treppe zur Unendlichkeit.« Ich aber fragte mich unentwegt, aus welchem Traum dieser Turm denn kam. Was war Eiffels Idee? *What made him tick?*

Ich betrachtete den Turm vom Trocadéro aus, ich stieg langsam die Treppen hinab, die Augen auf ihn geheftet, ging über die Brücke, stand direkt unter dem

Stahlgerüst, wanderte weiter über das Marsfeld, immer mich umwendend, machte am Ende kehrt und beobachtete, wie die Perspektive sich beim Näherkommen verschob. Auf einer Bank mußte ich Platz nehmen, um tief durchzuatmen. Als ein Freund die Tour mit mir gemeinsam machte, legten wir uns ins Gras. Es war verboten, aber es war Abend, kein Flic weit und breit, und wir beobachteten die Modifikation des Stahlgerüsts in der Veränderung des Lichts. Bis die Sonne verschwunden war und tausend Lichter blinkten. Wir stiegen hoch und sahen zwischen den Metallstufen den Boden weit unten. Schwindelerregend.

Mich packte die Lust, die Tausende von Tonnen von Eisen wieder zu reduzieren auf den einen Gedanken, aus dem sie hervorgekommen sein mußten. Mein Entschluß war klar, es galt nur noch die Zeit des Studiums abzuwarten und die tausend Hürden zu überwinden, die die verschiedensten Institutionen vor einen Studienaufenthalt in Paris gesetzt haben. Vordergründig hatte ich als mein Studiengebiet Strukturalismus und Poststrukturalismus genannt. In Wahrheit interessierte mich nur eines, und ich wollte es wissen. So verschwand ich jeden Tag in der mir zugewiesenen Bibliothèque Sainte-Geneviève, seitlich des Panthéon gelegen; und zwar in der »Réserve« genannten Abteilung, in der die besonders behüteten Bücher zu finden waren. Da konnte man wenigstens in Ruhe arbeiten, während der große Lesesaal etwas von einem Marktplatz an sich hatte. Ich studierte das Buch von Gustave Eiffel, *La tour de trois cents mètres,* Paris 1900 – ein Werk von riesigen Ausmaßen – und erhoffte mir Antworten auf meine Fragen.

Ich registrierte, daß Eiffel selbst sich auf ältere Regungen im Menschengeschlecht berief: »Ohne an den Turm von Babel erinnern zu wollen, kann man doch beobachten, daß diese Idee, einen Turm von sehr großer Höhe zu konstruieren, seit langer Zeit schon die Vorstellungskraft der Menschen beherrscht.« Hauptsächlich aber beherrschte sie die Vorstellung der Ingenieure des 19. Jahrhunderts, etwa des Engländers Trevithick 1833 oder der Amerikaner Clarke und Reeves 1874. Unmittelbare Vorläufer Eiffels waren dagegen die beiden französischen Ingenieure Sébillot und Bourdais: Deren Türme von 300 bzw. 360 Metern sollten an ihrer Spitze eine riesige Leuchte tragen, die Nacht sollte zum Tag werden in Paris.

Ferner war 1848 in den USA der Bau des Washington-Denkmals, eines Obelisken begonnen worden, der das höchste Gebilde der Welt werden sollte. 1854, bei einer Höhe von 46 Metern, mußten die Arbeiten eingestellt werden – das Material, Granit und stellenweise Marmor, hatte das Fundament ins Wanken gebracht. Erst 1877 ermöglichte eine stabilere Fundamentierung die Fortsetzung des Bauwerks bis zur Vollendung 1885 in einer Höhe von 169,25 Metern, womit die Möglichkeiten des Materials endgültig ausgeschöpft waren.

Eiffel bekannte sich also nicht unbedingt zum babylonischen Turm (er bevorzugte die Pyramiden-Assoziation), aber doch zum entsprechenden Traum. Der Turm, daran ließ er keinen Zweifel, erhob einen Machtanspruch, er sollte das Signum eines Sieges sein: »Diese Art von Sieg über dieses schreckliche Gesetz der Schwerkraft, das den Menschen an den Boden fesselt, erschien immer als ein Symbol für die Macht und die besiegten Schwierigkeiten.« DerTausend-Fuß-Turm sollte ein Meilenstein in der Geschichte der Menschheit sein.

Daß Eiffel dabei durchaus den bürgerlichen Kleingeist seiner Zeit in sich verkörperte, erkannte ich bald. Er wollte Präzision; der Turm von 300 Metern sollte das Resultat einer bis dahin ungekannten minutiösen Präzisionsarbeit sein. Kein Wunder, Eiffels Vorfahren waren in Deutschland zu finden. Anfang des 18. Jahrhunderts waren sie eingewandert; sie kamen aus jenem Gebiet, dessen Namen sie in der Folge zum ihrigen machten: der Eifel.

Schließlich wurde Eiffel der Auftrag zur Errichtung des Turmes zugeschlagen. Die Würdigung des Planes von staatlicher Seite ist sehr aufschlußreich, denn »dieses kolossale Werk dürfte eine eklatante Manifestation der industriellen Macht unseres Landes darstellen«, und zwar gerade rechtzeitig zur Hundertjahrfeier der Revolution 1889.

Man darf nicht vergessen, daß hier nicht nur ein Turm, sondern das Selbstbewußtsein einer Nation nach dem von Deutschland angezettelten Krieg von 1870/71 wieder aufzurichten war. Eiffel wußte dies geschickt ins Spiel zu bringen und zum Argument für seinen Lebenstraum umzumünzen. Mit dem Turm von 300 Metern, sagte er, wäre die Niederlage im Krieg gegen die Deutschen eventuell zu verhindern gewesen: Man hätte die feindlichen Truppen kommen sehen.

Als Kriegsführung wurde konsequenterweise nun die Errichtung des Turmes selbst verstanden. Da war die Rede vom »General« Eiffel und von seiner Armee, die er übers Kriegsfeld führe, nämlich über das Feld des »friedlichen Kampfes des menschlichen Geistes mit der Natur, um aus ihr das Instrument seiner materiellen und moralischen Größe zu machen«, jener großen Natur, jener *alma mater,* »die uns nur widersteht, um uns des Sieges würdig zu erweisen«. Das seien die wahren Kämpfe,

Der Autor und der Turm *(Foto: Roland Rasemann)*

die der Mensch in Zukunft immer häufiger zu bestehen haben werde.

Mir klingelten die Ohren. Aber vielleicht war alles nur ein Irrtum. Vielleicht ging es Eiffel nur darum, seine Wohnung in luftiger Höhe einzurichten, wie er es nach Fertigstellung des Turmes tatsächlich tat, und zwar in der Höhe von 312,21 Metern, wie er penibel vermerkte. Monsieur Eiffel, war er auf Zimmersuche? – Es wäre verständlich gewesen. Man bedenke, welch abenteuerliche Gebilde selbst die Brücken der Seine aufgrund der Wohnungsnot schon überwuchert hatten. Bereits 100 Jahre vor 1889 schätzte Louis-Sébastien Mercier in seinem *Tableau de Paris* die Einwohnerzahl der Stadt auf eine Million!

Wenn Eiffel also auf Zimmersuche war, dann sollte es ja auch nicht gerade das letzte Loch sein. Wenn man die Tafel 19 im Begleitband zu seinem überdimensionalen Wälzer betrachtet, auf der er die mit Liebe zum Detail verfertigte Konstruktionszeichnung seiner Wohnung publizierte, dann ahnt man schon: Hier hat sich einer den Traum von einer hübschen und ungewöhnlichen Wohnung erfüllt – einer Wohnung eben, wie sie nicht jeder hat, ganz abgesehen davon, daß nicht jeder überhaupt eine hat. Daß heute so viele Menschen in so luftiger Höhe wohnen dürfen, ist ausschließlich Eiffels Pionierleistung zu danken. Auf der Erde hätten sie jedenfalls keinen Platz gefunden. Wäre die Geburtenrate nicht ein Autodidakt, der aus vernünftiger Einsicht heraus den Rückzug angetreten hat, es wäre unabsehbar, bis zu welcher Höhe die Menschen weiter gestapelt werden müßten. Eiffel dagegen erinnerte an die genau 100 Jahre alte Revolution und berichtete von seiner Erfahrung in 300 Meter Höhe: Man habe das »unvergeßliche

Gefühl eines immensen, freien Raumes, ganz in Licht gebadet«, und nur das Flattern der Flagge mit den schönen Farben Frankreichs sei dort zu hören.

Es war die verdiente Ruhe nach all der Aufregung während der Aufrichtung des Turmes. Natürlich las ich auch die Zeitungen der Zeit und stieß auf die Erklärung der Künstler: Die bekanntesten Maler, Bildhauer, Architekten und Schriftsteller protestierten Anfang 1887 (Baubeginn war am 26. Januar 1887) »mit all unseren Kräften, mit all unserer Empörung, im Namen des verleugneten französischen Geschmacks, im Namen der bedrohten französischen Kunst und Geschichte, gegen die Aufrichtung«, gegen jenen Turm, der bereits Turm von Babel genannt werde; gegen den »Vandalismus der industriellen Unternehmungen«.

»Ohne in chauvinistische Schwärmerei zu verfallen, halten wir es für angebracht, feierlich zum Ausdruck zu bringen, daß Paris die Stadt ist, die nicht ihresgleichen hat in der Welt. Über ihren Straßen, ihren breiten Boulevards, ihre prächtigen Uferwege entlang, inmitten ihrer wundervollen Promenaden ragen die erhabenen Bauwerke empor, die der menschliche Geist erschaffen hat. Die Seele von Frankreich, Schöpferin von Meisterwerken, erstrahlt in dieser erhabenen Blüte von Steinen. Italien, Deutschland, die Flandern – mit vollem Recht sind sie stolz auf ihr künstlerisches Erbe, besitzen aber nichts, was vergleichbar wäre mit dem unsrigen, und aus allen Ecken des Universums zieht Paris neugierige und bewundernde Blicke auf sich. Sollen wir zulassen, daß dies alles nun geschändet wird?«

Denn der Eiffelturm, »den selbst das kommerzielle Amerika nicht würde haben wollen«, war eine Schande für Paris, kein Zweifel. Ich lernte mit einem Text wie diesem, den ich mich zu übersetzen mühte, französisch. Ich lernte etwas von der Eigenwilligkeit und der Kraft dieser Sprache, in der vom »widerwärtigen Schatten der widerwärtigen Säule aus zusammengeschraubtem Blech« die Rede war, ein Schatten, der sich über die ganze Stadt ausbreiten werde »wie ein Tintenfleck« und ähnliche Köstlichkeiten.

Auch ich machte mir nun wieder so meine Gedanken und überlegte, was denn an diesem Turm so offensichtlich falsch war. Gewiß, am 31. März 1889 konnte das Richtfest mit dem Hissen der Nationalflagge gefeiert werden. Eiffel hatte das unerhörte Projekt erfolgreich durchgezogen und konstatierte eine »große Befriedigung«, Tage später sogar eine »intime Befriedigung«. Seinen Kritikern hatte er entgegengehalten, daß der Turm »eine große Impression von Macht und Schönheit« hinterlassen werde. Gegenüber dem Argument der Nutzlosigkeit machte er die »kapitale materielle und moralische Bedeutung« des Turmes geltend: Man werde, wenn man da oben stehe, beeindruckt sein von der Größe und Schönheit der Natur, auch von der Macht des Menschen.

Dem äußeren Anschein nach schien alles zu stimmen: Der Eiffelturm ist in der Tat ein herrlicher Anblick, ein ästhetischer Genuß ersten Ranges, majestätisch steht er da, symmetrisch, die riesigen Dimensionen sind spielerisch verkleinert, so daß man ihn fast in die Hand nehmen will. Aber wo alles stimmt, da stimmt etwas nicht; wo die Rädchen so reibungslos ineinandergreifen, da läuft etwas falsch. Man muß dafür nicht erst auf Adorno rekurrieren, der zum Schluß seines Besuches im Jeu de Paume, in dem damals noch die Bilder der Impressionisten hingen, den Eiffelturm (man sieht ihn von dort aus) ein »grausiges Monstrum« nennt: »Aus der Ferne aber ist der Eiffelturm das schlanke, dunstige Zeichen, welches das unverwüstliche Babylon in den Himmel der Moderne streckt.«

Der Turm, er zeigt so eisern in den Himmel. Es dauerte lange, bis ich begriff, daß ich dem Geheimnis des Eiffelturms nicht so einfach beikommen konnte. Aber es war eine Obsession, und ich wollte von ihr nicht lassen; ich hatte zu dieser Zeit keine andere, und ohne Obsession ist das Leben nichts wert. Ich versuchte es mit einer verblüffend schlichten Antwort: Der Turm zeigte in die falsche Richtung. Wer hätte das gedacht! Auf den Fotografien aus der Zeit seiner Aufrichtung, der »Erektion«, erkannte man jedoch deutlich, daß die Pfeiler, jeder für sich, eigentlich eine gemäßigtere, schrägere Richtung eingeschlagen hatten, bevor sie steil nach oben getrimmt wurden.

So aber ist die Erektion auf nichts gerichtet. Eiffel muß gespürt haben, daß hier etwas falsch läuft. Nicht von ungefähr hat die später errichtete Plattform am Trocadéro auf der anderen Seite der Seine eben die Form eines Schoßes, genau so groß, daß der Turm da hineinpassen würde – wäre er nicht gen Himmel gerichtet. Die Funktion, die der Schoß bei Eiffel angenommen hat, ist bezeichnend: Er dient nurmehr der Bewunderung der eisernen Erektion. Die Erektion, die sich eigentlich auf diesen Schoß richten sollte, dann sich aber davon abwandte und nach oben richtete, will durchaus vom Trocadéro aus bewundert sein, dafür wurde er installiert. Die Plattform sollte den Blick auf den Turm vorprogrammieren, und tatsächlich ist der Blick von hier aus, das sagen alle, der »schönste«. 100 Jahre eiserne Erektion. Nun steht er da wie ein Mahnmal.

Aber Scherz beiseite: Die Richtung, die mit der Errichtung des Eiffelturms in Erz gegossen wurde, ist auf jeden Fall die Vertikale. Nachdem die Horizontale in allen Himmelsrichtungen keine Freiräume mehr bot, blieb nur noch der Weg nach oben. Der Turm ist die Objekt gewordene Sehnsucht des Subjekts der Moderne. Der Enge der Erdoberfläche zu entkommen – war dies nicht Eiffels Traum? Auf dem einstmaligen Gemüsegarten, der im 18. Jahrhundert zum Exerzierplatz wurde *(Champ de Mars),* auf dem am 8. Juni 1798 eine erste Ausstellung von Industrieprodukten stattfand – auf diesem Areal entstand 1889 das Denkmal eines neuen Traums. Weitere 100 Jahre später wurde der Traum weitergedacht: Mit einem Lichtring von 24 Kilometern Umfang, auf einer Umlaufbahn rund 800 Kilometer über der Erde, sollte ursprünglich der 200. Jahrestag der Revolution 1989 begangen werden. Der Lichtring, mit der Europa-Rakete Ariane ins All befördert, sollte mit etwas mehr als Mondgröße auf die Bewohner der Erde herabstrahlen und alle 90 Minuten für jeweils zehn Minuten sichtbar sein. Nach zwei Jahren sollte sich der künstliche Trabant durch Verbrennen in der Atmosphäre selbst auflösen. Immerhin – es wurde nichts daraus.

Historische, biographische, psychoanalytische, technologische Erklärungen: War damit etwa meine Mission beendet? Keineswegs. Mein Turm der Leidenschaft stand noch aufrecht und harrte der Dekonstruktion. Vielleicht war es das Buch von Roland Barthes, *Der Eiffelturm,* das mich noch auf andere Gedanken brachte. Jedenfalls lernte ich, was ein Zeichen und was ein Bezeichnetes ist, Signifikant und Signifikat, und ich brauchte eine Weile, um es zu verdauen und vorsichtig zur Anwendung zu bringen. Es fiel mir morgens ein, als ich den Innenhof des Palais Royal überquerte, in Eile, wie jeden Morgen, weil ich schon zu spät war – wer morgens nicht zeitig aufsteht, hat keine Chance mehr, in der Bibliothèque Nationale zu arbeiten, er hat nur noch Anspruch auf eine Wartenummer. Ich mogelte mich also unter den Sonnenstrahlen durch, um mich nicht zum Nichtstun verführen zu lassen. Ausgerechnet da kam mir die Idee – ausgerechnet, als ich keine Zeit zum Nachdenken hatte, aber so ist es immer. Mich interessierte nun nicht mehr der Eisen gewordene himmelstürmende Gedanke. Den aufragenden Anspruch der Moderne mochte der Eiffelturm repräsentieren, es war mir egal. Interessanter erschien mir nun vielmehr, wie die Menschen mit diesem Turm umgingen, das Blitzlichtgewitter, das Tag für Tag bei anbrechender Nacht auf ihn niederging und ebenso lächerlich wie rührend naiv war, denn die Blitzlichtwürfel tragen keinen Steinwurf weit. Zu repräsentieren vor dieser Repräsentation, das heißt, sich ablichten lassen vor diesem Turm, das schien das Höchste und gehörte zu den unbedingten Pflichten jedes Reisenden. Die Sehnsucht danach überwand mühelos die weitesten Anreisewege.

Eine Maschine war da in Gang gesetzt worden, die ganz simpel und zuverlässig funktionierte, wie ich es schon an mir selbst beobachten konnte: Denn was mich an Paris zuallererst fasziniert hatte, war der Eiffelturm, lange, ehe ich ihn das erstemal gesehen hatte, versteht sich. So geht es wohl allen. Der Turm ist ein Zeichen, das in die Welt gesetzt wurde, um in einer Art von Zeichenkette um die Welt zu gehen, in Form von Postkarten, Fotos usw. Das Zeichen, das um die Welt geht, verweist auf das Zeichen, das der Turm selbst ist, der aber seinerseits auf das Zeichen verweist, das der Gedanke ist, mit dem er gedacht wurde... Und eine ganze Maschine von Funktionen webt dazwischen die Beziehungen: Schon der Schritt vom Gedanken zum Turm ist nicht denkbar ohne das ganze agonale Feld ökonomischer und politischer Zusammenhänge; der Schritt vom Turm zur Postkarte und so weiter...

Aller Tourismus siedelt sich wohl in dieser Kluft zwischen Zeichen und Bezeichnetem an: Man will den Turm »wirklich« sehen – nicht, weil man daran zweifelt, daß er echt ist, sondern um ihn eben »in echt« zu sehen und damit die abgründige Distanz zwischen Signum und Realität wieder zum Verschwinden zu bringen. Das Dilemma ist eben nur: Der Turm selbst ist nur ein Zeichen, dazu wurde er errichtet. Im Grunde ist er ein einziger Gedanke, und es ist nicht gewiß, ob er auch wirklich gut durchdacht worden ist. Und das ist das Drama: Der Turm ist ein Gedanke – das heißt, wiederum ein Zeichen, eine Vorstellung, eine Repräsentation. Das ist es vielleicht, was wir spüren vor diesem Spielzeugmonstrum: Es ist eine aussichtslose Zeichenkette, ein Signum der Welt der Moderne.

Seit dieser Erkenntnis ist irgendwie die Luft raus aus meiner Obsession. Macht aber nichts, ich habe schon eine andere. Wenn ich heute nach Paris fahre, interessieren mich überdies viel mehr die Gespräche als die »Gestelle«, wenngleich ich die postmoderne Wende in der Architektur voll mitvollzogen habe. Manchmal bewundere ich den neuen großen *Cube* auf dem Hügel von *La Défense* oder die gläserne Pyramide im Hof des Louvre oder die neue Oper an der Place de la Bastille, die neugestaltete Place de Stalingrad mit den Quais, *Les Arcades du Lac* von Ricardo Bofill in St. Quentin bei Paris...

Der Eiffelturm ist dagegen ein alter Hut.

Michael Werner

Deutsch-französische Akkulturation

Zur Aktualität historischer Spuren in Paris

Als Deutscher in Paris bewegt man sich, ob man will oder nicht, auf historisch vorgezeichneten Spuren. Unter den geschichtlichen Erfahrungen, die vorausgegangen sind, erscheinen manche der eigenen Wege schon fern, andere dagegen besitzen ungebrochene Brisanz, überraschen durch ihre Aktualität, wann immer man sich auf sie einläßt.

Ich selbst kam auf den Spuren Heinrich Heines nach Paris. Nicht etwa in dem Sinne, daß mich – wie seinerzeit den deutschen Dichter und Tribunen – das Unbehagen an biedermeierlicher Enge und Beschränktheit oder etwa die Suche nach gesicherten Berufsverhält-nissen nach Frankreich getrieben hätte. Auch die Parallele zwischen der Julirevolution von 1830 und den kurz zuvor über die Bühne gegangenen Ereignissen des Mai 1968 spielte höchstens eine untergeordnete Rolle. »Auf den Spuren Heines« will in diesem Zusammenhang ganz konkret sagen: auf seiner Fährte, Spuren suchend und lesend in einem offiziell von der Deutschen Forschungsgemeinschaft getragenen Arbeitszusammenhang. Dies war sozusagen vordergründiger Anlaß und objektive Legitimation zugleich. Indessen verknüpften sich damit natürlich, wenn man genauer hinsieht, tiefer reichende Fäden biographischer Verwicklungen und Knäulbildungen. Von früheren touristischen Abstechern und kürzeren Studienreisen her, vor allem aus Büchern, Filmen, Theater- und Pantomimenaufführungen, hatte sich vorab ein Bild von Paris geformt, welches das Leben dort besonders aufregend und intensiv erscheinen ließ, eine Mischung von Urbanität und Kultur, brillanter Rhetorik und Lebenskunst, von historisch verwinkelten Hinterhöfen und großen, übergreifenden Perspektiven – um nur einige der Ingredienzien zu nennen. Und eben diese Vorstellung, verbunden mit den ersten phänomenologisch äußerlichen Erfahrungen auf der Straße, den Märkten, in den Cafés und Geschäften erzeugte eine Art euphorischen Zustand, wie er einem zumal aus der Literatur bekannt ist.

Seit Ende des 18. Jahrhunderts haben deutsche Intellektuelle einen Paris-Mythos betrieben, gewissermaßen aufgebaut und sind ihm zugleich erlegen. Sie erlebten Paris als Befreiung aus deutscher Misere, als geheimen Fixpunkt deutscher Kultur und als archäologische Fundstätte, deren verschiedene Schichten die Geheimnisse der modernen Menschheitsgeschichte in sich aufbewahre und wo es nur nachzugraben gelte, um die Schlüssel zum Verständnis eben dieser Geschichte zu finden. Von den Revolutionsteilnehmern und -touristen des ausgehenden 18. Jahrhunderts bis zu den 1968ern, von den Wissenschaftlern über die Schriftsteller, Künstler und Musiker, Journalisten, Historiker, Politiker, die im 19. und 20. Jahrhundert nach Paris kamen, von Forster und Alexander von Humboldt über Heine,

Marx, Offenbach, Schnitzler, Thomas Mann bis zu W. Benjamin, G. Grass, Wolf Biermann und wie sie immer heißen, alle waren sie jeder auf seine Weise aber doch auch wieder als Angehörige der Spezies »deutscher Intellektueller« von Paris geradezu in den Bann geschlagen. Man lese nur nach, wie diese deutschen Intellektuellen auf den ersten Kontakt mit der Pariser Welt reagieren, ob sie nun wie Heine die französische Hauptstadt als »Spitze der Welt« bezeichnen oder wie Joseph Roth in einem Brief an Benno Reifenberg aus dem Jahre 1925, nach den ersten Tagen in Paris, geradezu von einer Art Offenbarung ergriffen sind:

»Es drängt mich, Ihnen *persönlich* zu sagen, daß Paris die Hauptstadt der Welt ist und daß Sie hierher kommen müssen. Wer nicht hier war, ist nur ein halber Mensch und überhaupt kein Europäer. Es ist frei, geistig im edelsten Sinn und ironisch im herrlichsten Pathos. Jeder Chauffeur ist geistreicher als unsere Schriftsteller. Wir sind wirklich ein unglückliches Volk. Hier lächelt mich jeder an, alle Frauen, auch die ältesten, liebe ich bis zum Antrag, ich könnte weinen, wenn ich über die Seine-Brücken gehe, zum erstenmal bin ich erschüttert von Häusern und Straßen, mit allen bin ich heimisch, obwohl wir uns fortwährend mißverstehen, wenn es um Reales geht und weil wir uns so herrlich verstehen, wenn es um Nuancen geht.«

Sind dies jeweils originär authentische Reaktionen auf das Pariser Straßenleben oder nur mehr oder minder unbewußt aufgefrischte Neuauflagen einer spezifisch deutschen Tradition, gewissermaßen eine durchgehende Stimme auf der intern deutschen Kulturpartitur? In ihrer Radikalität schließt diese Alternativfrage natürlich ihre Antwort zumindest teilweise mit ein: Beides spielt hier eine Rolle, das Individuelle und das Allgemeine, das authentisch Subjektive und die historische Tradition, und nichts wäre verkehrter, als alles und alle über einen Kamm scheren zu wollen. Was mir indessen einige Reflexionen wert scheint, ist die Frage nach der Akkulturation über einen längeren Zeitraum hin, nach den Verschiebungen in den Einstellungen und Wahrnehmungsmustern, die der Aufenthalt in Paris für die deutschen Intellektuellen mit sich bringt, wobei der Blick auf die eigene Erfahrung durchaus miteinbezogen werden soll. Vieles, was hier anzuführen ist, betrifft ganz allgemein das Problem der kulturellen Umpolungs- und Fusionsprozesse. Das weitere gilt dann spezifisch den Paris-Deutschen.

Sicher ist zunächst einmal auf einen grundlegenden Vorgang hinzuweisen, den man die Verdoppelung des Kommunikationszusammenhangs nennen kann. Es ist ein großer Unterschied, ob der Paris-Deutsche zu Franzosen oder zu Deutschen spricht. Die einen bringen ihn mit ihren Vorstellungen von Deutschland und den Deutschen in Verbindung, sehen in ihm einen Repräsentanten ihres »Deutschlands«; den anderen erscheint er leicht exotisch verfremdet als draußen lebender, französisch angehauchter, nicht mehr hundertprozentig echter Deutscher. Und er selbst konstruiert sich selbst einen doppelten Bezugsrahmen, dessen mehr oder minder intensive innere Dynamik aus dem ständigen Vergleich deutscher und französischer Zustände gespeist wird. Er liest im allgemeinen französische und deutsche Zeitungen und konstatiert, wie verschieden über dieselben Ereignisse berichtet wird oder was die einen interessiert und die anderen kalt läßt. Aber läßt sich ein solches doppeltes Bezugssystem auf die Dauer aufrecht erhalten? Und vor allem: wie steht's mit der inneren Anteilnahme an den jeweiligen Entwicklungen, wovon fühlt man sich mehr betroffen, welchem Koordinatensystem ordnet man sich angesichts kontroverser Perspektiven zu? Gibt es eine Art von doppelter Identität ohne die Gefahr einer Bewußtseinsspaltung?

Ähnliche Fragen kann man auch für die Bereiche des kulturellen Lebens stellen, an denen der Durchschnittsintellektuelle als Bürger und Amateur teilnimmt. Wer vermag zum Beispiel die jeweilige literarische Aktualität in Deutschland und Frankreich mit der gleichen Intensität zu verfolgen, wer das Kunst- und Ausstellungswesen, die unterschwelligen Tendenzen in Musik, Mode und Medien oder auch in der politischen Kultur in gleicher Weise permanent auszuloten? Und selbst die Profis, denen gewissermaßen der permanente Deutschland-Frankreich-Vergleich zur Aufgabe gestellt ist, die Politologen, Historiker und Komparatisten, die Germanisten in Frankreich und die Romanisten in Deutschland, die Kulturpolitiker und Vermittlungsspezialisten, die ihre Kompetenz aus der Kenntnis mehrerer Kulturkreise ableiten, würden sie noch als authentische Fachleute der einen oder anderen Seite ernst genommen, wenn sie sich auf eine einzige der beiden Vergleichsebenen zu beschränken hätten?

Dabei sind die Grenzgänger und -überschreiter – um wieder in engerem Sinn auf die deutschen Kulturimmigranten in Frankreich zurückzukommen – noch in einem anderen Sinn eine bedenkenswerte Spezies. Eine der Konsequenzen des dauernden Eingetauchtseins in die andere Kultur ist die Aufspaltung des Erfahrungshorizontes in unterschiedliche Teilstücke, von denen die einen noch mit den alten Erfahrungen in Zusammenhang gebracht, die anderen aber als genuin neue Bereiche erlebt werden. Man kann diese Prozesse ganz gut dort verfolgen, wo sie sich sprachlich artikulieren müssen. Ein neuer Arbeitszusammenhang, ein neuer Lebensbereich, eine neue institutionelle Verankerung, ein neues Sachgebiet, all diese Erfahrungen mit ihren spezifischen Fachausdrücken werden nicht mehr in die alte Sprache zurückübersetzt, sondern als neue Teile ins Bewußtsein integriert, wo sie nach und nach die älteren Stufen überlagern. Man befrage einmal einen ansonsten sprachlich versierten Journalisten, der sich in Paris in die Anfangsgründe der Text- und Datenverarbeitung einweihen ließ, zu Details seines Umgangs mit Computern. Oder ein zweisprachiges deutsches Kind zu seinem Schulalltag im französischen Gymnasium. Auch wenn die Befragten ansonsten nicht aufs Maul gefallen sind, verschlägt es ihnen in diesem Fall meist die Sprache. Wie soll man einem in französischen Dingen unbewanderten Deutschen erklären, was eine »Grande Ecole« ist, was ein »concours«, was »la République« bedeutet, was »l'Etat« (ganz abgesehen von den banalen, kulturspezifischen Dingen des Alltags)? Ähnlich ist es mit den anderen Lern- und Assimilationsvorgängen. Jede neue Erfahrung wird zwar zum einen von den bisherigen angelernten Kenntnissen her interpretiert und in diese integriert. Zugleich aber formt sie den Erfahrungszusammenhang um, verschafft ihm neue Dimensionen und Anwendungsbereiche, verändert den Verstehenshorizont.

Der thematischen Aufspaltung nach Sachgebieten entspricht alsbald auch eine chronologische Gliederung nach Erfahrungsschichten. Das ist, mag man einwenden, in jedem Leben so und besagt noch nichts über unser Problem. Spezifisch ist dagegen die deutsch-französische Schnittstelle in den Erfahrungssedimenten und damit die Tatsache, daß die unteren Schichten im allgemeinen nicht mehr erneuert werden bzw. hochsteigen können. Da das Verhältnis der Paris-Deutschen im allgemeinen nicht mehr durch alltägliche Osmose mit deutschen Zuständen aufgefrischt wird, schwächt sich allmählich der Wirklichkeitsbezug ab, verliert an Authentizität. Aus diesem Grund weigert sich zum Beispiel der Deutsche Akademische Austauschdienst, deutsche Lektoren länger als vier Jahre zu beschäftigen. Damit ist indessen ein altes Problem angesprochen. Schon Heine haben auch ansonsten wohlgesinnte Rezensenten vorgeworfen, seine Kritik an Deutschland kranke daran, daß er die letzten Entwicklungen im Lande nicht mehr mitbekomme. Sein Bild entspreche nicht mehr der Realität, sei im Grunde eine Schimäre. Doch solcher – durchaus zutreffender – Realitätsverlust im Detail wird mehr als aufgewogen durch den Gewinn an Schärfe, den der Blick aus größerem Abstand im allgemeinen mit sich bringt. Und so besitzt das imaginäre Deutschlandbild der Emigranten und Aushäusigen vielfach einen höheren Wahrheitsgrad, eine geschichtliche Pertinenz, die der inneren Selbstbefragung abgeht.

Ein weiteres aufschlußreiches Indiz für die Verschiebung des Bezugssystems ist, neben der Sprache natürlich, der persönliche Umgang. Welche Bekanntschaften man sucht und meidet, mit welchen Freunden man sich umgibt, zeigt der Grad der Akkulturation. Heine zum Beispiel hat in den ersten Jahren seines Parisaufenthaltes alles getan, um sich in das Pariser literarische Leben zu integrieren, hat systematisch Kontakte zu der französischen Intelligenz aufgenommen, im Gegensatz etwa zu

Ludwig Börne, der viel selektiver vorging und sich mehr mit deutschen Emigranten umgab. Giacomo Meyerbeer ging völlig im internationalen Musikbetrieb auf, wohingegen Richard Wagner in seinen drei Pariser Jahren trotz des festen Entschlusses, Karriere zu machen, aneckte, wo immer es nur ging. Sieht man genauer hin, so stellt man fest, daß es auch bei akkulturationswilligen Paris-Deutschen wie Heine oder den Philologen Heinrich Weil, Dehrenburg und Oppert, denen allesamt erfolgreiche Karrieren gelangen, Phasen der Abkapselung und des Rückzugs gab bzw. der Hinwendung zu deutsch-jüdischen Schicksalsgenossen. Manche fühlten sich als Mitglieder einer wie immer gearteten deutschen Kolonie, andere hielten bewußt auf Abstand. Das Problem der politischen Emigration spielte dabei natürlich eine gewichtige Rolle, denn auf Veränderung der Zustände in Deutschland gerichtete Emigrantenaktivität schafft zugleich solidarisches Gemeinsamkeitsgefühl wie unvermeidliche Reibereien und Klanbildungen. Heute, wo dieses tragische Kapitel deutsch-französischer Geistessymbiose abgeschlossen ist, haben wir es da einfacher, zumal kaum ein Deutscher noch unfreiwillig in Paris leben dürfte. Eher liegt die Sache nunmehr wieder andersherum: kaum ein deutscher Intellektueller, der länger hier gelebt hat, verläßt Paris leichten Herzens.

Nach wie vor, trotz New York, Rom und London, übt Paris eine ungebrochene Anziehungskraft aus, der man sich nur schwer verschließen kann. Und nach wie vor, so meine ich, hängt dies irgendwie mit dem eigenen komplizierten Verhältnis zu Deutschland zusammen. Dies mag man schon an der Tatsache ablesen, daß gerade deutsche Juden so überschwenglich auf Paris reagierten.

Es sieht so aus, als vermittelte die hiesige Atmosphäre das Gefühl, die ungelösten deutschen Probleme fielen plötzlich von ihnen ab. Walter Benjamins tiefsinnige Überlegungen zu einer in Paris zu recherchierenden Urgeschichte der Moderne transportieren deutsche materialistische Geschichtsphilosophie und messianische Heilserwartung in die Szenerie der französischen Hauptstadt, eine entfernte Weiterentwicklung von Heines Traum von Paris als einer »heiligen Stadt«, eines »Jerusalem der Freiheit«. Die Kehrseite dieser affektiven Investition ist allerdings die sich bei vielen durchsetzende Einsicht, daß man gerade in Paris den deutschen Problemen schwerlich zu entrinnen vermag, daß sie einen früher oder später einholen in der Form von »Nachtgedanken«, wie in Heines berühmtem Gedicht, von Fragen an die deutsche Geschichte und an die Geschichte der deutschen Emigration nach Frankreich.

Als man dem von der Partei Robbespierres bedrohten Danton nahelegte, aus Frankreich zu fliehen, um seine Haut zu retten, soll dieser ausgerufen haben, in bewußter Absetzung zu den adligen Emigranten, die sich frühzeitig nach Deutschland abgesetzt hatten: »Partir! Est-ce qu'on emporte la patrie à la semelle de son soulier?« Das unter der rhetorischen Frage aufgeworfene Problem wurde von so unterschiedlichen Paris-Deutschen wie Heine und Sieburg weitergesponnen. In dem zu Beginn zitierten Brief Heines an Varnhagen über Paris als »Spitze der Welt« liest man weiter unten zum Problem der eigenen Flucht aus Deutschland: »Fliehen wäre leicht, wenn man nicht das Vaterland an den Schuhsohlen mit sich schleppte! Ich parodire Danton mit Schmerzen. Es ist schmerzlich, im Luxembourg spaziren zu gehen und überall ein Stück Hamburg oder ein

Stück Preußen oder Bayern an den Schuhsohlen mit sich herumzuschleppen.« Gerade der Flüchtling und der Emigrant kann der Heimat nicht entrinnen, gerade an dieser Gattung, die sich den deutschen Zuständen zu entziehen gezwungen wird, manifestiert sich in besonderer Weise das deutsche Schicksal. Heine, der Humorist, gewinnt der Sache auch eine lustige Seite ab und dreht den Spieß noch einmal um. Im *Wintermärchen,* dem satirischen Bericht über seine eigene Deutschlandreise aus dem Jahre 1843, vermerkt er über seine Stippvisite in Bückeburg, dem Ort, aus dem die väterliche Familie stammte:

O Danton, du hast dich sehr geirrt
Und mußtest den Irrtum büßen!
Mitnehmen kann man das Vaterland
An den Sohlen, an den Füßen

Das halbe Fürstentum Bückeburg
Blieb mir an den Stiefeln kleben;
So lehmigte Wege habe ich wohl
Noch nie gesehen im Leben.

Gerade weil der heimatlich-kleinstaatische Lehm so zäh ist, ist das Vaterland transportabel geworden. Und umgekehrt erweisen sich eben im unversehrten Transport Festigkeit und Elastizität des Materials.

Heute freilich hat sich das Problem, wie gesagt, entschärft und zumindest für den deutsch-französischen Bereich seine unheilvolle Dimension verloren. Kritisch anknüpfend an Tagebuchaufzeichnungen Thomas Manns über den Begriff des »Auslandsdeutschen« sowie an Bemerkungen Friedrich Sieburgs hat sich Ralph Dahrendorf mit der Frage auseinandergesetzt, ob und inwiefern den nicht in Deutschland lebenden Deutschen eine besondere Art von »Deutschsein« anhaftet und wie sie selbst und ihre Umwelt damit zurechtkommen. Feinsinnig stellt er fest, daß manche – wir fügen hinzu: im Gegensatz zu früher – sich als Deutsche im Ausland geradezu verstecken, vorausgesetzt, die Verhältnisse im Ausland gestatten solch unauffälliges Untertauchen. Andererseits tendiert eine wohlwollende Umwelt vor allem im westlichen Ausland heute eher dazu, den Auslandsdeutschen für vorgebliche bundesrepublikanische Tugenden zu loben: Liefer- und Zahlungspünktlichkeit der deutschen Wirtschaft, Qualität deutscher Autos und Waschmaschinen, Tatkraft der Unternehmer, vernünftiges Maßhalten deutscher Gewerkschaften, Parteienfinanzierung und konstruktives Mißtrauensvotum. Wobei Dahrendorf augenzwinkernd hinzufügt, daß er selbst bei solchen Gelegenheiten seine eigene Meinung über Unternehmerphantasie und Parteienfinanzierung ja nicht zu verraten brauche.

Derartige Banalisierung des von Sieburg (der's gerade nicht nötig hatte!) beschworenen »Leidens an Deutschland« vermag sich im Zeichen wachsender wirtschaftlicher Verflechtung einstellen. Die Akteure der wirtschaftlichen Integration interessiert freilich ihre eigene Geschichte nur insoweit, als sie sich im Ausloten von Marktchancen und in der Entwicklung von Umsatz- und Verkaufszahlen niederschlagen mag. Das alles ist heute Teil unseres deutsch-französischen Alltags. Doch gerade angesichts der platten Selbstverständlichkeit solcher Logik haben wir uns für die Vorgänge zu interessieren, die sich dem Zugriff der Marktstrategen entziehen (wenngleich manche ihre Existenz durchaus nicht in Frage stellen). Es ist ja nachgerade erstaunlich, wie dicht kulturelle Grenzen auch im Zeitalter des Kabelfernsehens, des Massentourismus und der Internationalisierung der Wirtschaftsmärkte noch sind. Oder genauer: wie selektiv diese Grenzen wirken, was aus den Wahrnehmungen gewissermaßen unbemerkt herausgefiltert wird. Die quantitative Zunahme der Kontakte und Nachrichtenströme bedeutet noch lange keine entscheidende qualitative Verbesserung. Die spontane Reaktion des Touristen und Medienverbrauchers auf Informationen aus der anderen Kultur besteht nach wie vor darin, die eigenen Beurteilungsmaßstäbe gewissermaßen zu extrapolieren und auf das Fremde, Andere zu projizieren. Dieser Vorgang ist freilich gegenseitig und gilt für beide beteiligten Kulturen. Selbstbild und Fremdbild, so die Spezialisten interkultureller Beziehungen, stehen zueinander in Wechselwirkung.

Und so ist des weiteren zu fragen, was die Kulturgrenzen eigentlich durchlassen und vor allem wie sich verändert, was schließlich doch rüberkommt. Ein relativ leicht zugängliches Gebiet zur Untersuchung der in Frage stehenden Tendenzen ist das der Übersetzung. Daran zeigt sich aber auch die Komplexität der Vorgänge, die es zu erfassen gilt, wenn man über die Analyse einzelner Fälle hinausgehen und die permanente Reinterpretation der fremden Kultur auf einen Nenner bringen will. Daß der Versuch indessen jede Anstrengung wert ist, unterliegt keinem Zweifel, genausowenig wie die Tatsache, daß die Pariser deutsche Kulturgemeinde – Goethe-Institut oblige – dabei eine entscheidende Rolle zu spielen hat.

Darüber hinaus erscheint die interne Konjunktur in Frankreich für solche Versuche derzeit überaus günstig. So beginnen sich zum Beispiel die Historiker heute, nach den Erfolgen der sehr Frankreich zentrierten

»nouvelle histoire«, darüber Rechenschaft abzulegen, daß die so geschlossen erscheinende französische Nationalkultur aus überaus zahlreichen »unfranzösischen« Quellen gespeist wird. Man entdeckt, daß Frankreich traditionell ein Einwanderungsland war und ist und wundert sich, mit welcher Rapidität seit dem 18. Jahrhundert deutsche, holländische, italienische, belgische, polnische, rumänische, tschechische, russische, armenische Immigranten in die französische Gesellschaft integriert wurden (wobei wir allerdings die gegenwärtigen Probleme der Süd-Nord-Wanderung ausklammern wollen). Kein anderes europäisches Land wurde in vergleichbarer Weise dauernd von außen angereichert, und dennoch erscheint die »nation« auf dem Gebiet der Kultur alles in allem homogener, mehr gemeinsamen Werten verpflichtet als die meisten anderen Staaten. Wahrscheinlich hängt die Selbstverständlichkeit, mit der man das Fremde dem spezifisch Französischen anverwandelte und einverleibte, irgendwie mit der großzügigen Art und Weise zusammen, mit der man umgekehrt die französische Eroberung der unveräußerlichen Menschenrechte universal auf den Rest der Menschheit zu übertragen willens war. Daß dabei vielfach auch Unkenntnis der außerfranzösischen Zustände mitspielte, mangelndes Gespür für historisch gewachsene Situationen, mag unbestritten sein, ist aber andererseits kein französisches Spezifikum. Um so mehr brauchen wir heute die Adapter und Zwischenstecker, die Konversions- und Übersetzungsprogramme, um die Kommunikationsströme miteinander vernetzen zu können. Damit müßte auch zu erreichen sein, daß der Abbau der Verstehensbarrieren nicht zur kulturellen europäischen Einheitssuppe führt, sondern im Gegenteil die nationalen Besonderheiten deutlicher zu erfassen und in gewisser Weise auch wechselseitig zu betreuen hilft. Wenn es soweit kommt, daß die Deutschen den Franzosen helfen, sich selbst zu verstehen und umgekehrt die Franzosen einen spezifischen Beitrag zur deutschen Identitätsfindung leisten, wäre die Arbeit der Leute, die wie ich und mit mir über den deutsch-französischen Kulturtransfer forschen, vielleicht doch nicht ganz umsonst. Oder sagen wir's andersrum: Heines Spur hätte an ein Ziel geführt.

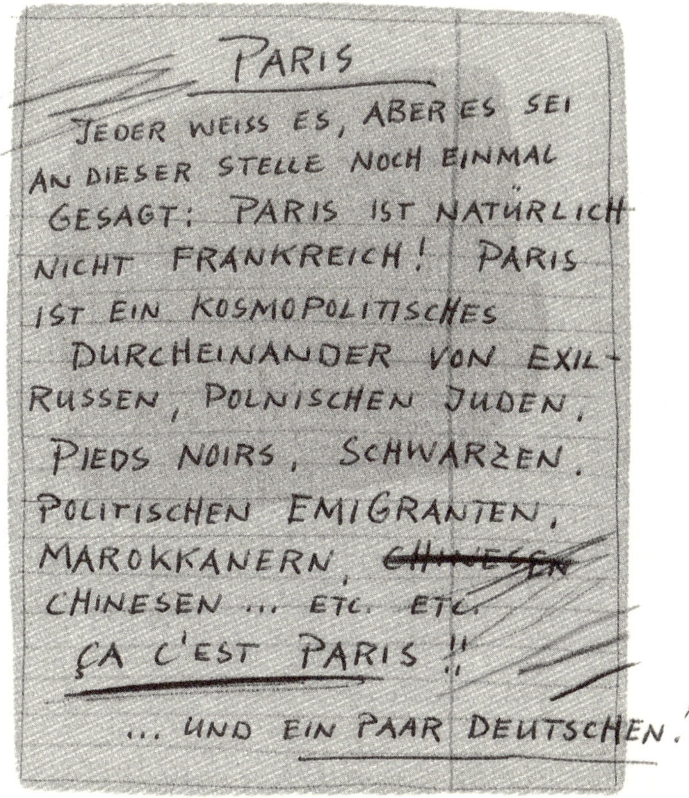

PARIS

JEDER WEISS ES, ABER ES SEI AN DIESER STELLE NOCH EINMAL GESAGT: PARIS IST NATÜRLICH NICHT FRANKREICH! PARIS IST EIN KOSMOPOLITISCHES DURCHEINANDER VON EXIL-RUSSEN, POLNISCHEN JUDEN, PIEDS NOIRS, SCHWARZEN, POLITISCHEN EMIGRANTEN, MAROKKANERN, ~~CHINESEN~~ CHINESEN ... ETC. ETC.

ÇA C'EST PARIS !!

... UND EIN PAAR DEUTSCHEN!

Intermezzo 1: Wilhelm Schlote, Pariser Notizen

ROMY
WIE WAR IHRE FRAGE NOCH?
VON WELCHEN DEUTSCHEN ICH SAGEN WÜRDE, DASS SIE IM FRANZÖSISCHEN KULTURLEBEN EINEN FESTEN PLATZ HABEN ODER HATTEN?
ICH KENNE NUR ZWEI: ROMY SCHNEIDER UND KARL LAGERFELD
... DANN LIEBEN DIE FRANZOSEN NOCH WIM WENDERS UND SIE KENNEN DIE NAMEN VON HERZOG / SCHLÖNDORFF UND FASSBINDER,
C'EST TOUT
PARDON — UND NATÜRLICH NASTASSIA KINSKI

R.F.A. / ALLEMAGNE
STELLT MAN EINEM FRANZOSEN DIE
FRAGE:
WORAN DENKEN SIE – GANZ SPONTAN –
BEI DEM BEGRIFF: DEUTSCHLAND!!
SIE DENKEN ALLE AN DEN EINEN –
STOCKEN EINEN AUGENBLICK –
UND DANN ANTWORTEN SIE:
DIE MUSIK!
DIE DEUTSCHE MUSIK!!

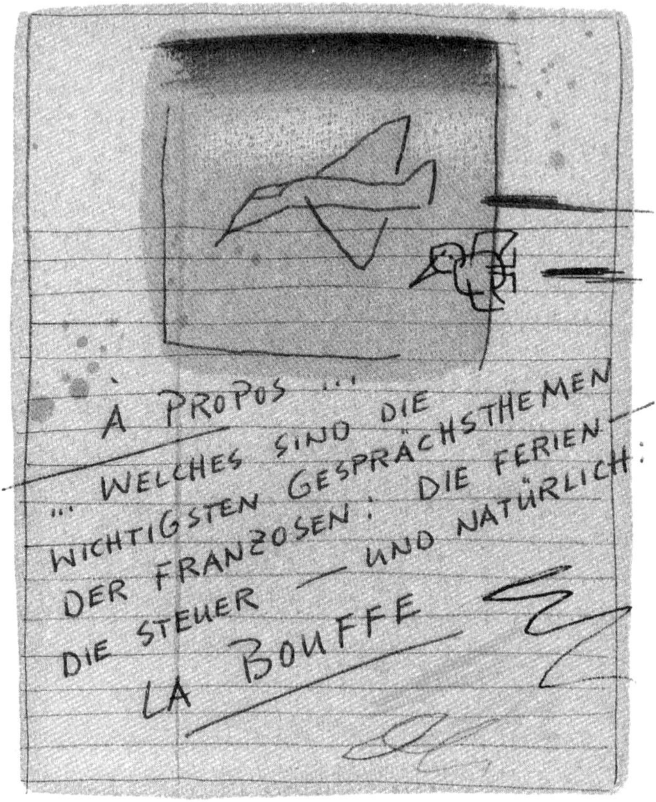
À PROPOS ...
... WELCHES SIND DIE
WICHTIGSTEN GESPRÄCHSTHEMEN
DER FRANZOSEN: DIE FERIEN.
DIE STEUER — UND NATÜRLICH:
LA BOUFFE

Stimmungen

Nina Ranalter

Gedichte

hommage à edmond jabès

fast möchte ich sagen er habe mir das leben gerettet
diese gebeugte stille aufmerksamkeit das grau die gestalt
alles was da getragen wurde war so leicht geblieben
die hellen augen ansahen durch einen hindurch
ruhend rufend unendliche entfernung in der die nähe wie
ein winziger kristall hereinleuchtet licht eines langen
lebens
straßen einer langen zeit
ich fragte ihn als sei etwas zu ende gegangen
etwas was noch nicht angefangen hat
so zerrissen von angst er könne die wahrheit erkennen
warum ich gekommen sei die erschütterung hinter der
zuschüttung
entzifferung der zeichen
auf das warum wußte ich keine antwort wen ich suche
es war meine auflehnung gegen das was mir aufgetragen
war
was einer an mich gerichtet hat es war eine aufforderung
zum tod

was mich zum opfer machen sollte für all die tode die
mich
verfolgten verunstaltet haben zum un-menschen
gemacht für zeit
und ewigkeit tode vor denen ich wegrenne gegen die ich
nichts
ausrichten kann die mir folgen mich verfolgen
die aufsteigen in mir rauch rauch
auch noch im schönsten licht auch noch in seinen augen
aber dort als versöhnung dagegen ich reiße mir
ein stück haut ein stück herz nach dem andern
so daß ich nackt dastehe in den verkleidungen die ich
anmutig
zu tragen gelernt habe
pritschen auf denen leiber liegen keine liebe hat mich
davor gerettet
auf welche seite ich auch gestellt werde
es wird mir nicht gelingen da hat er recht der rätselführer
der mir den tod reicht in einer tasse aus der ich mich
tasten solle
hinüber auf die seite der auslöschung die seine
die aschenbahn
schuld auf mich zu nehmen um ihn zu erlösen
sand formationen von felsen die schwarzen schleier
nebelfelder
nein er sehe ihn nicht mehr seit jahren…
sein gesicht bleibt mir zugewandt auch wenn es sich
abwendet

ich betrachte die schrift eingrabung ohne zittern
die linien des todes
die er zeichnet trägt wie einen unerklärlichen tag
der kommen könne

wann immer er wolle wie einen frühen morgen au Caire
wie ein flattern letztes eines müden vogels im rinnstein
abwässer
eine gemeinsame bewegung des wartens
aber in ihm gehe das wunder der versöhnung
in ihr weiter die wunde der auflehnung

paris
31. mai 89
pour edmond jabès

am ort

gestern habe sie die gänge wiederaufgenommen durch
den totengarten
graues licht manchmal durchbrochen errötet gesenkten
blicks
päderasten und rentiers aneinander vorbeischreiten
träume des mitgefühls
marmorne leiber langgestreckt auf denen
rauchgeschwärzte blumenkränze
liegen von langen reisen in der ruhe eine schlafende
wahrheit
aus dem schornstein des crématoire augestoßen in
schüben art erektion
geballte befreiung unzüchtig bewegendes drängendes
was sich verliert
auflösung endlich in schall und rauch seelenlüftung
ein illusionärer himmel in dem das herz gewiegt werde
frühreifer tod
irgendwo lese sie deleuze guattari habe gesagt daß
warten
masochismus sei… frage sie was solch eine auflehnung
gegen das leben
bedeute auflehnung gegen den tod nichts als unwissen
jeder der sich mit erfüllungen vollgestopft instant food
wisse
woher das warten seine zähigkeit seine flamme ziehe
unendliche weite die einem das warten gestatte

bevölkert von gestalten träumen die nicht bewahrt auch
sich nicht
bewahrheiten müssen die machbarkeit ist der größte
unsinn auf erden
sie spucke auf den griff nach dem glück oder glanz
was für fast alle dasselbe sei
die kurze zeit des zaubers verblüffende wunder
mit leiser stimme die verdichtung des nebels verlieren
der namen…
immer dieser idiotische wunsch nach einer heilung der
welt
alle bewohner sind tot dieses ortes

père lachaise
novembre 88

transparenz

die pyramide im hof des louvre glas stahl verstrebungen
gegen die versteinung der geschichte
spiegelung durch die zeit gehend
zusammenstoß ineinandergeschoben ausziehbar
telescopage der vergangenheit in der gegenwart
wind in kleinen wellen auf dem wasser
mouvement monument

verwaisung

das pantheon schemenhaft schwebt schwimmt
abgeschnitten am horizont
wintertag wie ein wächsernes tuch perlendes gefieder
auf dem naßschwarzen asphalt gleiten liebesnächte
entlang
blinde boote verschnürt
wie erfunden funkeln die plätze
chiffrenschrift in der steinschwere wortsegel
sehnsucht mein seidiges kissen küssen
hasard sehe ich unter mir eine wahrheit
die immer auf ihr gegenteil verweist

Martin Kaltenecker

Hinterland

Es gab einen Sommer, da kamen alle Freunde aus dem Wald von Verrières zurück: es läge dort eine Art freier Enklave der Lust, wo im hohen Farn der Sommer begangen werde. Dieser Bericht bedurfte der Nachprüfung kaum – die Stadt war in meiner Vorstellung umgeben von solchen Orten, die sie im Hinterland festmachten und wie poetische Bojen vor der Abtrift bewahrten. Lange Zeit nahm Saint Cloud, jenseits der zweiten Schleife des Flusses, diesen Platz ein. Von der Terrasse des nun abgebrannten Schlosses oben auf dem Hügel hatte man jahrhundertelang auf den Wald und die unbebauten Teile der Stadt hinunterblicken können, die damals noch als Land galten, wo man Kranke ob der gesünderen Luft hinschickte. Dem Klang ephemerer Feste – Feuerwerke, die sich im Wasser gespiegelt hatten, Musik auf Barken und wiederum Gelächter zwischen den Büschen – hatte ich unter den bemalten Balken eines Pariser Archivs nachgespürt; bald entstand das Projekt der Beschreibung aller westlichen Schlösser und gar eines Kranzes von Sonetten, dessen fatale Verse wohl noch in alten Mappen vertrocknen mögen.

Den Wald, den allzu gepflegten, allzu gelichteten, habe ich zu Fuß in dieser Richtung wohl nur zwei-, dreimal durchquert, und darin drückte sich mehr als die Angst vor fremdem Raum das Gefühl für Grenzen aus. Besitzt man als einziges Land eine Stadt, so wird das Gespür für deren Umfang und Abgrenzungen geschärft. Als Kind spielte ich genau auf der Grenze der Stadt, unter den Kastanien jener Alleen, die man streckenweise auf den nach dem ersten Weltkrieg abgerissenen Befestigungsmauern angelegt hatte. Vor achtzig Jahren noch wurde hier allabendlich, auf anachronistischen Basteien, ein Zapfenstreich geblasen, und der Tusch verhallte, zumal im Norden der Stadt, über winzigen Kartoffeläckern, über steilen Schrebergärten, zwischen gestrandeten Zigeunerwagen und Bretterbuden – eine zwielichtige Zone, wo das Milieu seine Geschäfte zwischen proletarischen Fußballplätzen trieb und Vagabunden unterkrochen, bis daß die Gendarmen sie einfingen oder die ersten Photographen. Verfügte ich über eine Zeitmaschine, so drückte ich den Hebel nicht zu stark hinunter – ich spazierte gern eine Sommernacht lang im Paris von 1850 umher, als der Baron Haussmann seine Keile noch nicht in die Stadt getrieben hatte, verfolgte die Mauer der Generalpächter, die den Triumphbogen etwa noch vor die Barriere verbannte, irrte umher im Schatten des Bollwerks – und erst später der Kern. Die Erinnerung an zwei Zugstrecken schreibt sich von dieser Einprägsamkeit der Grenzen her: zum einen jener kleine Zug, der einen Teil des Stadtrandes entlangfuhr und seit mehr als zehn Jahren stillgelegt worden ist: man konnte in der Dämmerung den toten Schienen, die Unkraut verwischte, noch lange Zeit folgen; und zum anderen jene Strecke im Westen, die weit über Saint Cloud hinausführte und deren Glanz sich längst mit dem des schnaufenden *tortillard* vermischt hat, der durch den vierten Band von Proust tuckert: an jedem Bahnhof warten winkende Freunde, und an der Endstation wird die erregte Gesellschaft abgeholt zu Festen überm Meer.

Scharf umrissen gerät die Stadt zur Insel. Bei jeder Rückkehr erscheint sie mir wie ein schwankendes Floß, wie einer jener Wohnkähne längs der Ufer oder jener Bäder – zum Teil waren es kleine luxuriöse Paläste, sanft bewegte Wintergärten, in denen jede Begierde vorgesehen war – die auf alten Daguerrotypien unverblümt vor den Monumenten schaukeln. Daher der so häufige Petrustraum – über das Wasser gehen zu können. Im November 1977 etwa verband sich die Rue de Rivoli mit dem Canal Grande in Venedig, die Fluten waren bezwungen, ich schwebte über jeglicher Bedrohung. Wer in einer Exklave lebt, muß das Provisorische fürchten und seine Metonymien meiden. Das Provisorische der Städte fesselt ihn, die geduldige und gröbere Rechnung mit der Zeit; ein Jahrzehnt lang ragten die Ruinen des Tuilerienschlosses hoch und in der Avenue Daumesnil noch immer eine überführte Bahnlinie, unter der sich Garagen und Schreinereien eingenistet haben; und ebenso die rasche Umwandlung, die Gebäude, die in einem Atemzug entstehen, die rasch hingeschriebenen Häuserzeilen. Man richtet sich so auf einem schwimmenden Ponton ein, denkt vielleicht an Deutschland über Nacht und versucht, in der Sprache jenes Erdreich zu finden, das sich unter den Füßen verflüssigt. Doch ist diese Erde, man erkennt es bald, miniert – langsam entzieht sie sich, man stößt auf Unbekanntes, alten Schrapnell und schleichende Gallizismen, tückischen Unrat. Nur gefiltert und verweht kommen die alten Wörter vom anderen Ufer herüber und jedes halbverschwommene ergreift uns wie ein Zitat und fast schon das Versprechen eines Verses. Man begegnet vereinzelten Worten, und zu schnell versucht man, auf sie zu bauen. Doch sind es Münzen geworden, die man wie ein Archäologe aus dem Boden hebt und bestaunt, deren Wert man jedoch nicht genau kennt – die Worte sind Schrift, nicht mehr Klang. Ähnlich entzog die Aussprache Celans, auf alten Aufnahmen, mir endgültig seinen Text: eine fistelnde Stimme fast, die voller Erregung sich mit jeder Silbe verteidigte, herhetzend unter den geduckten Himmeln eines tieferen Ostens – wie sollte ich da je verstehn! Man müßte an Land gehen.

Schwimmend muß die Stadt zur Wohnung geraten, eingerichtet werden wie ein Haus. Im Herbst, wenn viel Laub fällt oder viel Schnee in manchen Wintern, bedeckt ein Teppich die Straße und befriedigt den dunklen Wunsch, sie sei nur ein Flur. Die Passagen werden so zu Korridoren, zumal wenn sie sich untereinander verknüpfen wie bei den Grands Boulevards. In die Häusermasse sind hie und da weitläufige Reduktionen der Stadt eingelassen – etwa die Sorbonne, die wie manche Paläste im Mittelalter ein ganzes Viertel einnimmt; im Traum verbindet sie sich mit dem Gymnasium und erzeugt so eine pädagogische Unterwelt voller Irrgänge und Begegnungen. Entdecken wir, wie eine Geheimtreppe, eine neue Abkürzung – sie werden immer seltener -- beglückt uns diese unverhältnismäßig, so wie jede Verbindung: ich hänge dem »Theatrophon« nach, einer Art Telephonapparat, der es ermöglichte, der Aufführung in einem Theater zuzuhorchen (Proust verfolgte so vom Bett aus *Pelléas);* der Vorform der Telegramme, den *bleus,* die durch lange Röhren gepustet wurden – und manchmal beruhigt mich, wenn die Wolken tief gehen, der sich drehende Scheinwerfer oben am Eiffelturm, eigentlich eine große Stehlampe.

Lange Jahre wurden darauf verwendet, die Stadt überschaubar zu machen. Nicht nur muß sie aus vielen Dörfern bestehen; was sie selbst an ein solches gemahnen läßt wird verzeichnet, wie wenn plötzlich ein Wagen mit Freunden anhält, wenn man den Nachbarn irgendwo trifft – wo auf dem Land nur das Umgekehrte verwundert. Eine fast schon literarische Utopie, die Stadt zerteilend, um sie besser zu beherrschen, schriebe vor, in jedem der zwanzig Viertel einmal gewohnt, einmal geschlafen, einmal geliebt zu haben – zu letzterem fehlen mir noch drei Adressen; geschlafen habe ich in fünf *arrondissements,* ein sechstesmal in dem Hotel, das vor hundert Jahren ein Komponist bewohnte, an dessen Biographie ich schrieb; die erste Wette zu gewinnen, beginnt es an Jahren zu mangeln oder Geld. Die Strategien der Überschaubarkeit verlangen jedoch auch die entgegengesetzte Bewegung: die Verheimatung der Stadt bedingt ihre Unerschöpflichkeit. Ich brauche Leerstellen, noch unerfaßte Straßenzüge, Lichtungen warten im unklaren Osten auf mich und ein aufgespartes Dickicht, ebenso wie man sich von geliebten Schriftstellern einen Band aufbehält. Vor langer Zeit erschien mir so an einem Sommerabend in der leuchtenden Dämmerung eine lange, unbekannte Straße wie eine goldene Ader. Die Stadt, soll sie mein Land ersetzen, muß in sich alles enthalten, Anspielungen an sämtliche Länder; im Nebel gaukelte mir die Kuppel von Saint Augustin San Marco vor und dessen Glocken jene von Saint Sulpice; der Pharao, der in der Rue de Sèvres eine gluckernde Fontäne bewacht, erspart mir vielleicht Ägypten. Nerval erzählt, daß junge Maler, die beim Rompreis zurückgewiesen worden waren, sich mit den weinbewachsenen Abhängen – und wohl dem Weine selbst – von Montmartre trösteten.

Die eigentliche Geschichte von Paris ist mir gleichgültig, ich denke nie daran, daß ich über versunkene Thermen oder aufgelassene Friedhöfe gehe. Die Stadt ist ein Palimpsest nur der eigenen Geschichte: eine melancholische Buchführung, die sie jedoch zusammenhält, vermerkt die Zerstörungen, die Veränderungen. In diesem Kino hier, das einem ganz bestimmten Genre frönte, wird nun Tiefgefrorenes verkauft, in jenem anderen, wo zuerst *India Song* herauskam, hält man libanesische Süßigkeiten feil. Einige Mauern sah ich bereits fallen, eine Pyramide emporsteigen und den nun abgehackten Teil der Rue Vercingétorix. Die Form einer Stadt, schrieb Baudelaire, ändert sich schneller als das Herz eines Sterblichen. Ich hoffe, daß mein Herz sie überholt.

Mehrere Schlüssel, mehrere Codes erlauben es, die Stadt in immer anderem Licht zu sehen. Es gibt also ein ägyptisches, ein deutsches, ein Paris der Musik, ein surrealistisches und Stellen, wie entlang der Kanäle im Nordosten, wo nichts mehr an sie gemahnt. An jeder Ecke stehen sentimentale Meilensteine. Fällt der Abend, so denke ich zurück an jene italienischen Lippen in den Gärten der Ziegelei und daß ich einst ausgerechnet in der Rue des mauvais garçons auf einen solchen stieß: der liebe Gott wär ein schlechter Romancier. Die Liebe führte ins Innere der Stadt und in ihre Tiefen, zu einem obskuren Nymphäum am Fluß, um dessen Zementstalagtiten man streifte – in jene hallende Gruft des

Friedhofs Père Lachaise, unweit des Grabs einer symbolistischen Dichterin. All dies war Abstieg, wie auch jedesmal das Umfangenwerden von den feuchten Kellern, wo wir tanzten.

Die Natur selbst fehlt in der Stadt nie, da man lernt, sich mit Andeutungen zu begnügen, spärlichen Fragmenten, die einen Tag illuminieren – so das Kind mit dem doppelten Trochäus der Tauben vor den Läden: in der Stadt macht immer eine einzige Schwalbe den Sommer. Die Gärten vertreten hier kaum die Natur, auch die größeren nicht, man vermutet hinter verschwiegenen Mauern kaum Pomeranzen oder echten Taxus, eher eine Art kostbarer Veranda mit grünem Teppichboden, einen verlängerten Salon, ein Mittelding zwischen Innen und Außen. Das gleiche gilt für die kleinen Friedhöfe, wie den von Picpus, der von der unermüdlichen Arbeit der revolutionären Scharfrichter und auch Steinmetzen zeugt, die hier längere Namen meißeln mußten; es zerfallen da alljährlich noch immer royalistische Immortellen. Gerade das Künstliche macht in den größeren Parks mehr auf die Stadt denn auf Natur aufmerksam, etwa in den Buttes-Chaumont, mit den dramatischen Schnitten durch die Geologie, die die Schrunden der Unterwelt bloßlegen und mit Steilhängen spielen. Die Stadt selbst spricht von der Landschaft, so in den Sträßchen, unter denen die Bièvre floß und deren Windungen man noch folgen mag – einst ein kleiner Lauf, stille, trübe Gewässer, die in dieser Ader langsamer sinterten, gesäumt von Pappeln, die ein anderer Petrus dann ihres Spiegelbildes beraubte und alles mit Pflastern zudeckte. Landschaft entsteht, wo die Stadt plötzlich einhält, das Fließen der Steinmassen stockt, in den Ebenen, die sich öffnen wie die von Tolbiac – ein weites Watt, über das ein Damm für Züge führt und das noch auf einen weiteren Eingriff der Menschen zu warten scheint. Sie entsteht in den plötzlich entleerten Straßen, nach Demonstrationen etwa, oder im Sommer, am 14. Juli, am 15. August, wo man mitten durch ein ausgetrocknetes Flußbett hindurchgeht und die Sonne die Steine und den Kalk der Fassaden erweicht; sie entsteht in den stillsten Stunden der Nacht, zwischen drei und fünf, wo die Stadt den Atem anhält und gar eine Amsel vernehmbar schlägt. Dann wird alle Geschichte übersprungen, und alles kehrt zur Erde zurück, jede Wellung unterm Asphalt ersetzt Natur, man spürt die Hügel und Abhänge, erfaßt die Schneisen stärker und die stark abfallenden Straßen – Rue de Rome, Avenue d'Iéna, Boulevard Saint Martin, jene Stelle der Rue Lafayette, wo man sich genau auf der Höhe des Dachs der Oper befindet. Man kann die Musik dieser Geographie verfolgen, ihren Strom, die plötzliche Pause einer Treppe, die Überleitungen – kann in diesem Talkessel schwimmen und alles Gebaute sehr wohl vergessen. Die Erde selbst, hellbraun, mehr Sand als feuchte Scholle, scheint unglaubwürdig – wie auch der Himmel über der Stadt, aus dem Zelt herausgeschnitten: er ist nur eine Beleuchtung, eine eigene Verzauberung des Ortes. Er zeigt uns keinen Horizont, sondern eine weitere, flüssige Grenze, und mit ein paar träumerischen Pinselstrichen hebt er die Stadt aus der sie umfangenden Welt.

Aus dem Programmheft

Le Centre Culturel Allemand, Gœthe-Institut, à Paris
a le très grand plaisir de prêter son concours
à la création mondiale d'une œuvre nouvelle de
Karl Heinz Stockhausen.
Nous remercions chaleureusement le compositeur
d'avoir bien voulu venir à Paris diriger lui-même l'exécution.
Notre sincère gratitude va vers l'ORTF et son Groupe
de Recherches Musicales ainsi que vers tous leurs
collaborateurs. L'intérêt qu'ils ont montré
et leur aide compréhensive ont permis la réalisation
de ce concert et son audition
dans les salles de la Maison de l'ORTF.
« Stimmung » est une composition pour six chanteurs.
Le mot allemand « Stimmung » se réfère à la fois
aux instruments qu'on « accorde » et à une certaine
« atmosphère » ; selon l'auteur, cette ambiguité doit être
sacrifiée en français au terme moins fréquent mais plus
marquant « d'Accordage ». Karl Heinz Stockhausen
en a écrit le texte au mois d'avril 1967 à Sausalito
près de San Francisco, et sur la côte entre San Francisco
et Carmel. La musique a été composée en février et
mars 1968 au bord de la mer, à Madison, Connecticut
Le programme de la soirée comportera également
l'audition de « Telemusik » (1966),
musique électronique et concrète
que le compositeur présentera et expliquera lui-même.

Paris, décembre 1968

Concert donné par
le Groupe de Recherches Musicales de l'ORTF
en collaboration avec le Gœthe Institut

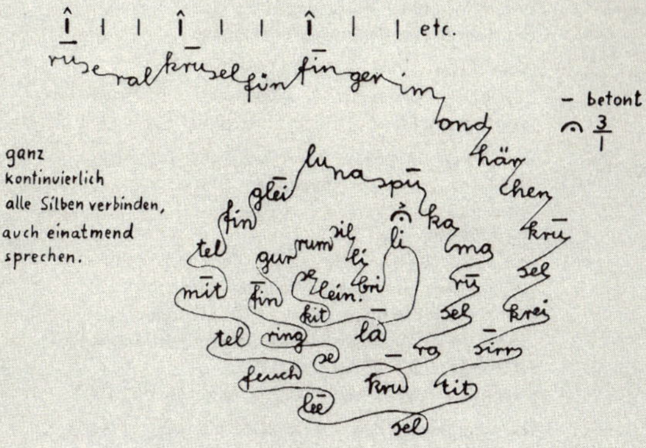

fünfingerimondhärchen =
fünf finger im mond härchen =
cinq doigts dans la lune, des petits cheveux, etc.

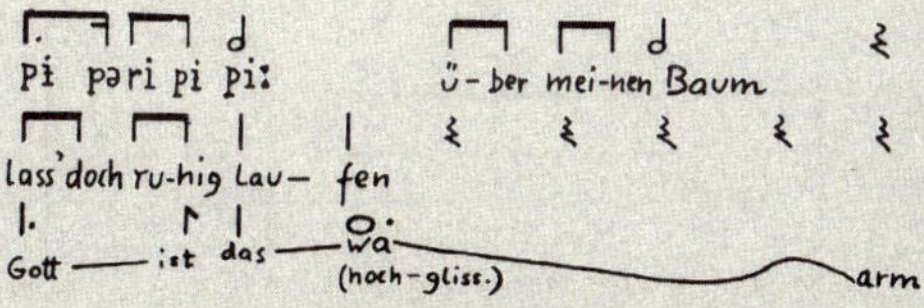

sur mon arbre
laisse donc couler
mon Dieu! comme il fait chaud!

Text für «Stimmung»

Meine Hände sind zwei Glocken binge bung
auf Deinen Brüsten bringe brange bring bring brang;
selbst gestreckt noch spüren sie die Rundung
und die Knötchen innen drinnen dringe drong.
AVOCADOS BIRNORANGPRIKOSEN
ach nein: Deine Brüste sind wie Deine nur wie Deine.

Wenn ich Wasser trinke aus der hohlen Hand
werden meine Backen Deine Brust
die Lippen (rosabraun) ein Zitzenring
und trinken tu ich durch das runde U
das Deine Spitzchen küsste nächtelang.

Jeder Apfel, den ich scheinbar harmlos greife,
ist schnipp — dreh dich — und schnapp Dein ringse rang,
rungse ringsel pressel brusel busel pipsel busel piiiiitsch!

Dein Ton — in meinen Bronceschalleluzypressten
— — — — — — — — — Zipp zipp.

Accordage

Mes deux mains sont des cloches bing et bong
sur Tes seins tessing tsang tsing tsing tsang;
même une fois tendues elles sentent la rondeur
et ces fins petits nœuds qu'elles contiennent ting tang.
AVOCATS POIRORANBRICOTS
mais non : Tes seins sont seulement pareils aux Tiens.

Quand je bois de l'eau au creux de ma main
mes joues deviennent Ton sein
les lèvres (rose brun) deviennent aréole
je bois par ce même U renflé
qui baisa tes petites pointes à longueur de nuit.

Chaque pomme saisie en parfaite innocence
est flip — tourne toi — et flap Tienne ring et ran
rang et ringla presla brousla busla pipla busla pinnnnnce!

La glaise de ton chant — dans mes bronzalleluzéchonifères
— — — — — — — — — Zipp zipp.

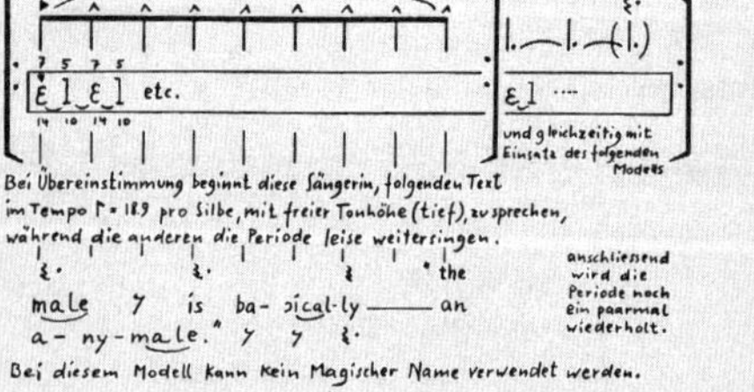

Jochen Gerz
SIEBEN STÜCKE IM ÖFFENTLICHEN RAUM (Paris) 1968-71

Jochen Gerz
AGENTZIA (Aufkleber)
1968

Jochen Gerz
GIBT ES LEBEN AUF DER ERDE?
Paris 1968/70

Leere PVC-Beutel (21:29 cm) wurden an Unbekannte aus dem Telefonbu von Paris versandt. Beigefügt war ein Text: „Viele Leute glauben, daß ih Angst und Entfremdung darauf zurückzuführen ist, daß sie unfähig gewo den sind zu vergessen, d.h. Relikte ihres Lebens zu zerstören, die sie jetz beschweren. Diese Leute sind der Ansicht, daß ihre Fähigkeit, spontan u aktiv zu leben, unter einer lähmenden Masse Vergangenheit verschüttet ist... Der folgende Vorschlag hat zum Ziel, Sie von dem, was Sie los sei wollen, zu befreien. Das können offensichtlich ganz verschiedene und unglaubliche Dinge sein... Alles, was in den Beutel kommt, gehört Ihne nicht länger..." Die zurückgekommenen Beutel wurden verschweißt und am 16. April 1970 auf der Baustelle des zukünftigen Tour Montparnasse, 20 Meter unterhalb des Straßenniveaus, eingegraben. Der Ort, wo die me als 300 Beutel liegen, ist seitdem unzugänglich.

ALS WIR AUF DEM GEHSTEIG ANGEKOMMEN WAREN, FRAGTE ICH IHN, OB ICH IHN WIEDER ZURÜCKFÜHREN DÜRFTE, DORTHIN, VON WO WIR GEKOMMEN WAREN. ER WAR EINVERSTANDEN UND SO HABEN WIR DIE ÜBERQUERUNG EINIGE MALE WIEDERHOLT, WOBEI ICH SEINEN ARM HIELT. WIR HABEN NICHT VIEL GESPROCHEN MITEINANDER, DOCH AUCH SO, GLAUBE ICH, FAND ER DEN VORGANG ZIEMLICH NORMAL.

Jochen Gerz
Stück mit einem Blinden
Paris 1970

Der vorgeschlagene Prozeß besteht darin, am gleichen Tag des Monats vom .... bis zum .... zur gleichen Zeit .... zu fotografien. Das Blickfeld umfaßt .... sowie alles, was sich bei jeder der .... Aufnahmen vor dem Objektiv befindet. Der Ort der Aufnahme ist immer der gleiche.

Ausgeführt von ....

Jochen Gerz
12 x LA SANTE
Paris 1971

Jochen Gerz
DIE ENTLAUBUNG
Paris 1971

Stück für 1, 2, 3, 4 wurde am 16. März 1971 von drei Gartenarbeitern im Jardin des Plantes ausgeführt. Die Dauer betrug 3 Stunden.
„Zwischen 14 und 17 Uhr befanden sich drei Arbeiter auf dem Beet seitlich des Museums, das wenige Tage vorher mit Hilfe eines Caterpillars mit neuer Erde belegt worden war. Die Aufgabe der Arbeiter war es, die frisch verteilte Erde für die Saat zu festigen…
Mit dem bloßen Auge war nicht zu erkennen, ob sie miteinander sprachen

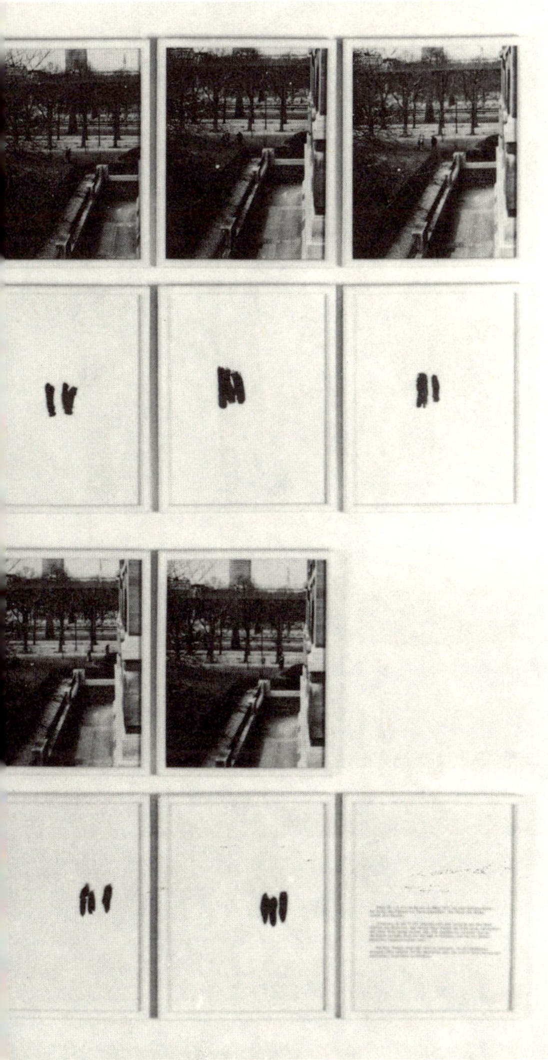

oder welcher Art die Beziehung war, die sich in ihren Bewegungen ausdrückte, ohne diese zu erklären."

Jochen Gerz
STÜCK FÜR 1, 2, 3, 4
Paris 1971

Jochen Gerz
AUSSTELLUNG VON 8 PERSONEN, WOHNHAFT IN DER RUE MOUFFETARD, MITTELS IHRER NAMEN AUF DEN MAUERN IHRER EIGENEN STRASSE
Paris 1972

Undine Gruenter

Paris, Anfänge

Dann war das schlechte Wetter da.

Der Reisewecker mit schwarzem Lederrücken und wässrig-grünen Leuchtziffern, mit einem Zifferblatt wie kalte gekochte Milch, dem Weiß von Küchenuhren in gekälkten Eßsälen, tickte in die regnerischen Sätze des Buches, *Paris – ein Fest fürs Leben,* aus dem ich vorlas; und wie das Ticken des Weckers zwischen Brille und Medizin, zwischen Watte und Wasserglas in den Blätterwirbel auf die Place Contrescarpe hinter dem Pantheon drang, so sprang eine Zeit in die andere, ein Tag *im ersten, kalten Winterregen* während der 20er Jahre in einen Nachmittag im letzten Februarschnee während der 80er Jahre; und ein Ort verschwand im anderen, ein Krankenhaus im Kölner Stadtteil Lindenthal, ein Einzelzimmer mit hochrädrigem Krankenbett in einem frühwinterlichen Paris, in dem Hemingway jetzt den Weg die Montagne Sainte-Geneviève hinabging und sich durch den Regen in Richtung Boulevard Saint-Michel schlug. Während ich vorlas, schob sich ein Zipfel des über die Fußstange des Betts geworfenen roten Bademantels in meinen Blickwinkel, auch die Spitzen eines Paars Halbpantoffel, die unter dem Bett hervorragten – Bademantel, Pantoffel, Schlafanzug, hatte Fo geseufzt, die Spießbürger-Ausrüstung für den Kranken als Rekruten, hatte er gemurmelt, als wir in letzter Minute am Abend vor seiner Einweisung diese Dinge in einem Warenhaus gekauft hatten, da er im Alltag über keins von dreien verfügte – der Löffel klirrte leise im Wasserglas, als unten in der Straße eine Straßenbahn vorüberfuhr, und Hemingway setzte sich in ein *gutes Café auf der Place Saint-Michel* und fing an zu schreiben.

Die Nase ist der Zugang zur Seele, hatte Fo gesagt und war ins Krankenhaus gegangen, zu einem Spezialisten, einem Feinmechaniker, wie er sagte, um seine Nasen-Scheidewand operieren zu lassen, und der Geruchssinn, hatte er gesagt, ist der Sitz des Gedächtnisses.

Hatte er nicht recht? Stieg nicht Vergessenes unerwartet aus einem wiedergefundenen Geruch auf, eine Kindergeschichte aus dem muffigen Papiergeruch eines nach Jahrzehnten wiederaufgeschlagenen Bilderbuchs und eine Liebesgeschichte aus dem verstaubten Mief eines aus einem Schrankwinkel wiederaufgetauchten Schals? – Hier roch es nach frischer Bettwäsche, nach blutigen Wattetampons, nach Medizin und dem aus dem Krankenhausflur unter der Ritze hervordringenden Geruch nach Hühnersuppe mit Ei, nach der Trostlosigkeit an den Rändern sich einrollender Scheiben Mortadella, zwei auf jedem Teller und für jeden Kranken, war die Abendration, und im Buch roch es nach wärmendem Rum von der Insel Martinique, den Hemingway bei dem Kellner des Cafés bestellte und nach nassen Regenmänteln, die am Garderobenständer trockneten – das mit den Regenmänteln stand so nicht im Buch, aber ich roch es, weil ich Cafés wie das beschriebene kannte, und weil mein Wintermantel aus dikkem Tweed, den ich in das Zugabteil, aus dem Zug in die

Straßenbahn und dann an einem gelbgestrichenen Wohnblock, 50er Jahre-Architektur, vorbei und unter der Christusfigur über dem Eingangsportal des Krankenhauses hierher in dieses Zimmer getragen hatte, am Türhaken trocknete.

Es war der dritte Tag, die Operation war gut verlaufen – bei örtlicher Betäubung, hatte er gesagt, es war ein Geknacke und Geknirsche im Kopf, der Schädel war eine Halbkugel aus Ton, ein dumpfer und zugleich hellhöriger Echoraum, du spürst keinen Schmerz, nur das Sägen am Knochen und den Druck, der die Kopfhaut spannt – und Paris war nicht Schneeschauer, Hühnersuppengeruch und ein Krankenhausflur, über den jetzt klappernd die Wagen mit den Plastiktabletts für das Abendessen rollten, es war das andere, wirklichere Leben, das in einer Zugreise von fünf Stunden erreichbar war.

In der Rue des Saints-Pères lag Schnee, als ich aufwachte, es war April, mein erster Besuch in Paris, Mitte der 70er Jahre, und ich lag in einem winzigen Hotelzimmer, in dem man auch bei Tag kaum die Hand vor Augen sehen konnte.

In der Nacht zuvor, als der Zug mit einer halben Stunde Verspätung in den Bahnhof einlief, regnete es, und die Leute warteten mit müden Gesichtern im gelben Licht der Kugellampen unter der Glaskuppel und stürzten dann mit den Reisenden aus der schmutzigen Bahnhofshalle und rannten über das nasse Pflaster, um die nächste Métro zu erwischen oder ein Taxi zu ergattern. Fünf Minuten später schütteten wir an der Theke eines Snack-Imbiss vor den Gleisen einen express herunter, stiegen in einen klapprigen, sandgrauen VW-Käfer und fuhren über regennasses Pflaster in Richtung Parc Monceau. Helen hatte mich abgeholt, eine mit meiner Schwester befreundete Übersetzerin, die sich für ein halbes Jahr im 8. Arrondissement eine, wie sie sagte, *möblierte Garconnière* gemietet hatte, *um Abstand zu gewinnen*, wie sie sagte, Abstand von einem Geliebten, der bereits drei Frauen und doppelt so viele Kinder hatte, und wie üblich überstieg die Miete ihre finanziellen Mittel. Eine Liebesgeschichte, deren Auszüge ich bereits fragmentarisch aus Gesprächen kannte, die sich zuweilen einen düsteren Anstrich gab und von Verzweiflungs-Anfällen mit erhöhtem Schlafmittel-Konsum bis zu Liebesorgien in Gänseleberpastete alle Stadien einer tränenreichen Herzenstragödie durchlief. Als ich ankam, war gerade die Neuauflage oder ein Nachschlag der Gänseleberphase an der Reihe, der Geliebte, ein Mann mit gelben Wildlederschuhen und durchbrochenen Schweinslederhandschuhen für Autofahrer, war zu Besuch und erwartete uns in der Wohnung, und ich lernte, daß Paris, *die Stadt der Liebe,* wie es hieß, vor allem die ihrer Abwesenheit war, und ein Geruchsgemisch aus Schneeregen, Sandstein, Balkongitter und lauwarmer, gegen Mitternacht auf dem breiten, himmelblau überzogenen Bett verspeister Gänseleberpastete.

Wir hatten das Haus durch ein seitliches Portal betreten, das, so belehrte mich Helen im Tonfall einer Fremdenführerin, in früheren Zeiten als Einfahrt für die Kutschen der Bewohner und Besucher gedient habe, aber nach diesem pompösen Auftakt, dem ein dreistufiger, mit Lorbeerbäumchen geschmückter Aufgang zur Haustür, der Blick in ein marmoriertes Stucktreppenhaus und ein roter Läufer in der Eingangshalle gefolgt waren, erfüllte das Folgende keineswegs die Erwartung, die

die Fassade geweckt hatte. Wir kamen in eine enge Anderthalb-Zimmer-Wohnung, in der der schöne Schein mühsam durch eine an den Ecken abblätternde Barockkommode, eine ausladende Kaminverkleidung (dieses Mal aus echtem Marmor) und ein das Nebenzimmer vollkommen beherrschendes damast-glänzendes Bett aufrechterhalten wurde. Der Geliebte erwartete uns mit einer Flasche Wein und einer kleinen Gesellschaft, die sich rund um das Bett gelagert hatte (im angrenzenden Salon gab es nur einen einzigen tiefen Ledersessel, ein 50er-Jahre-Exemplar und seinem zerfledderten Zustand nach ein Lieblingsstück der Vermieterin), auf dem er selbst mit übereinandergeschlagenen Beinen lagerte; und Helen betrachtete ihr Gesicht im Spiegel neben dem Eingang, den eisblauen Lola-Montez-Blick, wie der Geliebte in Honigmond-Zeiten gesagt hatte, und den wie eine an den Rändern ausfransende Wunde im bleichen Gesicht klaffenden Mund, ein Eindruck, der aufgrund ihres stets verschmierten triefroten Lippenstiftes entstand, eines Rots wie von frischem Tierblut und zupfte an ihrer Pariser Dauerwelle im schwarzen Haar, das sie früher glatt getragen hatte. Bevor sie hochaufgerichtet zu den anderen ging, munter immer munter, sah ich die Gitter vor den Fenstern zur Straße, die staubigen Vorhänge, und, obwohl der Vermieter offensichtlich zwei Lampen für vollkommen ausreichend gehalten hatte, um eine *Garconnière* im 8. Arrondissement standesgemäß zu beleuchten, sah ich im gnädigen Halbdämmer die mit Plunder vollgestopften Ecken und lernte, daß Paris, das *Abenteuer des Lebens,* ein verstaubter Rückzugswinkel war, in dem sich Expatriierte an einsamen Wochenenden wie flügellahme Motten verkrochen. Es war die letzte Nacht, denn der Geliebte sollte am frühen Morgen den Zug zurück nehmen, und die zwei um das Bett gelagerten Paare, deutschstämmige Parisbesucher mit Hotel in der Rue du Faubourg St. Honoré, rasselten mit fröhlichen Stimmen all jene Sensationen herunter, derer sie in den vergangenen Tagen hatten teilhaftig werden können. *Palais Royal, Pantheon, Hôtel Soubise, Trocadéro, Place Vendôme.* Auf ein Eckchen des Bettes plaziert, hatte ich genügend Naivität, um hinter den Namen eine Bestandsaufnahme des wirklichen Paris zu vermuten, das greifbare, erlernbare und begehbare Geheimnis der Stadt und lauschte neugierig den fremden Wortflüssen, die bei den Frauen aus der Höhe der Begeisterung in Wortkaskaden herabstürzten, *Wachsfiguren des Musée Grevin, Blumenmarkt an der Madelaine, Fouquet, Galéries Lafayette, Café de la Paix;* bei den Männern dagegen in ruhige Worttümpel mündeten (hervorgebracht mit der Unerschütterbarkeit und Geduld, wie sie an der Langsamkeit gewohnheitsmässigen Pfeifenstopfens geschult ist), in stehende Gewässer, in denen sich der Triumphbogen der Rue St. Denis, eine Pastellkreide von Boucher im Musée Cognaqc-Jay, ein Martell Perrier in der Bar des Hotels Lutetia und ein englisches Krawattengeschäft unter den Arkaden der Rue de Rivoli versammelten. Ich wußte nicht, daß das Abschreiten ihrer Monumente nicht genügt, um eine Stadt zu kennen, sondern zugleich das entdeckende Ausmessen des inneren Echoraums notwendig ist, der im Zusammenstoß mit dem unbekannten Straßengeflecht entsteht, und während mir die bei *Fouquet* gekauften Weingeleewürfel, die die zerfließende Pastete zierten, vom Teller rollten, stocherte das Gespräch zwischen den Gabelbissen in den neu eröffneten Prêt-à-Porter-Ateliers im Marais und der Provokation der Stahlröhren und

Glastunnel des gerade entstehenden *Beaubourg,* bis sich die Gesellschaft auf Helens Aufforderung erheben und in stehender Runde und bei geschlossener Verbindungstür im vorderen Zimmer darauf warten mußte, daß sich die Tür wieder öffnete. Der Grund für dies rätselhafte Verhalten lag darin, daß eine der Damen das *Cabinet* aufsuchen mußte, das sich jedoch in einer Ecke des Schlafzimmers, hinter einer ebenfalls mit hellblauem Anstrich und verschnörkelter Balustrade versehenen Holzverkleidung befand. Der Wechsel vom Sitzen ins Stehen, von einem Zimmer ins andere, ging ebenso diskret vor sich wie die Tatsache, daß niemand eine Bemerkung fallen ließ über die in einem solchen Haus immerhin überraschende Installation der sanitären Anlagen. Das Gespräch plätscherte vielmehr ohne Unterbrechung weiter, und beim Abschied tätschelte mir eine der beiden Frauen, eine hakennasige Brünhilde mit Fuchspelz auf dem schwarzen Ledermantel, die Wange und sagte, bis Sie Paris kennen, müssen Sie noch viel leiden. Ich nehme an, sie meinte die Blasen an den Füßen, die ich mir in den endlosen Métrogängen holen würde, vielleicht hatte sie auch eine andere Leidensstatistik im Auge, denn, wie vernehmbar gewesen, war sie eine Spezialistin für Statistiken, und es war auch wirklich sehr witzig.

Es war gegen zwei Uhr, den Liebenden verblieben nur noch wenige Stunden, und sie beschlossen, mich in mein Hotel zu bringen. Der Geliebte streifte seine durchbrochenen Handschuhe über und knöpfte sein Jackett zu, und als ich nach drei Stunden die erste Frage an ihn richtete und mich erkundigte, ob er ein *Buch über Paris* empfehlen könne, denn er war Schriftsteller, sagte er, er führe niemals Gespräche über Bücher, Kunstgespräche seien Geschwätz für Literaten. (Ich vermute, mein unüberwindbarer Hang zu Kunstgesprächen und Literaten hat seinen Ursprung in jener Nacht.)

Auf den wenigen Schritten zum Auto, an der Ecke zur Avenue Ruysdäel, die schnurgerade in den Parc Monceau führt, ging mir Paris flüchtig auf wie das Traumbild dem Schlafenden, dem sich im Erkennen zugleich die Spuren wieder verwischen; Paris, verschüttet hinter den prächtigen Fassaden wie im Schweigen eines Steinsargs, hinter dem Lanzettengitter, das den Park einzäunte, und im gelblichen Licht der Straßenlaternen, die sich als verschwimmende Kreise in den dunklen Fensterscheiben rechts und links der Straße wiederfanden. Der Geliebte versuchte, das klemmende Schloß des klapprigen VW aufzukriegen, ich wartete am Bordstein, und vor mir lag diese *Sackgasse, die in einen Park führt,* die nicht vor einer Mauer endet, denn der Boden des Sacks war offen (wenn auch eingezäunt), hatte Wege und Durchgänge (wenn auch nachts geschlossen).

Der Geliebte nutzte die ausgestorbenen Straßen zu einer kleinen Rennfahrt, und auf dem Rücksitz lernte ich durch die winzigen Fenster ein Stadtalphabet im Stummfilmverfahren laufender Bilder: schwankende Häuser aus Sandstein, wie Saiten schwingende Balkongitter, in den Himmel berstende Glaskuppeln, sich im Wettlauf überholende Bäume in langen Straßenalleen, zum Wald wachsende vielarmige Kandelaber auf der Place de la Concorde, rot-starre Rhomben mit dem TABAC-Zeichen vor geschlossenen Café-Türen und zwischen den enger werdenden Straßenschluchten hinter der Place St.-Thomas-d'Aquin ein Himmel, der kein Gewölbe war, sondern flach segelnde Scheibenstücke.

Der Nachtportier überreichte mir mit dem Zimmerschlüssel einen Brief, den ich in verdächtiger Weise nicht öffnete, denn ich war nicht hier, um *Abstand zu gewinnen* wie Helen, ich war hierher geschickt, um mir den *Wind um die Nase wehen zu lassen,* wie die Familie sagte, und folgerichtig konnte ich den räumlichen Abstand nur leugnen, indem der Brief geschlossen blieb. Stattdessen probierte ich die knarrende Schranktür, Wandlampe und Wasserkran aus, bevor ich mich in das breite Bett mit der schneeweißen Rolle anstelle eines Kopfkissens legte, und als ich aufwachte, war *April, der grausamste Monat,* ich las den Brief, und über den Pont Solférino wehte wässriger Schnee.

Dann war das schlechte Wetter da. Wenn der Herbst vorbei war, war es eines Tages plötzlich da. Nachts mußten wir die Fenster wegen des Regens schließen, und der kalte Wind blies die Blätter von den Bäumen der Place Contrescarpe.

Der Kranke hatte den Anfang verschlafen, Schneefäden flogen schräg gegen das Fenster wie bei einem fahrenden Zug, ich wiederholte den Abschnitt, und Krankengeschichte und Lektüregeschichte drehten sich ineinander zum Fluchtort Paris. Das Ferne als Gelesenes, Paris erreichbar auf dem Umweg über Amerika, erzählt von einem Ausländer in Paris. Angesichts der welkrandigen Mortadella und des 50er-Jahre-Wohnblocks auf der anderen Straßenseite wußten wir, daß in Paris schlechtes Wetter gutes wäre und fingen an, uns im fremden Leben umzusehen, tranken Tee im *Select,* gingen zu Miß Stein in die Rue de Fleurus und bekamen *eau de vie* vorgesetzt, liehen uns Bücher bei Sylvia Beach und *Shakespeare & Company* und machten die *Closerie des Lilas* gesellschaftsfähig.

Das Wetter war schön, und diesmal war Herbst. Es

war sieben Jahre nach meinem ersten Aufenthalt, und eine in den Jahren dazwischen stetig angewachsene Wand von Tagebuch-, Brief- und Romanliteratur über und um den Fixpunkt Paris gab mir Rückendeckung, eine Mischung aus Bruchstücken von Aragon, Breton, Apollinaire, Cocteau, Gide, Valéry, Proust, Colette, Camus, Sartre, Bataille, um nur einige zu nennen, die in den Beständen der heimatlichen Bibliotheken, zum Teil in kuriosen Ausgaben und veralteten Übersetzungen, zugänglich waren. Ich wohnte wieder in jenem verwinkelten *Hôtel de l'Académie* in der Rue des Saints-Pères, das kurze Zeit darauf renoviert wurde und seinen Charakter vollkommen verändert hat. Ein Hotel mit dämmrigen Fluren, und ich erinnerte mich an einige Irrtümer, die sich beim letzten und vorletzten Mal dort abgespielt hatten. Aber in einer seltsamen Manie, Irrtümer als Glück zu betrachten, was eins der Kunststücke ist, die Frauen nicht schlecht beherrschen, war ich zuversichtlich an den Ausgangspunkt meiner verschiedenen Glückserfahrungen zurückgekehrt. Die buntgeblümte Tapete im Eingangsraum des Hotels, die halb kaputten Wandlampen, die üppige, saftig geschminkte und berüschte Madame an der Rezeption, das zusammengerollte Hündchen auf dem Ledersofa vor dem Tisch mit zerfledderten Zeitschriften gaben auch zu den schönsten Hoffnungen Anlaß, ich füllte den Meldezettel aus, Monsieur käme in einer Stunde. Ich schleifte meinen Koffer in die dritte Etage, stellte fest, daß das Zimmer die nötige exizentielle Schäbigkeit zu bieten hatte für zwei Leute, die sich höchstens alle paar Wochen in irgendeinem Hotel zwischen London und Paris trafen und breitete mein Kleid auf dem Bett aus, ein weites indisches Kleid, wie sie damals Mode waren, mit einem roten Stehkragen. Aus dem Fenster gelehnt, das auf die Seitenstraße ging, betrachtete ich das Treiben im Café-Tabac an der Ecke, vor der Tür saß noch dieselbe struppige Terriermischung wie bei meinem letzten Besuch, und die Patronne, eine blonde Normannin, die stets schwarze Kleider trug, wie sie dem 19.-Jahrhundert-Rouen eines Flaubert hätten entstammen können, flirtete noch auf die gleiche matronenhafte Art mit ihrer Stammkundschaft, während sie mit geübter Geschwindigkeit Bier abzapfte und Ricard einschenkte, und die Stoffrose an ihrem vierzigjährigen rothäutigen Ausschnitt zitterte leise. Schönes Paris, seufzte ich, das Paris der Cafés, der Hunde, der Patronnes und der Wäschereiwagen, von denen einer gerade unter meinem Fenster parkte, um die frisch gemangelte Hotelwäsche zu liefern, das Paris des *oeuf dur* und des *café crème* am Morgen, ich seufzte wieder, stellte zwei Weinflaschen, die ich auf dem Hinweg bei Nicolas um die Ecke gekauft hatte, auf die schmale Fensterbank vor die Gitterbrüstung und wandte mich meiner Aufrüstung zu, denn es war ja wieder Anfang.

Auf dem Bett liegend, umgezogen, gekämmt und einbalsamiert studierte ich den von der Rezeption mitgenommenen Stadtplan, es war einer von denen, die zu keinem anderen Zweck als zur Werbung für *Galéries Lafayette* oder *Samaritaine* hergestellt waren, denn das abgebildete Straßennetz beruhte auf der großzügigen Auslassung von zwei Dritteln seiner Verkehrsadern, aber ich liebte diese den Kommerz unter einem Vorwand vertuschenden Lückenpläne, da sie der Phantasie mehr Spielraum ließen, und die Karte des *anderen Paris* hatte ich bei meinem letzten Besuch bereits abgesteckt, und nun ging es darum, es bis in seine einzelnen Adern zu verfolgen. Das *andere Paris* umschloß den Osten, das Ansammlungsbündel von Einwanderern, Afrikanern, Arabern, Chinesen, von Arbeitern und Kleinbürgern, umfaßte das Kanalsystem vom Canal St. Martin bis zum Canal de l'Ourcq, die Viertel um strategische Punkte wie Stalingrad, République, Bastille und die Buttes Chaumont in Belleville; lange Straßenschneisen wie die der Rue des Pyrénées, die von Belleville tief in den Süden führte, die Rue Marcadet, die sich vom nördlichen Abhang von Montmartre durch die Goutte d'Or schlängelte, die Rue Alésia im Süden, die mit ihren Akazienbäumen und niedrigen Häusern den Charakter einer südlicheren Provinzstadt vorwegnahm, oder die Grands Boulevards, deren Entdeckung ich vor allem Kracauers Buch über Jacques Offenbach zu verdanken hatte. Es war das Terrain des Alltagslebens, das sich im Osten auf der Straße abspielte und in jedem Geranientopf oder der ins Fenster einer Parterrewohnung geklemmten Sportzeitung ausdrückte, während es sich im Westen der Stadt vornehm und lautlos hinter die Mauern zurückzog.

Die Dämmerung zog ins Zimmer, es war ein schöner klarer Septemberhimmel, der über dem monumentale Stille verbreitenden Verwaltungsgebäude auf der anderen Seite der Rue des Saints-Pères lag, ich bohrte Löcher hinein, in den glatten Himmel, bei der Überlegung, wohin ich Monsieur heute Nacht führen würde, nach einem selbstverständlich leidenschaftlichen Begrüssungsakt, und ich sah uns im Zimmer umhertasten und die zerknüllten und ineinander verdrehten Wäschestücke aufsammeln, ich sah die nach links gedrehten Strumpfknäuel, Trophäen der Leidenschaft – hier konnte ich kaum noch die Ziffern auf meiner Armbanduhr erkennen und bemerkte, daß Monsieur sich bereits um eine halbe Stunde verspätet hatte. Ich gestattete mir nicht den Luxus, den ersten Anzeichen einer Beunruhigung nachzugeben und überließ mich der schwierigen Wahl zwischen einem nächtlichen Spaziergang in den Höhen des Chinesenviertels im 19. Arrondissement oder in den gefährlichen Tiefen der Slums hinter der Gare de Lyon. Nach einer weiteren halben Stunde konnte ich im Zimmer meine neben dem Bett aufgestellten Schuhe nicht mehr erkennen, obwohl draußen über dem Dach noch immer der schöne klare, kaum dunkler gewordene Septemberhimmel lag, und in meine Fragen – die Straßen des Templerordens um vier? – schlich sich die nagende Ungewißheit über den Grund der Verspätung und überflutete mit stetig steigendem Pegel meine *Träumereien eines Spaziergängers.* Ich führte Gründe an: Innenstadt zwischen Seine und Gare du Nord verstopft, kein Durchkommen per Taxi; Zugverspätung, weil eine Verrückte die Notbremse gezogen oder der Zugführer auf einem belgischen Bahnhof ein dringendes Telefongespräch hatte führen müssen; Bahnstreik in Belgien; oder Monsieur war in den falschen Zug gestiegen, einen überfüllten Zug nach Brüssel, in dem sich eine lärmende Schulklasse, Coca-Cola trinkend und Walkman auf den Ohren, über die Sitze fletzte. Aber es nützte nichts, während ich Gründe und Ausflüchte anführte, sah ich mich, mit Koffer und Schultertuch, gestrandet am Bordstein, in meinem Rükken die hinter mir zugefallene Eingangstür des Hotels und knipste die Wandlampe über dem Kopfende an, stieg in die Schuhe, nahm meinen Wollschal und die Second-Hand-Unterarm-Tasche und fuhr mit dem Aufzug nach unten.

Hatte ich mir nicht geschworen, mein Leben als eine *Kette von Anfängen* zu gestalten – denn für das Ende bliebe mir immer noch Zeit genug, dann, wenn es wirklich das altersschwache, zahnlose, nach Whisky und Erinnerungen riechende, von greisenhaftem Lächeln verzerrte Ende wäre? Aber wenigstens mußte am Anfang etwas passieren, oder war auch dies schon ein Anfang? Ich ließ mich auf dem Sofa in der Halle nieder, das Hündchen rückte, Nase unterm Schwanz, zusammengerollt dem Hundetraum eines Pekinesen hingegeben, keinen Zentimeter, und ich griff nach einer Zeitschrift des *Club Mediterranée,* angestrengt nach draußen auf das Motorengeräusch, die zuschlagende Tür eines Taxis, lauschend.

Keine gute Idee, dachte ich kleinlaut, jeden Anfang mit einem anderen wiederholen und löschen zu wollen, während vor mir braungebrannte Körper auf weißsegligen Surfbrettern in der Bläue des Mittelmeers kreuzten, dem Blau, absolut gesetzt, dem Blau, auf die Spitze getrieben in einem alles umfassenden Blaukosmos von Meer, Himmel und Photopapier. Morgen werden wir das Hotel wechseln, dachte ich, und ein anderer Anfang in diesem Hotel fiel mir ein, ein Waschbecken, in dem ein vertrockneter Blumenstrauß lag, weil über Nacht das Wasser abgelaufen war. Und jemand fiel mir ein, der im Nebenbett mit offenem Mund schlief, das letzte oder vorletzte Mal, jemand, den ich genau betrachtete, die schwarzen Pünktchen der Mitesser auf der Nase und das größere linke Ohr, bevor ich einen Hundert-Franc-Schein unter den Aschenbecher schob, denn ich wußte, er war abgebrannt, und auf Zehenspitzen das Zimmer verließ. Verflogen, alles verflogen, dachte ich, die ganze Clownerie, eine zehntägige Mischung aus Warten, Tangotanzen und einem gelegentlichen Sandwich in der Tartine oder einem *coup de champagne* im Bonaparte. Und in den Falten der Bettlaken Fallträume.

Da aber, ins Meeresblau einer Gruppenreise nach Casablanca vertieft, nahte das *happy beginning,* der verzögerte Anfang, in Gestalt eines scharf am Bordstein parkenden Taxis, eines Türenschlagens und Portalaufschwingens, und Monsieur und ich flogen uns in die Arme, während das Hündchen mit müdem Lächeln den Kopf unter der Zeitschrift hervorzog, die ich im Überschwang auf ihn hatte fallen lassen.

Das Wetter war immer noch schlecht, Hemingway hatte dem schwarzen, rabenfiedrig gestutzten Haar eines Mädchens nachgeträumt und aß ein Dutzend *Portugaises,* die er mit einem halben Liter Weißwein herunterspülte, und die Mortadella war weggeräumt. Fo saß im Bett, die Tampons waren entfernt, und das Gesicht hatte sich dem angenähert, das ich kannte. Er hatte erfahren, daß er am nächsten Tag entlassen würde, und während er aufstand, den roten Bademantel anzog und in die unsäglichen, aber noch halbwegs erträglichen Pantoffel schlüpfte, um mich bis an den Eingang zu begleiten, sagte er, wohnen wir doch das nächste Mal wieder in der Rue des Saints-Pères.

Günter Grass

Rückblick auf »Die Blechtrommel«

oder Der Autor als fragwürdiger Zeuge

Im Frühjahr und Sommer 1952 machte ich eine Autostopreise kreuz und quer durch Frankreich. Ich lebte von nichts, zeichnete auf Packpapier und schrieb ununterbrochen: Sprache hatte mich als Durchfall erwischt. Neben (ich glaube) reichlich epigonalen Gesängen über den entschlafenen Steuermann Palinurus entstand ein langes und auswucherndes Gedicht, in dem Oskar Matzerath, bevor er so hieß, als Säulenheiliger auftrat.

Ein junger Mann, Existentialist, wie es die Zeitmode vorschrieb. Von Beruf Maurer. Er lebte in unserer Zeit. Wild und eher zufällig belesen, geizte er nicht mit Zitaten. Noch bevor der Wohlstand ausbrach, war er des Wohlstandes überdrüssig: schier verliebt in seinen Ekel. Deshalb mauerte er inmitten seiner Kleinstadt (die namenlos blieb) eine Säule, auf der er angekettet Stellung bezog. An langer Stange versorgte ihn seine schimpfende Mutter mit Mahlzeiten im Henkelmann. Ihre Versuche, ihn zurückzulocken, wurden von einem Chor mythologisch frisierter Mädchen unterstützt. Um seine Säule kreiste der Kleinstadtverkehr, versammelten sich Freunde und Gegner, schließlich eine aufblickende Gemeinde. Er, der Säulenheilige, allem enthoben, schaute herab, wechselte gelassen Stand- und Spielbein, hatte seine Perspektive gefunden und reagierte metapherngeladen.

Dieses lange Gedicht war schlecht gelungen, ist irgendwo liegengeblieben, hat sich mir nur in Bruchstücken erhalten, die allenfalls zeigen, wie stark ich gleichzeitig von Trakl und Apollinaire, von Ringelnatz und Rilke, von miserablen Lorca-Übersetzungen beeinflußt gewesen bin. Interessant alleine blieb die Suche nach einer entrückten Perspektive: der überhöhte Standpunkt des Säulenheiligen war zu statisch. Erst die dreijährige Größe des Oskar Matzerath bot gleichzeitig Mobilität und Distanz. Wenn man will, ist Oskar Matzerath ein umgepolter Säulenheiliger.

Noch im Spätsommer des gleichen Jahres, als ich mich, aus Südfrankreich kommend, über die Schweiz in Richtung Düsseldorf bewegte, traf ich nicht nur zum ersten Mal Anna, sondern wurde auch, durch bloße Anschauung, der Säulenheilige abgesetzt. Bei banaler Gelegenheit, nachmittags, sah ich zwischen Kaffee trinkenden Erwachsenen einen dreijährigen Jungen, dem eine Blechtrommel anhing. Mir fiel auf und blieb bewußt: die selbstvergessene Verlorenheit des Dreijährigen an sein Instrument, auch wie er gleichzeitig die Erwachsenenwelt (nachmittäglich plaudernde Kaffeetrinker) ignorierte.

Gute drei Jahre lang blieb diese »Findung« verschüttet. Ich zog von Düsseldorf nach Berlin um, wechselte den Bildhauerlehrer, traf Anna wieder, heiratete im Jahr drauf, holte meine Schwester, die sich verrannt hatte, aus einem katholischen Kloster, zeichnete und modellierte vogelartige Gebilde, Heuschrecken und filigrane Hühner, verunglückte an einem ersten längeren Prosaversuch, der »Die Schranke« hieß und dem Kafka das Muster, die Frühexpressionisten den Metaphernaufwand geliehen hatten, schrieb dann erst, weil weniger angestrengt, die ersten lockeren Gelegenheitsgedichte, zeichnend geprüfte Gebilde, die vom Autor Abstand nahmen und jene Selbständigkeit gewannen, die Veröffentlichung erlaubt: *Die Vorzüge der Windhühner,* mein erstes Buch.

Mit solchem Gepäck – gestauter Stoff, ungenaue Vorhaben und präziser Ehrgeiz: ich wollte meinen Roman schreiben, Anna suchte ein strengeres Ballettexercise – verließen wir Anfang 1956 mittellos, aber unbekümmert Berlin und zogen nach Paris. In der Nähe vom Place Pigalle fand Anna in Madame Nora eine gestrenge russische Ballettmutter; ich begann, noch während ich an dem Theaterstück *Die bösen Köche* feilte, mit der ersten Niederschrift eines Romans, der wechselnde Arbeitstitel trug: »Oskar der Trommler«, »Der Trommler«, »Die Blechtrommel«. Und hier genau sperrt sich meine Erinnerung. Zwar weiß ich, daß ich mehrere Pläne, den gesamten epischen Stoff raffend, grafisch entworfen und mit Stichworten gefüllt habe, doch diese Pläne hoben sich auf und wurden, bei fortschreitender Arbeit, entwertet.

Doch auch die Manuskripte der ersten und zweiten Fassung, schließlich der dritten, fütterten jenen Heizungsofen in meinem Arbeitsraum, von dem noch die Rede sein wird.

Mit dem ersten Satz: »Zugegeben: ich bin Insasse einer Heil- und Pflegeanstalt...« fiel die Sperre, drängte

Sprache, liefen Erinnerungsvermögen und Fantasie, spielerische Lust und Teilobsession an langer Leine, ergab sich Kapitel aus Kapitel, hüpfte ich, wo Löcher den Fluß der Erzählung hemmten, kam mir Geschichte mit lokalen Angeboten entgegen, sprangen Döschen und gaben Gerüche frei, legte ich mir eine wildwuchernde Familie zu, stritt ich mit Oskar Matzerath und seinem Anhang um Straßenbahnen und deren Linienführung, um gleichzeitige Vorgänge und den absurden Zwang der Chronologie, um Oskars Berechtigung, in erster oder dritter Person zu berichten, um seinen Anspruch, einen Sohn zeugen zu wollen, um seine wirklichen Verschuldungen und um seine fingierte Schuld.

So ist mein Versuch, ihm, dem Einzelgänger, ein boshaftes Schwesterchen zuzuschreiben, an Oskars Einspruch gescheitert; es mag sein, daß die verhinderte Schwester später als Tulla Pokriefke auf ihrem literarischen Existenzrecht bestanden hat.

Viel genauer als an Schreibvorgänge erinnere ich mich an meinen Arbeitsraum: ein feuchtes Loch zu ebener Erde, das mir als Atelier für angefangene, doch seit Beginn der Blechtrommelniederschrift bröckelnde Bildhauerarbeiten diente. Gleichzeitig war mein Arbeitsraum Heizkeller unserer darüber liegenden winzigen Zweizimmerwohnung. In den Schreibvorgang war meine Tätigkeit als Heizer verzahnt. Sobald die Manuskriptarbeit ins Stocken geriet, ging ich aus einem Kellerverschlag des Vorderhauses mit zwei Eimern Koks holen. In meinem Arbeitsraum roch es nach Mauerschwamm und anheimelnd gasig. Rinnende Wände hielten meine Vorstellung in Fluß. Die Feuchte des Raumes mag Oskar Matzeraths Witz gefördert haben.

Einmal im Jahr, während der Sommermonate, durfte

ich, weil Anna Schweizerin ist, ein paar Wochen lang in freier Luft im Tessin schreiben. Dort saß ich unter einer Weinlaubpergola an einem Schreibtisch, schaute auf die flimmernde Kulissenlandschaft der südlichen Region und beschrieb schwitzend die vereiste Ostsee.

Manchmal, um die Luft zu wechseln, kritzelte ich Kapitelentwürfe in Pariser Bistros, wie sie in Filmszenen konserviert sind: zwischen tragisch-verschlungenen Liebespaaren, alten, in ihren Mänteln versteckten Frauen, Spiegelwänden und Jugendstilornamenten etwas über Wahlverwandschaften: Goethe und Rasputin.

Und dennoch muß ich während der gleichen Zeit kräftig gelebt, fürsorglich gekocht und aus Freude an Annas Tanzbeinen bei jeder sich bietenden Gelegenheit getanzt haben, denn im September 1957 – ich steckte inmitten der zweiten Niederschrift – wurden unsere Zwillingssöhne Franz und Raoul geboren.Kein Schreib-, nur ein finanzielles Problem. Schließlich lebten wir von genau eingeteilten 300,– DM im Monat, die ich wie nebenbei verdiente. Manchmal glaube ich, daß mich die bloße, doch Vater und Mutter grämende Tatsache, kein Abitur gemacht zu haben, geschützt hat. Denn mit Abitur hätte ich sicher Angebote bekommen, wäre ich Nachtprogramm-Redakteur geworden, hätte ich ein angefangenes Manuskript in der Schublade gehütet und als verhinderter Schriftsteller wachsenden Groll auf all jene gehortet, die auf freier Wildbahn so vor sich hin schrieben, und der himmlische Vater nährte sie doch.

Die Arbeit an der Schlußfassung der Kapitel über die Verteidigung der Polnischen Post in Danzig machte im Frühjahr 1958 eine Reise nach Polen notwendig. Höllerer vermittelte, Andrzej Wirth schrieb die Einladung, und über Warschau reiste ich nach Gdansk.

Mutmaßend, daß es noch überlebende, ehemalige Verteidiger der Polnischen Post gäbe, informierte ich mich im polnischen Innenministerium, das ein Büro unterhielt, in dem Dokumente über deutsche Kriegsverbrechen in Polen gestapelt lagen. Man gab mir Adressen von drei ehemaligen polnischen Postbeamten (letzte Anschrift aus dem Jahr 49), sagte aber einschränkend, diese angeblich Überlebenden seien von der polnischen Postarbeitergewerkschaft (und auch sonst offiziell) nicht anerkannt worden, weil es im Herbst 1939 nach deutscher und polnischer Fassung öffentlich geheißen habe, alle seien erschossen worden: standrechtlich. Deshalb habe man auch alle Namen in die steinerne Gedenkplatte gehauen, und wer in Stein gehauen sei, lebe nicht mehr.

In Gdansk suchte ich Danzig, fand aber zwei der ehemaligen polnischen Postbeamten, die mittlerweile auf der Werft Arbeit gefunden hatten, dort mehr als auf der Post verdienten und eigentlich zufrieden waren mit ihrem nicht anerkannten Zustand. Doch die Söhne wollten ihre Väter heldisch sehen und betrieben (erfolglos) deren Anerkennung: als Widerstandskämpfer. Von beiden Postbeamten (einer war Geldbriefträger gewesen) erhielt ich detaillierte Beschreibungen der Vorgänge in der Polnischen Post während der Verteidigung. Ihre Fluchtwege hätte ich nicht erfinden können.

In Gdansk schritt ich Danziger Schulwege ab, sprach ich auf Friedhöfen mit anheimelnden Grabsteinen, saß ich (wie ich als Schüler gesessen hatte) im Lesesaal der Stadtbibliothek und durchblätterte Jahrgänge des *Danziger Vorposten,* roch ich Mottlau und Radaune. In Gdansk war ich fremd und fand dennoch in Bruchstükken alles wieder: Badeanstalten, Waldwege, Backsteingotik und jene Mietskaserne im Labesweg, zwischen Max-Halbe-Platz und Neuer Markt; auch besuchte ich (auf Oskars Anraten) noch einmal die Herz-Jesu-Kirche: der stehengebliebene katholische Mief.

Und dann stand ich in der Wohnküche meiner kaschubischen Großtante Anna: »Nu Ginterchen, biss abä groß jeworden.« Dort blieb ich einige Zeit und hörte zu. Ihr Sohn Franz, ehemals Angestellter der Polnischen Post, war nach der Kapitulation der Verteidiger tatsächlich erschossen worden. In Stein gehauen fand ich seinen Namen auf der Gedenkplatte, anerkannt.

Als ich im Frühjahr 1959 die Manuskriptarbeit beendet, die Druckfahnen korrigiert, den Umbruch verabschiedet hatte, erhielt ich ein viermonatiges Stipendium. Höllerer hatte mal wieder vermittelt. In die Vereinigten Staaten sollte ich reisen und vor Studenten ab und zu Fragen beantworten. Aber ich durfte nicht. Damals mußte man noch, um ein Visum zu bekommen, eine penible ärztliche Untersuchung durchlaufen. Das tat ich und erfuhr, daß sich an etlichen Stellen meiner Lunge Tuberkulome, knotenartige Gebilde, gezeigt hätten: wenn Tuberkulome aufbrechen, machen sie Löcher.

Deshalb, auch weil in Frankreich inzwischen de Gaulle an die Macht gekommen war und ich nach einer Nacht in französischem Polizeigewahrsam geradezu Sehnsucht nach bundesdeutscher Polizei bekam, verließen wir, kurz nachdem *Die Blechtrommel* als Buch erschienen war (und mich verlassen hatte), Paris und siedelten uns wieder in Berlin an. Dort mußte ich mittags schlafen, auf Alkohol verzichten, mich regelmäßig untersuchen lassen, Sahne trinken und kleine weiße Tabletten, die, glaube ich, Neoteben hießen, dreimal täglich schlucken: was mich gesund und dick gemacht hat.

Doch noch in Paris hatte ich mit den Vorarbeiten für den Roman *Hundejahre* begonnen, der anfangs »Kartoffelschalen« hieß und nach falscher Konzeption begonnen wurde. Erst die Novelle *Katz und Maus* zerschlug mir das kurzatmige Konzept. Doch dazumal war ich schon berühmt und mußte beim Schreiben nicht mehr die Heizung mit Koks füttern. Schreiben fällt schwerer seitdem.

Auf dem Friedhof am Montmartre
Auf dem Friedhof am Montmartre weint sich
aus der Winter-Himmel und ich sprang mit dünnen Schuhen über
Pfützen, darin schwimmen Kippen die sich langsam öffnen, Kötel
von Pariser Hunden und ich hatte nasse Füße
und ich hatte nasse Füße als ich Heines Grab ge-
funden.
Singe mal: „Der Knecht singt gern ein Freiheitslied
Des abends in der Schänke …“

Wolf Biermann

Zwei Lieder

Auf dem Friedhof am Montmartre

Auf dem Friedhof am Montmartre
Weint sich aus der Winterhimmel
Und ich spring mit dünnen Schuhen
Über Pfützen, darin schwimmen
Kippen, die sich langsam öffnen
Kötel von Pariser Hunden
Und so hatt' ich nasse Füße
Als ich Heines Grab gefunden.

Unter weißem Marmor frieren
Im Exil seine Gebeine
Mit ihm liegt da Frau Mathilde
Und so friert er nicht alleine.
Doch sie heißt nicht mehr Mathilde
Eingemeißelt in dem Steine
Steht da groß sein großer Name
Und darunter bloß: *Frau Heine*

Und im Kriege, als die Deutschen
An das Hakenkreuz die Seine-
Stadt genagelt hatten, störte
Sie der Name *Henri Heine!*
Und ich weiß nicht wie, ich weiß nur
Das: er wurde weggemacht
Und wurd wieder angeschrieben
Von Franzosen manche Nacht.

Auf dem Friedhof am Montmartre
Weint sich aus der Winterhimmel
Und ich sprang mit dünnen Schuhen
Über Pfützen, darin schwimmen
Kippen, die sich langsam öffnen
Kötel von Pariser Hunden
Und ich hatte nasse Füße
Als ich Heines Grab gefunden.

Kaminfeuer in Paris

Mit meinen Freunden saß ich die Nacht
am Kaminfeuer in Paris
wir tranken vom Beaujolais Nouveau
und sagen »Les temps des cerises«.

Sie erzählten von der Commune de Paris
und viel vom Pariser Mai
Ich trank mein' Wein und hörte zu
und dachte an Deutschland dabei.

Ja, ich dachte an Deutschland in der Nacht
und stocherte in der Asche.
Doch wer behauptet, ich hätte geweint
der lügt sich was in die Tasche!

Fragebogen

In welcher Epoche der französischen Geschicht
hätten Sie am liebsten gelebt

Was schätzen Sie bei den Franzosen am meisten

Was ärgert Sie bei den Franzosen am meisten

Welches deutsche Thema müssen Sie Ihre
französischen Freunden am meisten erklären

In welchen Bereichen gleichen sich Ihres Erachten
Deutsche und Franzosen im Zuge der europäischen Einheit an

Nennen Sie Ihr (e,en) Pariser Liebling

Nennen Sie Ihr(en) französisches (en) Liebling

Ist für Sie Paris eine »Ville lumière

Was ist Ihr Lieblingswerk der französischen Literatu

Welchen französischen Politiker schätzen Sie a

Wo liegen die größten Mißverständnis
zwischen Deutschen und Franzose

Können Sie sich jeweils mit einem Satz zu folgenden Phänomenen äußer
Geist/Espr

14. Juli in Pari

Mode in Frankreic

Französische Sprach

Wolf Biermann

Nach der Revolution, im Kuddelmuddel und Auf und Ab der Restaurations-Epoche, wie Pierre-Jean de Beranger.

hr kleinbürgerlich arrogantes Weltbürgertum

hr kleinbürgerlich arrogantes Weltbürgertum

eines. Die Philosophie der Deutschen verstehen sie nicht, den Krieg der Deutschen kennen sie. Die Wiedervereinigung geht hnen am Arsch vorbei.

eide werden nationalistischer.

uartier: *Butte aux Cailles*
traße: *rue Jonas*
latz: *place Verlaine*

ericht: *Andouillette, aber frisch*
lm: *»Les Enfants du Paradis«*
hanson: *»Le Roi Renaud«*

ein

as, was wohl die meisten lieben: Villon

eisten: *Yves Montand*
enigsten: *Helmut Kohl*

Vir halten die Franzosen für die größeren Lebenskünstler aber sie uns für die schlimmeren Bürokraten.

ie Franzosen halten ihren Esprit für Geist. Aber wir ahnen unkel, daß unser Geist keinen Esprit hat.

as Eingemachte wird aufgemacht. Aber die Dose ist leer.

nteressiert die Franzosen mehr als die Deutschen und hat ugleich weniger Einfluß auf sie.

ür die meisten Franzosen das einzige Problem.

Welchen zwei der folgenden Sätze von Franzosen übe
Deutsche/Deutschen über Franzosen würden Sie am eheste
und welchen zwei Sätzen am wenigsten zustimmen

»Ein Hegel, ein Schopenhauer, ein Nietzsche sind in Frankreich undenkba
Sie würden den Garten der Zivilisation und das Reich des Menschen zerstören. Di
Unendlichkeit des Geistes kann sich in der französischen Philosophie nicht ausleben.
(E. R. Curtius: Die französische Kultu

»... l'Allemagne, force de la nature à laquelle elle tient aut plus près, faisceau d'instinc
puissants mais troubles, artistes-nés qui n'ont point de goût, techniciens restés féodau
pères de famille belliqueux, restaurants qui sont des temples, usines dans les forêts, pala
gothiques pour les nécessités, oppresseurs qui veulent être aimés, séparatistes obéissa
au doigt et à l'œil, chevaliers du myosotis qui se font vomir leur bière, route que Siegfrie
de Limousin voit épique le matin, romantique vers midi, guerrière le soir, océan sublime e
glauque d'où le filet retire pêle-mêle des monstres et des trésors...
(Ch. de Gaulle: Vers l'armée de métie

»Deutschland und Frankreich zusammen – die beiden befreundete
Länder – werden das Herzstück eines freien geeinten Europas bedeute
Eines ist sicher: Europa wird nur diese Zukunft haben oder keine
(Klaus Mann: Das innere Vaterlan

am wenigsten ✘

Was halten Sie von der Behauptung, Paris sei nicht Frankreich

Wie steht es Ihrer Meinung nach heute um die französische Kult
im weitesten Sinne (Aufstieg, Abstieg, Stagnation

Was würden Sie sich auf die berühm
einsame Insel nachschicken lasse

Welche Frage hätten Sie am liebsten selbst gestellt und beantworte

Wolf Biermann

»On pourrait dire avec raison que les Français et les Allemands sont aux deux extrêmités de la chaîne morale, puisque les uns considèrent les objets extérieurs comme le mobile de toute les idées, et les autres, les idées comme le mobile de toutes les impressions.« *(Germaine de Stael: De l' Allemagne)*

»Alle großen Franzosen sind, wie ihre Rasse, im Gleichgewicht zwischen ihrer sinnlichen Intensität und dem Eifer und der Klarheit ihres Geistes.« *(Heinrich Mann: Geist und Tat. Essays über Franzosen)*

✘ *am wenigsten*

»Die Mathematiker sind eine Art Franzosen: redet man zu ihnen, so übersetzen sie es in ihre Sprache, und dann ist es alsobald ganz etwas anders.« *(J. W. Goethe: Maximen und Reflexionen)*

✘ *am ehesten*

»Ou bien encore est-il vrai que nous autres Allemands ne pouvons produire aucune bonne comédie et sommes à perpétuité condamnés à emprunter aux Français ces sortes de poèmes.« *(Heinrich Heine: De la France)*

✘ *am ehesten*

»Den deutschen Gegensatz des Romantischen und Klassischen besitzen die Franzosen vollkommen unter dem Namen des Widerstreits von Sensibilité und Raison.« *(Thomas Mann: Pariser Rechenschaft)*

Sie ist genauso falsch wie die richtige Behauptung, New York sei nicht Amerika.

Das wüßte ich nicht mal von Deutschland zu sagen.

Die »Pensées« von Pascal

✘ *Einen grand cru aus dem Médoc*

Eine frische Baguette, einen grand café crème und ein Päckchen Gauloise

Wann, Herr Biermann, singen Sie endlich Ihre neuen Lieder in Paris? Hoffentlich bald. – Nach dem Krieg.

Georg Stefan Troller

Mein Paris

(1971)

Das alte Pariserhaus spricht:

Ich bin nicht schön. Meine Proportionen sind alle falsch, die Fenster zu klein, der Gang zu schmal, der Hof zu eng und lichtlos. Nicht ein einziger rechter Winkel erweist die Herrschaft des regelnden Verstandes über die Materie. Ich bin gewachsen wie eine Tropfsteinhöhle, Raum für Raum.

Einst war ich ein Landhaus aus Fachwerk und ausgetrocknetem Lehm. Wo ein Stück herausfiel, haben sie es mit Steinen aufgefüllt, dann mit Ziegeln, später haben sie Beton hineingegossen und eiserne Träger durchgezogen.

Nie gab es eine Zeit, wo nicht die unzählbaren Tüncheschichten meiner Wände aufklafften wie überschminkte Schminke. In mir hausen Ratten, deren Lieblingsspeise die roten Giftkörner sind, die man ihnen streut, und das gelbe Pulver, das mich umsäumt, hat nie einen Hund abgehalten, gegen mich zu pinkeln. Ich bin beklebt von ganzen Tapetengenerationen, dick wie ein Bilderbuch: Eisenbahnen decken Postkutschen, die Schäferspiele unter sich begraben, und die Zeitungen, die zuunterst gegen den Gips kleben, berichten von

Waterloo oder von Tours und Poitiers, welches habe ich vergessen. Giftigbraune Röhren durchziehen mich, längst schon in den Stein gerostet; von jedem Treppenabsatz stößt eine neue hinzu, schubweise Papier und Unrat befördernd wie eine wäßrige Rohrpost. In meinem Eingang stehen blecherne Mülleimer, deren Deckel die Katzen nachts scheppernd über das Pflaster feuern. Mein Stiegenhaus aus marmoriertem Gips ist benagelt mit dreißig Lichtleitungen, die zu schmoren beginnen, wenn eine Birne angeht, denn keiner wagt sich an die zerbröckelten Sicherungen.

Ich bin nicht schön, und trotzdem lieben mich meine Bewohner. Warum eigentlich? Weil ich auf sie zugeschnitten bin wie das Schneckenhaus auf die Schnecke, weil ich Teil von ihnen bin. Kein Zollbreit an mir, wo man nicht einen Nagel eingeschlagen hat. Keine Tür, in der man sich nicht umarmt, kein Fenster, in dem man sich nicht gesehnt, kein Stein in mir, der nicht am Ende einer Nacht einem Menschen vom Herzen fiel.

Aber wie lange noch? Wie lange noch, bis meine Fassaden, schwer von Schicksal, sich zu blähen und auszubuchten beginnen? Meine Fensterstöcke magisch in die Straße hinauswachsen, die Dachrinnen sich schlangenhaft krümmen?

Dann hebt mein Todeskampf an, wie der meiner Nachbarn, Gott hab sie selig. Erst schlagen sie mir die schweren hölzernen Stützbalken ein wie Krücken, dann vermauern sie mir alle Öffnungen, während sie entscheiden, was mit mir zu geschehen hat. Aber wie oft wird schon etwas entschieden in Paris, bevor es zu spät ist?

Und jetzt kommen die Demolierer angefahren, gefühllos wie Totengräber. Kein Kran mit schwingender

Eisenkugel ist bei mir vonnöten, vielleicht nicht einmal der schwere Vorschlaghammer, mit dem sie sich die Steine unterm eigenen Fuß heraushauen. Ein Drahtseil wird um meinen Sockel gespannt, zwei Raupenschlepper zerren ruckartig an den Enden, und porös wie schimmliger Käse sacke ich schon in mich zusammen, bin nur mehr formlose graue Masse, wie Mondstaub. Ein Kind tupft mit dem Finger dagegen. Lebewesen, Pflanze, Mineral? Oder das Zeug, aus dem die Träume gemacht sind?

Die echte Pariserin

ist quick, reagiert prompt, liebt schnell, verachtet noch schneller, und am schnellsten findet sie jemanden lächerlich. Sie kriegt alles, worauf es ankommt, schon beim ersten Mal mit. Sie hat Verstand, und der sitzt keineswegs nur in der Culotte.

Aber bei ihr ist es so, daß der Verstand der Schlüssel zur Culotte ist, da mußt du anpochen, wenn man dir dort aufmachen soll. Sie bezieht gern alles auf den schönen Reigen der Geschlechter, aber was sich da drauf bezieht, das kann auch Sartre sein oder der letzte Godard. Also erst Konversation, dann Seduktion. Nur indem man ihr zeigt, daß man sie für intelligent hält, gewinnt man auch ihre Sympathie. Der Mann, der sofort von den Dingen redet, um die es ihm vielleicht geht, wirkt als Grobian, als Verächter der Frauen.

Die Pariserin sieht sich durchaus als ebenbürtig an, aber sie versucht nicht, den Mann auf seinem eigenen Feld zu schlagen. Sie sagt nicht: Ach, davon verstehe ich nichts… aber sie sagt auch nicht: Davon verstehst du nichts. Sie ist weder Weibchen noch Frauenrechtlerin, sie hat sich eben gefunden und weiß, wer sie ist und was sie wert ist.

Die *grande passion* ist passé, auch in Paris. Was bleibt? Es ist aufregend, von der Pariserin geliebt zu werden. Sie gibt dir zu verstehen, daß du der Mann ihrer Träume bist, wenn auch nur heute, nur in diesem Moment. Sie traut der Dauer nicht. Sie will alles auskosten, und zwar möglichst schnell. Sie wartet nicht, daß ihr Herz lauter spricht, sondern sie forciert es, um zu erproben, wie laut es sprechen kann. Sie gibt sich nicht hin, weil sie liebt, sondern sie liebt, weil sie sich hingegeben hat.

Übermorgen auch noch? Sie weiß es selber nicht. Sie ist flatterhaft, aber sie hat dir ja auch keine Versprechungen gemacht. Oder besser: Sie hat die Versprechungen gleich zu Anfang gehalten, so ist sie dir nichts mehr schuldig.

Verrucht? Ach was! Sie weiß einfach, was sie will. Spaß haben, Freude, Pläsier… und Spaß, Freude, Pläsier schenken. Sie hat wenig Komplexe. Sie nimmt die Sache natürlich, und was ist ihr nicht Natur? Die kleinen und großen Kunstgriffe der Liebe, sie findet nichts Verdorbenes daran, denn alles führt zur Natur zurück.

Die Pariserin will reizen, das ist ihr wichtiger als fein tun. Wenn sie wählen muß, kleidet sie sich lieber sexy als elegant. Und sie gibt nicht auf. Weder Häßlichkeit noch Alter kann sie je dazu bringen, sich auf ihre »inneren Schönheiten« zurückzuziehen. Sie erwartet, daß der Mann auf ihren Anblick reagiert, und tut selber desgleichen.

Auch die vornehmen Kinder aus guten Familie gukken dir scharf in die Augen, wenn du ihnen gefällst. Keine sieht an dir vorbei, als ob du Glas wärst, und dünkt sich zu gut. Durch deine schlechte Rasur und deinen ausgefransten Pullover hindurch prüft sie, ob du in dem einen Punkt deinen Kerl stellst, auf den es ankommt. Die sozialen Unterschiede sind ihr nicht so bedeutend, auch nicht, ob du schön bist oder häßlich, Knirps oder Muskelprotz.

Fühlst du dich ihr ebenbürtig, wagst du dich an sie heran mit anständigen Manieren und selbstverständlichem Auftreten, so wird dich die Pariserin in Betracht ziehen... als Mann.

Gesellschaft

Drei Zirkel, die sich nicht notwendig überschneiden: das Tout-Paris... die Monde... die 200 Familien.

Das Tout-Paris kennt jeder. Die Monde kennt jeder Eingeweihte. Die 200 Familien kennt nur, wer zu ihnen gehört.

Das Tout-Paris: Etagenwohnung am Linken Ufer, Landhaus im Midi. Man amüsiert sich bei Régine, Castel oder Saint-Hilaire. Man steht am nächsten Morgen in der Zeitung.

Die Monde: Man hat ein *de* im Namen, legt sich eins zu oder verschmilzt zumindest Vor- und Zunamen durch einen Bindestrich. Man wohnt auf oder möglichst nahe der Avenue Foch, hat ein Schloß in der Dordogne. Das Vermögen aus Landbesitz wird von »meinem Freund Baron Guy« geriert. Der Vater steht auf dem Briefkopf diverser Aktiengesellschaften und reitet morgens im Bois. Die Mutter wird jeden Tag von Carita frisiert. Der Sohn lernt Tanzen bei Baraduc. Die Tochter steckt in einer guten Privatschule und wird auf standesgemäße Versorgung getrimmt: Finishing School bei London, Skiferien in Gstaad, Kaviar-Rallye, Verlobung bei einem Gartenfest mit einem jungen Mann, dessen Familie der ihren seit Generationen bekannt ist... endlich *grand mariage* in der Kirche Saint-Honoré d'Eylau, komplett mit Pagen und Republikanergarden.

Die 200 Familien: Ein echter Titel, der vor die Revolution zurückreicht, den man aber erheiratet hat, möglichst mit zwei *de.* Schloß mit galonierten Dienern und einer Hetzjagd in der Ile-de-France, ein zweites mitsamt Weingarten bei Bordeaux, Privathotel in Passy. Das Geld kommt von weitverzweigten Familienunternehmen, die sich jeder Kontrolle entziehen. Der Chef des Hauses ist Mitglied des Cercle Interallié, des Jockey-Club. Der Sohn studiert in der Ecole Normale Sup., bevor er die Nachfolge antritt. Butler-Ehepaar, englisches Kindermädchen, vier Autos, Segeljacht, Rennstall – aber alles möglichst unauffällig. Verwandten und Freunden gegenüber ist man herzlich aber ironisch. Allen übrigen Menschen zeigt man distanzierende, eiskalte Höflichkeit.

Das Ideal des Tout-Paris: im Bottin Mondain zu stehen.

Das Ideal der Monde: im Gotha zu stehen.

Das Ideal der 200 Familien: nirgendwo zu stehen.

Interviews und Briefe, fiktive und andere

Mai 1968

Gespräch mit Daniel Cohn-Bendit

Stichwort Mai 68 in Paris. Daniel Cohn-Bendit, als engagierter Soziologiestudent in Nanterre waren Ihnen die sozialen und politischen Verhältnisse in Frankreich sicher präsent. Inwieweit hat Sie die französische Kulturpolitik berührt?

Das ist eine nicht beantwortbare Frage. Die Kulturpolitik eines Landes ist so vielschichtig, das kann meinen Theater, Kino etc. Es gab sicher Leute, die in ihren Auseinandersetzungen mehr kulturell ausgerichtet waren, aber die Kulturpolitik an sich war nicht zentraler Angriffspunkt oder zentrales Moment unserer Reflexion.

Das ist mir bewußt, aber es gab zu der Zeit in der französischen Kulturpolitik doch große Probleme, zum Beispiel die Vorwürfe gegen André Malraux.

Was mich betrifft, so war das einfach nicht mein Steckenpferd. Deswegen kann ich da schwer darauf antworten.

Und warum haben Sie dann das Odéon-Theater besetzt, das Théâtre de France, das Jean-Louis Barrault damals leitete?

Also ich habe das nicht besetzt. Die Besetzung wurde von Theaterleuten geplant und durchgeführt – am Ende einer Demonstration.

Von wem?

Das waren sehr viele. Namentlich kenne ich nur einen, der damals dafür verantwortlich war: Jean-Jacques Lebel. Ich bin am ersten Abend da nur vorbeigegangen, und in einer Diskussion, an der auch Barrault teilnahm, habe ich einmal interveniert.

Warum?

Es ging um irgendetwas, von dem ich in dem Moment glaubte, meinen Senf dazu geben zu sollen.

Haben Sie diese Besetzung denn befürwortet?

Ja klar. Das war aber nicht das Problem. Es ging eher darum, daß Barrault gefragt hat, »warum gerade ich«, und wir gesagt haben, es geht nicht um ihn, sondern um den Symbolcharakter des Odéon, als offizielle Theaterinstitution, auf der sich eine bestimmte Art von staatlich geförderter Kultur vollzieht. Viele der Besetzer waren Theaterleute, die sagten, sie hätten keine Spielstätten oder sie wollten ein anderes Theater – das haben sie dann entwickelt. Und ich habe nur gesagt, daß, wenn Barrault das alles richtig findet, dann soll er denen doch sein Theater zur Verfügung stellen und mit ihnen etwas machen, statt sich in der Position zu gefallen, sein Theater fortführen zu müssen. – Es war eine sehr spektakuläre Sache und handelte sich um eine Institution, wo viele Leute dann auch reden konnten. Das war in der ersten Phase sehr wichtig, nicht zuletzt, weil es mitten im Quartier Latin lag. Für die Leute, die mit dem Theater etwas machen wollten, lag es auf der Hand, das Odéon zu besetzen.

Ich wäre vielleicht in die Assemblée Nationale gezogen…

Politische Gruppen haben sich das auch überlegt. Sie war aber ganz anders bewacht. Niemand kam jedoch auf die Idee, daß wir das Odéon besetzen würden. Die Assemblée Nationale war von über tausend Polizisten bewacht, da wäre niemand reingekommen. Es geht doch nicht nur darum, die Idee zu haben, was man besetzen könnte, sondern es muß auch etwas sein, wo man reinkommt. Später hat man auch versucht, die Börse zu stürmen.

Hatten Sie auch zu anderen sozialen Gruppen Kontakt?

Man muß sich das anders vorstellen. Als dann vieles besetzt war, kamen alle ins Quartier Latin, und alle sozialen Schichten waren impliziert. So hatten die Filmleute zum Beispiel das Centre National du Cinéma besetzt. Das Fernsehen wurden dann auch besetzt. Leute, die als Beruf oder als Lebenstätigkeit Theater oder Film oder Fernsehen hatten, haben dann ihre Institutionen besetzt, um das Problem des Theaters oder des Films oder des Fernsehens zur Sprache zu bringen.

Die Besetzung des Odéon wurde also auch von Theaterleuten initiiert?

Nicht nur auch, sondern vor allem. Die anderen sind dann hingegangen, aber diejenigen, die die Idee gehabt hatten, bei denen die Planung lag, waren Theaterleute.

Wie lange hatte es damals gedauert, bis es zu den Unruhen kam? Gab es eine Phase der Vorbereitung?

Es hatte den ganzen Winter über bereits Ansätze zu Auseinandersetzungen gegeben. Es ist dann aber alles ziemlich schnell gegangen – innerhalb eines Monats hat sich das installiert. Latent war etwas vorhanden, was eigentlich niemand ahnte, und das ist eher eruptiv ausgebrochen.

Haben Sie das nicht schon lange vorher beobachten können?

Keiner aber hat geahnt, daß es diese Ausmaße annehmen würde. Daß sich so unterschiedliche soziale Schichten, so verschiedene Strömungen mit jeweils ihren eigenen Angelegenheiten einbringen würden. Die einen haben Fabriken besetzt, die anderen Theater. Alles, was in der Gesellschaft an Aktivitäten vorhanden war, hat sich mit eigenen Sachen eingebracht.

Jeder rebellierte an seinem Arbeitsplatz, in seinem Métier?

Die Profifußballer zum Beispiel haben das Verbandshaus besetzt, mit der Parole: »Fußball den Fußballern«, im Odéon hieß es »Theater den Theaterleuten« – es waren diese »Selbsttätigkeits-Parolen«, die überall vorhanden waren.

Wenn Sie sich zu dieser Zeit getroffen haben, sind Sie dann in andere Theater, zum Beispiel die Café-Théâtre gegangen?

Also ich nicht. Ich habe mit Theater aber auch wenig am Hut gehabt. Wir haben uns ja meistens getroffen, um zu reden. Ich bin überhaupt eher ein Kinomensch als ein Theatermensch.

Gab es denn im Kino damals Filme, die diese Bewegung mit vorbereitet oder dann unterstützt haben?

Das ist schwierig. Godard hat Filme gedreht, die das sein sollten. Das kann man nicht sagen. Es gab Filme, die sehr prägend für eine Generation waren, für meine Generation war ein Film wie *Außer Atem* sehr prägend. In der gleichen Art gab es einen bestimmten Heldentyp, einen sensiblen Helden. Jemand wie Gérard Philippe hat für unsere Generation eine sehr wichtige Rolle gespielt. Im Theater hat er zum Beispiel den *Prinz von Homburg* und ähnliches, also den sensiblen, widersprüchlichen Helden gespielt.

Gab es in Frankreich zu dieser Zeit Vergleichbares zu dem, was Fassbinder in Deutschland gemacht hat?

Es gab halt die *Nouvelle Vague,* aber das war vorher. Sie hat kulturell eine sehr wichtige Rolle gespielt.

Und mit dazu beigetragen, daß es zu so etwas wie dem Mai 68 kommen konnte?

Nein, so kann man das nicht sagen. Was dazu geführt hat, kann man nicht so einfach zuordnen...

...einfach sicher nicht...

...und auch nicht kompliziert zuordnen.

Mit Daniel Cohn-Bendit sprach Nicole De Vilder am 7. 8. 1982 im Strandcafé, Frankfurt / Main.

Fragebogen:

In welcher Epoche der französischen Geschicht
hätten Sie am liebsten gelebt

Was schätzen Sie bei den Franzosen am meisten

Was ärgert Sie bei den Franzosen am meisten

Welches deutsche Thema müssen Sie Ihre
französischen Freunden am meisten erklären

In welchen Bereichen gleichen sich Ihres Erachten
Deutsche und Franzosen im Zuge der europäischen Einheit an

Nennen Sie Ihr (e,en) Pariser Lieblings

Nennen Sie Ihr(en) französisches (en) Lieblings

Ist für Sie Paris eine »Ville lumière«

Was ist Ihr Lieblingswerk der französischen Literatur

Welchen französischen Politiker schätzen Sie an

Wo liegen die größten Mißverständniss
zwischen Deutschen und Franzosen

Können Sie sich jeweils mit einem Satz zu folgenden Phänomenen äußern
Geist/Esprit

14. Juli in Paris

Mode in Frankreich

Französische Sprache

Lothar Baier

In den 20er Jahren des 20. Jahrhunderts

Ihren Sinn für nichtabgrenzende Distanz

Die Bewunderung ökonomischer Potenz,
wie der bundesdeutschen

Die Gleichzeitigkeit von Erinnern und Vergessen
der deutschen Vergangenheit

In der Abhängigkeit von den immer mehr standardisierten Waren, in den Ernährungsgewohnheiten, in der Infantilisierung durch die Medien, in der Alternativlosigkeit der Politik

Quartier:	*5. Arrondissement*
Straße:	*rue Mouffetard*
Platz:	*place de la Contrescarpe*

Gericht:	*Daube provençale*
Film:	*»Ascenseur pour l'échafaud«*
Chanson:	*»Le déserteur« von Boris Vian*

nein

Voltaire: »Candide«

meisten:	*Michel Rocard*
wenigsten:	*Charles Pasqua*

n der Auffassung von Nation und Nationalismus, in der Bedeutung der Lehren, die man jeweils glaubt, aus der Geschichte ziehen zu müssen – Beispiel Münchner Abkommen

Nein, das kann ich nicht. Es hat ja seinen Grund, wenn sich die klügsten Köpfe darüber seitenlang die Köpfe zerbrechen.

Neid auf die Kontinuität, die sich in der Feier ausdrückt, und Amüsement über Folklore.

st nicht mehr, was sie einmal war…

Sie ist mir, neben ihrem Klang, auch deshalb lieb, weil man in ihr Gedanken »basteln« kann und nicht den ganzen Plan im Kopf haben muß.

Welchen zwei der folgenden Sätze von Franzosen übe
Deutsche/Deutschen über Franzosen würden Sie am eheste
und welchen zwei Sätzen am wenigsten zustimmen

»Ein Hegel, ein Schopenhauer, ein Nietzsche sind in Frankreich undenkba
Sie würden den Garten der Zivilisation und das Reich des Menschen zerstören. Di
Unendlichkeit des Geistes kann sich in der französischen Philosophie nicht ausleben.
(E. R. Curtius: Die französische Kultu

am wenigsten ✘

»... l'Allemagne, force de la nature à laquelle elle tient aut plus près, faisceau d'instinc
puissants mais troubles, artistes-nés qui n'ont point de goût, techniciens restés féodau
pères de famille belliqueux, restaurants qui sont des temples, usines dans les forêts, pala
gothiques pour les nécessités, oppresseurs qui veulent être aimés, séparatistes obéissar
au doigt et à l'œil, chevaliers du myosotis qui se font vomir leur bière, route que Siegfrie
de Limousin voit épique le matin, romantique vers midi, guerrière le soir, océan sublime e
glauque d'où le filet retire pêle-mêle des monstres et des trésors...
(Ch. de Gaulle: Vers l'armée de métie

am wenigsten ✘

»Deutschland und Frankreich zusammen – die beiden befreundete
Länder – werden das Herzstück eines freien geeinten Europas bedeute
Eines ist sicher: Europa wird nur diese Zukunft haben oder keine
(Klaus Mann: Das innere Vaterlan

am ehesten ✘

Was halten Sie von der Behauptung, Paris sei nicht Frankreich

Wie steht es Ihrer Meinung nach heute um die französische Kultu
im weitesten Sinne (Aufstieg, Abstieg, Stagnation)

Was würden Sie sich auf die berühmt
einsame Insel nachschicken lassen

Welche Frage hätten Sie am liebsten selbst gestellt und beantwortet

.othar Baier

On pourrait dire avec raison que les Français et les Allemands sont aux deux extrêmités le la chaîne morale, puisque les uns considèrent les objets extérieurs comme le mobile de oute les idées, et les autres, les idées comme le mobile de toutes les impressions.« *Germaine de Stael: De l' Allemagne)*

✘ *am wenigsten*

Alle großen Franzosen sind, wie ihre Rasse, im Gleichgewicht zwischen nrer sinnlichen Intensität und dem Eifer und der Klarheit ihres Geistes.« *Heinrich Mann: Geist und Tat. Essays über Franzosen)*

✘ *am ehesten*

Die Mathematiker sind eine Art Franzosen: redet man zu ihnen, so überetzen sie es in ihre Sprache, und dann ist es alsobald ganz etwas anders.« *J. W. Goethe: Maximen und Reflexionen)*

✘ *am ehesten*

Ou bien encore est-il vrai que nous autres Allemands ne pouvons produire aucune bonne omédie et sommes à perpétuité condamnés à emprunter aux Français ces sortes de oèmes.« *(Heinrich Heine: De la France)*

✘ *am ehesten*

Den deutschen Gegensatz des Romantischen und Klassischen besitzen die Franzosen ollkommen unter dem Namen des Widerstreits von Sensibilité und Raison.« *Thomas Mann: Pariser Rechenschaft)*

✘ *am wenigsten*

ie stimmt. Paris ist eine Art Anthologie Frankreichs (und eines Teils der Welt), aber man muß, wie in der Literatur, die Origialtexte – die anderen Städte und Regionen – aufsuchen, um ine Vorstellung von »Frankreich« zu haben.

Wie alle Kulturen der hochindustriellen Zivilisation, lebt auch lie französische immer mehr von der Substanz – die höchstentvickelte Ästhetik ist die Museumsästhetik. Also in gewissem inn am ehesten Stagnation, im Augenblick.

ie »Pensées« von Pascal
inen grand cru aus dem Médoc

✘ *Eine frische Baguette, einen grand café crème und ein Päckchen Gauloise*

Die Frage nach der Aktualität oder Inaktualität des Toleranzgelankens, so wie Voltaire ihn im 18. Jahrhundert formuliert hatte.

Pierre-Paul Sagave

Seine Excellenz der Herr Geheimrat von Goethe zu Besuch in Paris (1990)

Anläßlich eines Urlaubs auf Erden besichtigt der bekannte Autor das seinen Namen tragende Institut in Frankreichs Hauptstadt. Interview durch Pierre-Paul Sagave.

Sagave: Ich habe die unschätzbare Ehre, Herr Geheimrat, Ihnen mitteilen zu dürfen, daß ich von einer hervorgehobenen Persönlichkeit damit beauftragt bin, die Gedanken zu verzeichnen, welche Eure Excellenz über Paris und die Pariser hegen.

Goethe: Nun, mein Herr, Sie drücken sich zwar etwas umständlich, jedoch so artig aus, daß ich geneigt bin, Ihrem Wunsche zu willfahren. Doch verstatten Sie mir zunächst, eine Frage an Sie zu richten: Wer sind Sie?

Sagave: Je nun, um es schlicht zu sagen; ich bin ein Germanist.

Goethe: Sie beschäftigen sich also mit deutschen Rechtsaltertümern, im Gegensatz zu den Romanisten, deren Wissenschaft auf dem Codex juris civilis des Kaisers Justinianus fußt.

Sagave: Um Vergebung, Euer Excellenz! Diese Begriffe haben einen Bedeutungswandel erfahren. Heutzutage sind Germanisten soviel wie Philologen, die sich mit deutscher Literatur abgeben, und zwar in der Hauptsache mit den Dichtwerken Eurer Excellenz, wie denn schon Ihro verewigte Frau Gemahlin einst in Weimar einem Besucher mitteilte: »Der Herr Geheimrat macht nämlich auch Veersche!«.

Goethe: Also, Philologe sind Sie! Nun, zu Philologen ist kein heiteres Verhältnis zu gewinnen, wie ich es in einem Brief an meinen Berliner Freund Zelter geschrieben habe. Doch möchte ich Sie, mein Herr, meinen Unmut nicht entgelten lassen; im Vertrauen gesagt: Die Philologie, ich ehre sie, doch ohne Verlangen! Aber, wer ist denn jene hochgestellte Persönlichkeit, in deren Auftrag Sie mich befragen?

Sagave: Es ist kein Geringerer als Monsieur le Chevalier Georges Lechner, der mit Anmut und Würde das nach Eurer Excellenz benannte Pariser Institut leitet. Herr Geheimrat sind aufgefordert, selbiges mit Ihrer Gegenwart zu beehren.

Goethe: Gemach, gemach, mein Herr! Zum ersten Male in meinem irdischen und überirdischen Leben bin ich in Paris, nach mehreren vergeblichen Versuchen, dorthin zu gelangen. So vermeinte ich 1792 die Gelegenheit wahrnehmen zu können, mit einem von zwei Pferden gezogenen Schlafwagen, im Troß des preußischen Heeres, in Paris einzuziehen. Doch schon in der Champagne zwangen die Unbilden der Witterung und Gedärmschwierigkeiten nach unmäßigem Genuß noch nicht gereifter Weintrauben die gesamte Armee zum Rückzuge. Ich hatte am 20. September gerade noch Zeit, bei dieser vorzeitigen Umkehr ein geflügeltes Wort in die Welt zu senden, daß Ihnen wohl geläufig sein dürfte.

Sagave: Gewiß! »Von hier und heute…«, usw. Später jedoch haben Ihre Zeitgenossen davon gehört, daß an Eure Exzellenz 1808 in Erfurt aus dem Munde S. M. Napoleons I. eine Einladung ergangen ist, im öffentlichrechtlichen Geistesleben des französischen Kaiserreiches eine eminente Stellung einzunehmen. Eine zweite und bessere Gelegenheit, in Paris aufzutreten.

Goethe: Und dennoch blieb ich in Weimar! Vielleicht in Vorahnung dessen, daß Throne bersten und Reiche zittern?

Sagave: Eure Excellenz haben doch häufig Ihre Bewunderung für Napoleon an den Tag gelegt, weil er dem Weltgange eine neue Richtung gegeben habe, weil er, ein Kerl, immer klar, immer entschieden gewesen sei, ja, sogar, weil sein Leben das Schreiten eines Halbgottes gewesen sei. Seinen Sturz haben der Herr Geheimrat nicht vorausgesehen. Erst nach seine Abdankung schrieben Sie diese Verse:

Doch was dem Abgrund kühn entstiegen,
Kann durch ein ehernes Geschick
Den halben Weltkreis übersiegen,
Zum Abgrund muß es doch zurück.

Goethe: Auf diesen Einwurf, mein Herr, kann ich nur erwidern: Der Widerspruch ist es, der uns produktiv macht! Übrigens, dem Kaiser Napoleon habe ich in meinem Faust ein Denkmal gesetzt, wie Sie es wohl wissen sollten! Ich vergleiche in dieser Tragödie die Spuren seines irdischen Wirkens mit den Veränderungen, die ein Erdbeben auf unserem Planeten anrichtet. Aber, daß ich es nur gestehe: Am liebsten hätte ich mich im Paris der glücklichen Zeit vor der Revolution umgetan; sagen wir, unter Ludwig XV., dem Vielgeliebten, wobei ich denn eine Excursion nach Versailles unternommen hätte, nicht allein, um das Schloß, sondern auch den Hirschpark in Augenschein zu nehmen. Dessen Beschreibung habe ich meinem Mephistopheles in den Mund gelegt: –

Wasserstrahlen aller Art!
Ehrwürdig steigt es dort, doch an den Seiten,
Da zischt's und pißt's in tausend Kleinigkeiten.
Dann aber ließ ich allerschönsten Frauen
Vertraut-bequeme Häuslein bauen;
Verbrächte da grenzenlose Zeit
in allerliebst-geselliger Einsamkeit,
ich sage Fraun; *denn ein für allemal*
Denk ich die Schönen im Plural.

Fast hätte dieser Traum sich erfüllt. Denn mein Vater, von dem ich die Statur, des Lebens ernstes Führen habe, wollte mich 1771 nach Paris schicken, damit ich dort das Métier eines Diplomaten erlerne.

Sagave: Statt dessen blieben Eure Excellenz auf halbem Wege, im elsässischen Sesenheim hängen!

Goethe: Nichts mehr über diese kümmerliche Episode, mein Herr! Sie vergessen, daß die größten Weltbegebenheiten sich durch mein langes irdisches Leben fortsetzten, so daß ich vom siebenjährigen Kriege, von der französischen Revolution, von der napoleonischen Zeit und den folgenden Ereignissen lebendiger Zeuge war. Hierdurch bin ich zu ganz anderen Resultaten gekommen, als allen denen möglich sein wird, die sich jene Begebenheiten durch Bücher aneignen müssen!

Sagave: Sehr wohl, Herr Geheimrat. Aber warum kam es nie zu einem weiteren Versuch, Paris zu sehen, obwohl S.M. Ludwig XVIII. um 1820 Euer Excellenz die

Rosette der Ehrenlegion verliehen hatte und zu einem würdigen Empfang bereit war?

Goethe: Hatte ich es nötig, das Paris der Restauration zu besuchen, während ich doch durch eifriges Lesen der liberalen Zeitung *Le Temps* schon im voraus wußte, was dort sich ereignen werde? Steht nicht in meinem Tagebuch geschrieben, daß durch König Karls X. und seines Hofes Unverstand die Julirevolution herbeigeführt wurde? Habe ich nicht die Doktrin des Grafen von Saint-Simon, wie sie kapitelweise in dem heiteren, klaren, kühnen Journal *Le Globe* publiziert worden ist, bis spät in die Nacht studiert und die Gedanken dieses Originalgenies über die künftige Menschheit in meinen *Faust* hineingeheimnißt?

Sagave: Erlauben es der Herr Geheimrat, den Fluß Ihrer Rede zu unterbrechen, damit ich als Germanist meine Bewunderung für die hohe Übersetzungskunst aussprechen kann, welche in den letzten Partien von Eurer Excellenz Faustdrama zu Tage tritt? Saint-Simons »impulsion commune« wird durch den klassischen Begriff »Gemeindrang« wiedergegeben, um nur dieses eine Beispiel aus der Tragödie zweitem Teil zu zitieren.

Goethe: Nun ja, ich habe mir die Worte des Grafen zu eigen gemacht, um sie in mein geliebtes Deutsch zu übertragen. Kurz nach Vollendung des Hauptgeschäftes, von dem wir gerade reden, kam es zum Abschluß meiner irdischen Laufbahn, während derer ich zwar Paris nie gesehen habe, jedoch durch eifrige Beobachtungen aus der Ferne und fleißige Lektüren sehr wohl wußte, was dort sich abspielte.

Sagave: Nun wird mir das hohe Glück zuteil, vor Euer Excellenz stehen zu dürfen, mitten in der Hauptstadt der Welt, die es schon so lange gewesen!

Goethe: Mein Herr, es war nicht gerade mühelos, von der Administration Elysiums die Autorisierung zu einem Urlaub auf Erden, überdies in dem dort oben so verschrieenen Sündenbabel an der Seine zu erlangen. Doch, da ich mich selbst während meines Weimarer Aufenthalts jahrelang mit Administration abgegeben hatte, konnte ich sozusagen als Kollege, von unserer höchsten Instanz, personifiziert durch seine Heiligkeit Papst Petrus I., nach einigem Zögern den nötigen Dispens erhalten. Und so bin ich hier.

Sagave: Excellenz, hier stehen wir in einem modernen, sehr vornehmen Pariser Stadtviertel; in nächster Nähe befindet sich die Rue Goethe, und vor unseren Augen erhebt sich das Goethe-Institut, mitten in der Avenue d'Iéna.

Goethe: So wird also mein Name mit der Schlacht von Jena assoziiert! Nicht ich, sondern mein Schützling Professor Hegel hatte damals von seinem Jenenser Fenster aus den vorüberkommenden Napoleon als die reitende Weltseele definiert, während ich zur selben Zeit bettlägerig war, in dem von Franzosen überfluteten Weimar. Diese siegreichen Krieger leerten im Nu den Weinkeller meines Hauses und drangen voller Trunkenheit in mein Schlafzimmer ein, um mir den Leib zu durchbohren. Zum Glück trat die rüstige Christiane, seit achtzehn Jahren mein Bettschatz, dazwischen, um die Eindringlinge mit lauter Stimme zu erschrecken und zu verjagen; tags darauf nahm ich meine Retterin zur Ehefrau.

Sagave: Und so konnte Euer Excellenz Ihren Sohn legitimieren! Wollen der Herr Geheimrat nunmehr das Goethe-Institut betreten?

Goethe: Sogleich, sogleich, mein Herr. Doch sagen

Sie mir zuvor, was dort drinnen getrieben wird. Wozu dient hier mein Name?

Sagave: Als Gewähr dafür, daß den Parisern »die bewunderungswürdige deutsche Volkskultur« dargeboten wird, deren vornehmster Repräsentant Euer Excellenz war, ist und sein wird. Hier wurde Ihr »gesteigerter Werther«, der *Torquato Tasso,* aufgeführt, und zwar, soll ich's gestehen, in ein revolutionäres Theaterstück umgewandelt. Es war ein großer Erfolg.

Goethe: Nun, so laß ich's gelten, obgleich es mich wundert. Hat sich dieses Institut sonst noch mit meinen Produktionen befaßt?

Sagave: Mit Ihrem Werk als Gesamtheit sogar! Es sind lange und lebhafte Gelehrtengespräche über die wichtige Frage geführt worden: »Ist Goethe aktuell?« Wobei es sich offenbarte, daß Eurer Excellenz Wirken in Frankreich vorbehaltlos, in Deutschland dagegen nur mit einer gewissen Reservatio mentalis akzeptiert wird.

Goethe: Darüber kann ich mich nicht verwundern. Denn eine Vergleichung des deutschen Volkes mit anderen Völkern erregt mir peinliche Gefühle, wie ich es dem Jenenser Professor Luden dargelegt habe. Bald darauf befand ich, daß die Franzosen die geistreichste Nation sind und daß sie verdienen, es zu bleiben.

Sagave: Ich beeile mich, Eurer Excellenz zuzustimmen, darf aber sogleich dazu anmerken, daß in einer zu Frankfurt erscheinenden Zeitung das Goethe-Institut als solches sich üble Kritik gefallen lassen mußte, es stelle nichts als eine Kultur-Idylle dar, und täte besser daran, Fragen der Technik und der Ökonomie vor seinem Publikum aufzuwerfen.

Goethe: Oh, diese Journalisten mit ihren abgerissenen Erzählungen! Ist es denen entgangen, daß ich im

Wilhelm Meister das Maschinenwesen und im *Faust* die Ökonomie in die Sphäre der Dichtung emporgehoben habe? Darf ich Sie, mein Herr, nun fragen, was denn gegenwärtig auf des Goethe-Instituts Programmen verzeichnet ist?

Sagave: Herr Geheimrat, es sind, wie man heute sagt, die sogenannten Tagesthemen.

Goethe: Und die wären?

Sagave: Seit einiger Zeit bereits das Thema der Zerstörung unserer *Natur,* welche man jetzt mit dem Neologismus *Umwelt* bezeichnet. Und seit kurzem auch das Thema der deutschen Einheit. Ihr sind in diesem Hause höchst umständliche Streitgespräche gewidmet worden.

Goethe: Mir ist nicht bange, daß Deutschland nicht eins werde. Unsere guten Chausseen und Eisenbahnen werden schon das ihrige tun... Es sei eins, daß der deutsche Groschen im ganzen Land denselben Wert habe. Deutschland sei eins in Handel und Wandel. Wenn man aber denkt, die Einheit Deutschlands bestehe darin, daß dieses sehr große Reich eine einzige Hauptstadt habe, und daß diese einzige große Residenz zum Wohle der großen Masse des Volkes gereiche, so ist man im Irrtum.

Sagave: Eurer Excellenz Gabe, so komplizierte Dinge in so deutliche Worte zu fassen, flößt mir staunende Anerkennung ein. Indessen scheint es mir, daß Sie, Herr Geheimrat, auf die zur Zeit so vielfach erörterte Hauptstadtfrage nicht weiter einzugehen wünschen. Vielleicht ist Euer Excellenz jedoch genehm, zur Zerstörung der Natur eine Äußerung zu tun? Im Pariser Goethe-Institut ist man an dieses große Problem mit tiefer Sorge herangegangen.

Goethe: Steht es so schlimm damit? Umso verdienstvoller ist es, der Zerstörung entgegenzuwirken. Und somit besinge ich nun den, der sich in diesem Hause darum bemüht:

Bringst Du die Natur heran,
Daß sie jeder nutzen kann,
Falsches hast Du nicht ersonnen,
Hast der Menschen Gunst gewonnen.

Sagave: Herr Geheimrat von Goethe, wir danken Ihnen für dieses Gespräch.

Jenka Sperber

Manès Sperber

Ein Brief

Ich befürchte, daß ich zu Ihrem Thema wenig Interessantes aussagen kann. Die Situation von Manès Sperber war von besonderer Art: er hat nie »als Deutscher (der er ja nicht war) in Paris gelebt«. Nach seinem Engagement in der Légion Etrangère und der Flucht in die Schweiz (er wurde persönlich von der Gestapo gesucht) kam er im Jahre 1945 nach Paris zurück. Er wurde im Jahre 1946 von André Malraux, dem damaligen Informationsminister, ins Ministerium berufen und mit der Mission beauftragt, in den besetzten österreichischen und deutschen Gebieten den kulturellen Wiederaufbau zu organisieren. Er gründete damals in Mainz die Revue *Umschau* und bereiste regelmäßig beide Länder.

In Paris schrieb er in französischer und englischer Sprache, war Mitarbeiter vieler linker Zeitschriften, arbeitete im Radio und war literarischer Direktor im alten französischen Verlag Calman-Lévy. Erst in den sechziger Jahren erfolgte ein unerwarteter Wechsel: der Ruf aus Österreich und Deutschland wurde so stark, daß es zu einer »Heimkehr in die Sprache« kam. Von diesem Augenblick an vernachlässigte er die Veröffentlichungen in Frankreich und wurde als deutscher Schriftsteller berühmt. Von da an »entdeckte« ihn auch das Goethehaus in Paris. Die Leiter des Instituts besuchten ihn, zwei Abende wurden zu seinen Ehren veranstaltet. Etwa zwei Monate vor seinem Ableben sollte er aus seinen Werken lesen. Es kam nicht dazu. Sein Bruder, der Schauspieler Milo Sperber, tat es an seiner Stelle. Es war für alle Hörer – in dem überfüllten Saal – ein besonders eindrucksvoller Abend.

Bodo Morawe

Interview mit Heinrich Heine

Ein politisches Divertimento

Herr Dr. Heine, Sie leben in Paris und arbeiten hier seit langem als Korrespondent einer großen deutschen Tageszeitung. Ich will nur kurz daran erinnern, daß Sie mehrere Gedicht-Bände, unter anderem ein Buch der Lieder, veröffentlicht haben. Am meisten Furore haben ihre Reisebilder gemacht, in denen Sie sich zur französischen Revolution bekannt haben. Seitdem gelten Sie als politischer Aufwiegler, Spötter und Skandalautor... Heinrich Heine, Sie sind Journalist, Lyriker, Essayist, Zeitkritiker, Polemiker und Pamphletist, und Sie haben sich vor allem zum Ziel gesetzt, zwischen Deutschland und Frankreich zu vermitteln. Warum?

Für die beiden Nachbarvölker ist nichts wichtiger, als sich zu kennen. Irrtümer können hier die blutigsten Folgen haben.

An solchen blutigen Folgen hat es in der Tat nicht gefehlt. Aber wie sehen Sie Ihre eigene Aufgabe zwischen den beiden Völkern?

Ich werde alles Mögliche tun, um den Franzosen das geistige Leben der Deutschen bekannt zu machen; dieses ist meine jetzige Lebensaufgabe, und ich habe vielleicht überhaupt die pazifike Mission, die Völker einander näherzubringen. Das aber fürchten die Aristokraten am meisten; mit der Zerstörung der nationalen Vorurteile, mit dem Vernichten der nationalen Engsinnigkeit schwindet ihr bestes Hilfsmittel der Unterdrückung. Ich bin daher der inkarnierte Kosmopolitismus. Ich weiß, daß dieses am Ende die allgemeine Gesinnung wird in Europa, und ich bin daher überzeugt, daß ich mehr Zukunft habe, als unsere deutschen Volkstümler, diese sterblichen Menschen, die nur der Vergangenheit angehören.

Auf diejenigen, die ständig das Vaterland im Munde führen, scheinen Sie nicht besonders gut zu sprechen zu sein.

Fatal ist mir das Lumpenpack,
Das, um die Herzen zu rühren,
Den Patriotismus trägt zur Schau
Mit allen seinen Geschwüren.

Gemach, gemach, Herr Dr. Heine. Wir werden Schwierigkeiten mit diesem Interview bekommen, wenn Sie sich so scharf ins Zeug legen. Ist es nicht starker Tobak, wenn Sie von unseren Vaterlands-Freunden sagen, sie seien heldenmütige Lakaien in schwarz-rot-goldener Livree?

Ich höre schon ihre Bierstimmen: »Du lästerst sogar unsere Farben, Verächter des Vaterlands, Freund der Franzosen, denen du den freien Rhein abtreten willst« Beruhigt euch. Ich werde eure Farben achten und ehren, wenn sie es verdienen, wenn sie nicht mehr eine müssige oder knechtische Spielerei sind. Pflanzt die schwarz-rot-goldene Fahne auf die Höhe des deutschen Gedankens, macht sie zur Standarte des freien Menschentums, und ich will mein bestes Herzblut für sie hingeben. Beruhigt euch, ich liebe das Vaterland ebensosehr wie ihr. Wegen dieser Liebe habe ich dreizehn Lebensjahre im Exil verlebt, und wegen eben dieser Liebe kehre ich wieder zurück ins Exil, vielleicht für immer, jedenfalls ohne zu flennen oder eine schiefmäulige Duldergrimasse zu schneiden. Ich bin der Freund der Franzosen, wie ich der Freund aller Menschen bin, wenn sie vernünftig und gut sind, und weil ich selber nicht so dumm oder so schlecht bin, als daß ich es wünschen sollte, daß meine Deutschen und die Franzosen, die beiden auserwählten Völker der Humanität sich die Hälse brächen zum besten von England und Russland und zur Schadenfreude aller Junker und Pfaffen dieses Erdballs.

Und wie wollen Sie es mit dem Rhein halten? Wollen Sie ihn wirklich den Franzosen abtreten?

Seid ruhig, ich werde den Rhein nimmermehr den Franzosen abtreten, schon aus dem ganz einfachen Grunde: weil mir der Rhein gehört. Ja, mir gehört er, durch unveräußerliches Geburtsrecht, ich bin des freien Rheins noch weit freierer Sohn, an seinem Ufer stand meine Wiege, und ich sehe gar nicht ein, warum der Rhein irgendeinem andern gehören soll als den Landeskindern.

Lassen wir den Rhein, Herr Dr. Heine, denn jeder versteht schon, was Sie sagen wollen. Sie wollen sagen, daß der Rhein vor allem dem Dichter der Lorelei gehört. Ich möchte stattdessen noch einmal auf Ihr politisches und publizistisches Selbstverständnis zurückkommen. Sie haben einmal bemerkt, daß Sie am liebsten für Zeitungen mit Massenauflage schreiben und daß es Ihnen bei dieser publizistischen Arbeit in erster Linie darum geht, das Verständnis der Gegenwart zu fördern. Was meinen Sie damit?

Wenn wir es dahin bringen, daß die große Menge die Gegenwart versteht, so lassen die Völker sich nicht mehr zu Haß und Krieg verhetzen, das große Völkerbündnis, die Heilige Allianz der Nationen, kommt zustande, wir brauchen aus wechselseitigem Mißtrauen keine stehenden Heere von vielen hunderttausend Mördern mehr zu füttern, wir benutzen zum Pflug ihre Schwerter und Rosse, und wir erlangen Friede und Wohlstand und Freiheit.

Bedeutet das, daß Sie sich als Anhänger und Wortführer der Friedensbewegung betrachten?

Dieser Wirksamkeit bleibt mein Leben gewidmet; es ist mein Amt. Der Haß meiner Feinde darf als Bürgschaft gelten, daß ich dieses Amt bisher recht treu und ehrlich verwaltet. Ich werde mich jenes Hasses immer würdig zeigen.

Sie sprechen vom Haß Ihrer deutschen Feinde, die in Ihnen immer einen Anhänger der französischen Partei in Deutschland gesehen haben. Wie würden Sie diesen Feinden antworten?

Vergebens sucht ihr die Freunde des Vaterlands und ihre Grundsätze in der öffentlichen Meinung herabzuwürdigen, indem ihr diese als »französische Revolutionslehren« und jene als »französische Partei in Deutschland« verschreit; denn ihr spekuliert immer auf alles, was schlecht im deutschen Volk ist, auf Nationalhaß, religiösen und politischen Aberglauben, und Dummheit überhaupt. Aber ihr wißt nicht, daß auch Deutschland nicht mehr durch die alten Kniffe getäuscht werden kann, daß sogar die Deutschen gemerkt, wie der Nationalhaß nur ein Mittel ist, eine Nation durch die andere zu knechten, und wie es überhaupt in Europa keine Nationen mehr gibt, sondern zwei Parteien...

Habe ich Sie richtig verstanden? Sie meinen also, daß es heute keine Nationen mehr gibt, sondern nur noch Parteien?

Täglich verschwinden mehr und mehr die törichten Nationalvorurteile, alle schroffen Besonderheiten gehen unter in der Allgemeinheit der europäischen Zivilisation, es gibt jetzt in Europa keine Nationen mehr, sondern nur Parteien, und es ist ein wundersamer Anblick, wie diese trotz der mannigfaltigsten Farben sich sehr gut erkennen, und trotz der vielen Sprachverschiedenheit sich sehr gut verstehen. Vermöge dieser Parteipolitik bilden sich jetzt zwei große Massen, die feindselig einander gegenüberstehen und mit Reden und Blicken kämpfen. Die Losungsworte und Repräsentanten dieser zwei großen Parteimassen wechseln täglich, es fehlt nicht an Verwirrung, oft entstehen die größten Mißverständnisse; doch, wenn auch die Köpfe irren, so fühlen die Gemüter nichts desto weniger, was sie wollen, und die Zeit drängt mit ihrer großen Aufgabe.

Gestatten Sie eine Zwischenfrage, Herr Dr. Heine: Was ist aber diese große Aufgabe unserer Zeit?

Es ist die Emanzipation. Nicht bloß die der Irländer, Griechen, Frankfurter Juden, Westindischen Schwarzen und dergleichen gedrückten Volkes, sondern es ist die Emanzipation der ganzen Welt, absonderlich Europas, das mündig geworden ist und sich jetzt losreißt von dem eisernen Gängelbande der Bevorrechteten.

Sie gelten als ein Anhänger alles Französischen – und diese Neigung ist auch bereits in unserem Gespräch deutlich geworden. Wie erklärt sich Ihre große Begeisterung für Frankreich?

Wie ich die Freiheit liebe, liebe ich Frankreich.

Heißt das, daß Sie in Frankreich in erster Linie die Politik fasziniert?

Politik ist die große Wissenschaft der Freiheit.

Sie scheinen also den Franzosen ein besonderes Talent für die Politik zuzubilligen?

Sie gehen jeder Frage direkt auf den Leib und zerren

daran solange herum, bis sie entweder gelöst oder als unauflösbar beseitigt wird. Das ist der Charakter der Franzosen. Der Deutsche, aus Scheu vor aller Neuerung, deren Folgen nicht klar zu ermitteln sind, geht jeder bedeutenden politischen Frage so lange wie möglich aus dem Wege, oder sucht ihr durch Umwege eine notdürftige Vermittlung abzugewinnen, und die Fragen häufen und verwikkeln sich unterdessen... Am Ende ist auch wenig daran gelegen, daß wir solchermaßen nur langsam fortschreiten oder durch Stillstand einige hundert Jährchen verlieren, denn dem deutschen Volk gehört die Zukunft. Die Franzosen handeln so schnell und handhaben die Gegenwart mit solcher Eile, weil sie vielleicht ahnen, daß für sie die Dämmerung heranbricht: hastig verrichten sie ihr Tagwerk. Aber ihre Rolle ist noch immer ziemlich schön, und die übrigen Völker sind doch nur das verehrungswürdige Publikum, das der französischen Staats- und Volkskomödie zuschaut. Dieses Publikum freilich wandelt zuweilen das Gelüste an, ein bißchen laut seinen Beifall oder Tadel auszusprechen, wo nicht gar auf die Szene zu steigen und mitzuspielen; aber die Franzosen bleiben doch immer die Hauptakteure im großen Weltdrama, man mag ihnen Lorbeerkränze oder faule Äpfel an den Kopf werfen.

Gegenwärtig wird wohl eher mit faulen Äpfel auf die Franzosen geworfen, gerade auch von deutscher Seite.

Frankreich ist jetzt unser natürlicher Bundesgenosse. Wer dieses nicht einsieht, ist ein Dummkopf, wer dieses einsieht und dagegen handelt, ist ein Verräter.

Herr Heine, wir sind im Grunde schon mitten in ihrem Lieblingsthema: dem Vergleich zwischen den Deutschen und den Franzosen. Wie kommt es, daß Sie dabei immer wieder eine Vorliebe für die Franzosen erkennen lassen?

Laßt uns die Franzosen preisen! Sie sorgten für die zwei größten Bedürfnisse der menschlichen Gesellschaft, für gutes Essen und bürgerliche Gleichheit. In der Kochkunst und in der Freiheit haben sie die größten Fortschritte gemacht.

Gibt es denn noch andere Gründe, warum Sie sich von dem Leben in Frankreich so angezogen fühlen?

Die Franzosen sind von Natur aktiver und passionierter als wir, und es ist schwer zu bestimmen: ob es die angeborene Aktivität ist, wodurch die Passion bei ihnen mehr als bei uns zur äußeren Erscheinung kommt, oder ob die angeborene Passion ihren Handlungen einen leidenschaftlicheren Charakter erteilt und ihr ganzes Leben dadurch dramatischer gestaltet als das unsrige, dessen stille Gewässer im Zwangsbett des Herkommens ruhig dahinfließen und mehr Tiefe als Wellenschlag verraten. Genug, das Leben ist hier in Frankreich dramatischer.

Und die Deutschen?

Wir Deutschen hingegen, wir denken immer, vor lauter Denken kommen wir zu keinem Urteil; auch ist es nicht immer ratsam, sich auszusprechen; den einen hält die Furcht vor dem Mißfallen des Herrn Polizeidirektors, den andern die Bescheidenheit oder gar die Blödigkeit davor zurück, ein Urteil zu fällen; viele deutsche Denker sind ins Grab gestiegen, ohne über irgendeine große Frage ein eigenes Urteil ausgesprochen zu haben.

Heinrich Heine, lassen wir den Spaß und den Spott jetzt einmal beiseite. Sie sind als Vermittler zwischen Deutschland und Frankreich tätig, wobei Sie sich zum Ziel gesetzt haben, die Deutschen mit den politischen Erfahrungen der Franzosen vertraut zu machen, während Sie auf der anderen Seite die Franzosen über die Ergebnisse der deutschen Philosophie informieren wollen. Warum messen Sie der deutschen Philosophie eine so große Bedeutung bei?

Die deutsche Philosophie ist eine wichtige, das ganze Menschengeschlecht betreffende Angelegenheit, und erst die spätesten Enkel werden darüber entscheiden können, ob wir dafür zu tadeln oder zu loben sind, daß wir erst unsere Philosophie und hernach unsere Revolution ausarbeiteten. Mich dünkt, ein methodisches Volk wie wir mußte mit der Reformation beginnen, konnte erst hierauf sich mit der Philosophie beschäftigen und durfte nur nach deren Vollendung zur politischen Revolution übergehen.

Sie glauben also, daß die Deutschen eines Tages doch noch eine politische Revolution zustande bringen werden?

Der Gedanke geht der Tat voraus wie der Blitz dem Donner. Der deutsche Donner ist freilich auch ein Deutscher und ist nicht sehr gelenkig und kommt etwas langsam herangerollt; aber kommen wird er, und wenn ihr es einst krachen hört, wie es noch niemals in der Weltgeschichte gekracht hat, so wisst: der deutsche Donner hat endlich sein Ziel erreicht.

Eine indiskrete Frage: Wann rechnen Sie mit diesem Ereignis?

Das deutsche Volk läßt sich nicht leicht bewegen; ist es aber einmal in irgendeine Bahn hinein bewegt, so wird es dieselbe mit beharrlicher Ausdauer bis ans Ende verfolgen. So zeigten wir uns in den Angelegenheiten der Religion. So zeigten wir uns nun auch in der Philosophie. Werden wir uns ebenso konsequent weiter bewegen in der Politik?

Sie scheinen da vorerst noch einige Zweifel zu haben?

Jedes Volk hat seinen Nationalfehler, und wir Deutschen haben den unsrigen, nämlich jene berühmte Lang-

samkeit, wir wissen es sehr gut, wir haben Blei in den Stiefeln, sogar in den Pantoffeln.

Ist das Ihr letztes Wort, wenn Sie an Ihre Vermittlertätigkeit zwischen Frankreich und Deutschland denken?

Es war die große Aufgabe meines Lebens, an dem herzlichen Einverständnis zwischen Deutschland und Frankreich zu arbeiten und die Ränke der Feinde der Demokratie zu vereiteln, welche die internationalen Vorurteile und Animositäten zu ihrem Nutzen ausbeuten. Ich glaube, mich sowohl um meine Landsleute wie um die Franzosen wohlverdient gemacht zu haben.

Eine allerletzte Frage: Zu welchen Überlegungen sehen Sie sich veranlaßt, wenn Sie an die jüngsten Entwicklungen in Deutschland denken?

Denk ich an Deutschland in der Nacht,
Dann bin ich um den Schlaf gebracht...

Herr Dr. Heine, ich danke Ihnen für dieses Gespräch.

Fragebogen

In welcher Epoche der französischen Geschicht
hätten Sie am liebsten gelebt

Was schätzen Sie bei den Franzosen am meisten

Was ärgert Sie bei den Franzosen am meisten

Welches deutsche Thema müssen Sie Ihre
französischen Freunden am meisten erklären

In welchen Bereichen gleichen sich Ihres Erachter
Deutsche und Franzosen im Zuge der europäischen Einheit an

Nennen Sie Ihr (e,en) Pariser Liebling

Nennen Sie Ihr(en) französisches (en) Liebling

Ist für Sie Paris eine »Ville lumière«

Was ist Ihr Lieblingswerk der französischen Literatu

Welchen französischen Politiker schätzen Sie a

Wo liegen die größten Mißverständnis
zwischen Deutschen und Franzosen

Können Sie sich jeweils mit einem Satz zu folgenden Phänomenen äußer
Geist/Espr

14. Juli in Par

Mode in Frankreic

Französische Sprach

Ulrich Wickert

heute

die Diskretion

wenn ich das wüßte

Daß die Deutschen Humor haben aber keine Nation *im französischen Sinn*

Bei der »nouvelle cuisine«

Quartier:	*Bastille/Marais*
Straße:	*rue de Grenelle*
Platz:	*Furstemberg*

Gericht:	*confit*
Film:	*Abel Gance: Napoleon*
Chanson:	*Von Jacques Brel, wo der Held auf den Krieg wartet, der nicht kommt, und er deshalb die Liebe verpaßt (geschieht ihm recht)*

Ja, aber nur noch »électrique«

Ronsards Sonette oder Racines »Bernice«

meisten:	*Aléonor d'Aquitaine oder Henri IV*
wenigsten:	*Le Pen und Pétain und ähnliche Brüder*

In der Kultur

Geist: tiefsinnige Beurteilung des Weltgeschehens
Esprit: witzige Reflexionen über das Leben

Fête de la Fédération

schön

Zivilisation

Welchen zwei der folgenden Sätze von Franzosen übe
Deutsche/Deutschen über Franzosen würden Sie am eheste
und welchen zwei Sätzen am wenigsten zustimmen

»Ein Hegel, ein Schopenhauer, ein Nietzsche sind in Frankreich undenkba
Sie würden den Garten der Zivilisation und das Reich des Menschen zerstören. Di
Unendlichkeit des Geistes kann sich in der französischen Philosophie nicht ausleben.
(E. R. Curtius: Die französische Kultu

am wenigsten ✘

»… l'Allemagne, force de la nature à laquelle elle tient aut plus près, faisceau d'instinct
puissants mais troubles, artistes-nés qui n'ont point de goût, techniciens restés féodau
pères de famille belliqueux, restaurants qui sont des temples, usines dans les forêts, pala
gothiques pour les nécessités, oppresseurs qui veulent être aimés, séparatistes obéissar
au doigt et à l'œil, chevaliers du myosotis qui se font vomir leur bière, route que Siegfrie
de Limousin voit épique le matin, romantique vers midi, guerrière le soir, océan sublime e
glauque d'où le filet retire pêle-mêle des monstres et des trésors…
(Ch. de Gaulle: Vers l'armée de métie

am wenigsten ✘

»Deutschland und Frankreich zusammen – die beiden befreundete
Länder – werden das Herzstück eines freien geeinten Europas bedeuter
Eines ist sicher: Europa wird nur diese Zukunft haben oder keine.
(Klaus Mann: Das innere Vaterlan

am ehesten ✘

Was halten Sie von der Behauptung, Paris sei nicht Frankreich

Wie steht es Ihrer Meinung nach heute um die französische Kultu
im weitesten Sinne (Aufstieg, Abstieg, Stagnation)

Was würden Sie sich auf die berühmt
einsame Insel nachschicken lassen

Welche Frage hätten Sie am liebsten selbst gestellt und beantwortet

Ulrich Wickert

»On pourrait dire avec raison que les Français et les Allemands sont aux deux extrêmités de la chaîne morale, puisque les uns considèrent les objets extérieurs comme le mobile de toute les idées, et les autres, les idées comme le mobile de toutes les impressions.« *(Germaine de Stael: De l' Allemagne)*

✘ *am ehesten*

»Alle großen Franzosen sind, wie ihre Rasse, im Gleichgewicht zwischen ihrer sinnlichen Intensität und dem Eifer und der Klarheit ihres Geistes.« *(Heinrich Mann: Geist und Tat. Essays über Franzosen)*

✘ *am ehesten*

»Die Mathematiker sind eine Art Franzosen: redet man zu ihnen, so übersetzen sie es in ihre Sprache, und dann ist es alsobald ganz etwas anders.« *(J. W. Goethe: Maximen und Reflexionen)*

»Ou bien encore est-il vrai que nous autres Allemands ne pouvons produire aucune bonne comédie et sommes à perpétuité condamnés à emprunter aux Français ces sortes de poèmes.« *(Heinrich Heine: De la France)*

»Den deutschen Gegensatz des Romantischen und Klassischen besitzen die Franzosen vollkommen unter dem Namen des Widerstreits von Sensibilité und Raison.« *(Thomas Mann: Pariser Rechenschaft)*

richtig

Paris wird geputzt, und der Schimmel verschwindet. Schade. Hygiene ist kulturfeindlich.

Die »Pensées« von Pascal

✘ *Einen grand cru aus dem Médoc (oder Graves)*

Eine frische Baguette, einen grand café crème und ein Päckchen Gauloise

Was halten Sie von Fragebögen? – Gräßlich.

Marén Sell

»Das hat mich ein bißchen mit Deutschland versöhnt«

In meiner Familie sprach niemand sehr gut Französisch. Ich komme aus dem Norden, dem hohen Norden, aus Flensburg, nahe der dänischen Grenze. Der mütterliche Teil meiner Familie kam aus Polen, der väterliche aus Dänemark. Meine Schwester wurde 1934 in Breslau geboren, ich selbst wurde dort zwar gezeugt, kam dann 1945 zur Welt, aber meine Eltern hatten aus Breslau nach Norddeutschland fliehen müssen, wie so viele deutsch-polnische Flüchtlinge. Sie sind zu meiner Großmutter mütterlicherseits gegangen (wie es jetzt die Flüchtlinge aus dem Osten tun, meine Mutter hat mich daran erinnert). Menschen aus dieser Region waren damals auf den Speichern, in den Kellern, in den Zwischenetagen, überall. Jedenfalls kamen wir aus dem Norden.

Mein Vater war Straßenbauingenieur und hat dann eine Arbeit in der Nähe von Saarbrücken gefunden. So sind wir in diese Gegend gezogen, als ich sieben Jahre alt war.

Den ersten Kontakt mit der französischen Sprache hatte ich bei Feierlichkeiten, bei kleinen Familienfesten:

wenn mein Vater etwas getrunken hatte, nahm er ein Blatt aus einer Schublade, auf dem ein französischer Text stand, den er dann vorlas. Jedesmal brachte er damit alle Zuhörer zum Lachen. Das hat mich natürlich neugierig gemacht; ich habe verstanden, daß es ein erotischer Text war: »in der halboffenen Tür erschien…« Dieser Text war der Clou jedes Festes. Dadurch habe ich verstanden, daß meine Eltern ein Verhältnis zu Frankreich hatten. Mit der Zeit habe ich dann erfahren, daß mein Vater als Ingenieur eine Baustelle im Ausland gehabt hatte – irgendwo zwischen Biarritz und Arcachon. Meine Mutter arbeitete, als sie jung war, als Sekretärin und begleitete ihren Bruder, der ebenfalls Straßenbauingenieur war, auf dieselbe Baustelle. So haben sie sich in Frankreich kennengelernt, geliebt und geheiratet; die Liebe auf den ersten Blick ist dort geboren. Diese Beziehung von Erotik und französischer Sprache, die ich als Kind unterbewußt wahrgenommen habe, hat natürlich eine Rolle gespielt. Mein Vater ist an sich sehr reserviert gewesen, offensichtlich erleichterte es ihm die französische Sprache, seine erotischen Gefühle auszudrücken.

Meine um elf Jahre ältere Schwester war nach dem Abitur erst nach Heidelberg, dann nach Hamburg gegangen, um dort Französisch und Englisch zu studieren. Dann ist sie, wie auch ich viel später, au-pair Mädchen in Paris gewesen, sie muß damals um die 22 gewesen sein. Sie ist in einem katastrophalen Zustand zurückgekommen. Man wollte mir nicht sagen was passiert war, und ich habe erst später erfahren, daß sie vergewaltigt worden war. Sie hatte eines Abends in der Nähe des Panthéon mit zwei Männern geflirtet, die ihr etwas in den Kaffee geschüttet haben. Sie hat nichts bemerkt, bis sie in einer Absteige aufwachte, von der aus sie das Panthéon sehen konnte. Zuhause hat sie abtreiben müssen, und meine Eltern haben sie dabei unterstützt. Für das elfjährige Kind, das ich war, war dies ein schweres Trauma, das sich mit Paris und Frankreich verband.

Zweibrücken hat eine Partnerschaft mit Boulogne-sur-Mer, und so bin ich mit 15 dorthin gefahren, in eine Familie, bei der ich jedes Mal fünf Kilo zugenommen habe wegen der Fritten. Ich habe das genossen, ich glaube, es waren die ersten Fritten, die ich je gegessen hatte. Die Tochter, die Jacqueline hieß, ist zweimal hintereinander zu mir nach Zweibrücken gekommen; wir haben uns geschrieben, und sie schickte mir eine Schallplatte von Barbara – sie stand damals am Anfang ihrer Karriere – zum Beispiel die Single *Dis, quand reviendras-tu?* Das gefiel mir so gut, daß ich es auf dem Sofa liegend immer wieder anhörte. (30 Jahre später habe ich mit Barbara telefoniert und ihr gesagt: »Wissen Sie, daß ich dank Ihrer Lieder Französisch gelernt habe?«) Ich hörte die Lieder immer wieder, bis ich die Wörter verstand. Das war wirklich eine perfekte Einführung in die französische Sprache. In der Schule war Französisch zweite Fremdsprache und es hatte den Charme von Barbaras Stimme.

Nach einem einjährigen Volontariat beim Stuttgarter Fernsehen habe ich mit einem Studium der Germanistik und Romanistik begonnen, das ich mit dem Magister abschloß, weil es mir absolut unmöglich schien, Lehrerin zu werden. Das war der Satz, den ich immer wiederholte: »Ich will nicht in irgendeinem Kaff im Schwarzwald beerdigt werden.«

Um meinen Magister vorzubereiten, bin ich für sechs Monate nach Frankreich gegangen. Ich hatte ein absolut winziges Zimmerchen am Boulevard Saint-Germain Nummer 88; das muß 1967 gewesen sein. Ich hatte einen sehr lästigen Verlobten, den ich nicht ohne Grund sitzen lassen konnte, weil es eine offzielle Verlobung gegeben hatte, also habe ich mir gesagt: ich muß irgend etwas finden, um ihn loszuwerden; ich habe ein Stipendium bekommen und so sechs Monate zwischen der Bibliothèque Nationale und der Comédie Française verbracht. Da ich lächerlich wenig Geld hatte, war ich in der Comédie Française natürlich immer ganz oben, im »Hühnerstall«. Es war sehr heiß und stickig dort, und da ich meist nichts gegessen hatte, bin ich andauernd in Ohnmacht gefallen. Ich verstand mich gut mit den Wärtern und den Feuerwehrleuten, und so fand sich immer einer, der mich wieder aufhob. Mein Leben war ziemlich schwierig, aber gleichzeitig sehr anregend. Ich besuchte Kurse an der Sorbonne, und ich hatte Freunde gefunden, die Filme machten.

1968 war ich sehr sensibilisiert für das, was in Frankreich geschah. Ich war bereits Mitglied des SDS, besuchte ständig seine Versammlungen – daher rührten übrigens die Unstimmigkeiten mit meinem Verlobten – und war begeistert von den revolutionären Ideen. Als ich meine Kameraden vom SDS im August 1968 wieder traf, hatte Prag bereits stattgefunden. Während des SDS-Kongresses Anfang September kam es zu einer Spaltung, kleine Grüppchen formierten sich, viele waren für die sowjetische Intervention, für das Ende des Prager Frühlings, den sie als Mangel an Linientreue ansahen. Auf diesem Kongreß gab es zwei für mich markante Persönlichkeiten: Arno Münster, ein ziemlich verrückter Typ, Philosophiestudent, er hatte den Mai '68 in Paris verbracht, ein militanter Trotzkist, und Jean-Marcel

Bouguerau, ein französischer Gast, der auch vom Mai '68 sprach. Da habe ich mir gesagt: »Das muß ich sehen«. 1967 hatte ich begonnen, mich für Roland Barthes zu interessieren. So habe ich mich um ein Promotionsstipendium über Barthes beworben und es bekommen. Im Oktober 1968 bin ich nach Paris zurückgekommen. Die Arbeit und die politischen Ereignisse: ich hatte eine zweifache Motivation.

Ich war au-pair Mädchen am Boulevard Saint-Michel, wo ich ein sehr hübsches Zimmer hatte. Der Vater war Architekt. Es gab mehrere Töchter in der Familie, ältere und ein jüngeres, um das ich mich kümmerte. Ich verstand mich mit allen sehr gut, und die älteren von ihnen haben mich das Theater entdecken lassen: Sami Frey, Delphine Seyrig. Für die Mädchen war ich, das habe ich später erfahren, das verkörperte politische Bewußtsein, und sie stellten für mich die Freude an der Kunst dar. Dann sind militante Deutsche zu Besuch gekommen, die sich sehr schlecht benommen haben. Dem Vater wurde das bei ihm Zuhause zuviel, deshalb hat er mir eine andere Familie gesucht, mit einem Fenster auf die *Edition du Seuil.* Das war ein Wink des Schicksals.

Zwei Jahre lang bin ich au-pair Mädchen geblieben, von 1968 bis 70. 1970 ging ich nach Vincennes, um Foucault und Deleuze zu hören, es war eine außergewöhnliche Zeit. Einer meiner ersten Kontakte war Marcel Bouguerau und mit ihm die Zeitschrift *Action,* wo sich alle wiedertrafen. Glucksmann hatte bereits *Le discours de la guerre* geschrieben, und ich beschloß, dieses Buch zu übersetzen.m So habe ich André sehr schnell kennengelernt.

In Vincennes hatte ich mich engagiert. Es war die Zeit, in der die Kommunisten die Gauchisten jagten, in der Foucault in aller Munde war. Ich versteckte bei mir viele Flugblätter und Plakate, bis eines Tages die Polizei zu mir in die rue Jacob kam, um mein Zimmer zu durchsuchen. So mußte ich auch diesen Ort wieder verlassen.

Ich glaube, ich habe trotzdem niemals mehr daran gedacht, nach Deutschland zurückzugehen. 1970 hatte ich einen deutschen Freund, Jürgen, der schon viel länger in Paris wohnte als ich. Er hatte in Frankfurt Philosophie studiert und arbeitete jetzt als Französischassistent an mehreren Gymnasien. Ich bin zu ihm in die rue Monge gezogen. Wir hatten ein kleines Dreizimmer-Appartement und Jean-Marcel Bouguereau hat mit uns zusammen gelebt. Zwei oder drei Jahre lang ist die Wohnung das Absteigequartier des gesamten deutschen Militantismus in Paris gewesen. Jürgen war immer mit einem Bein hier, mit dem anderen in Frankfurt. Übrigens, das ist komisch, als ich ihn kennenlernte, sprach er viel besser Französisch als ich, aber ich spürte, daß er übersetzte. Wollte er, daß ich mit ihm zurückginge? Ich weiß, daß ich ihm geantwortet habe, daß dies für mich absolut kein Thema sei.

Ich war ständig aufgedreht, eine Aktion jagte die andere. Ich kämpfte wahrhaftig, um fünf Uhr früh vor den Fabriktoren, der Zeitungsverkauf auf den Märkten undsoweiter. Und dann kam es 1972 zur Gründung der Zeitung *Libération,* wo ich als Journalistin in einem professionellen, durch und durch französischen Rahmen arbeitete. Heute frage ich mich, wie ich das nur wagen konnte, ich schrieb bestimmt kein fehlerfreies Französisch.

Der Zustand der Überspanntheit entsprach völlig meinem intellektuellen Zustand. Ich wußte in der Tat nicht mehr so recht, was ich denn eigentlich an meinem

Pariser Leben so liebte; ob es die Menschen waren, ein Geisteszustand oder eine Lebensart. Zu dieser Zeit gab es unzählige Möglichkeiten, eine Erotisierung des Hirns, die zusammenfiel mit der immer tiefer gehenden Entdeckung der französischen Sprache. Es war eine doppelte Lust: ein Konzept zu entdecken und zugleich die dazugehörige Sprache. Es gab aber auch politische Gründe, die uns zittern ließen: 1971 die Baader-Meinhof-Bande, die damals noch gar nicht die Baader-Meinhof-Bande war, sondern Kameraden aus Frankfurt, die von sich reden machten. Kurze Zeit später, 1972, ist Andreas Baader die Flucht aus dem Berliner Gefängnis gelungen.

Damals begann die Jagd auf diesen Mann, die Sympathisanten oder die Leute, die ihn kannten, wurden gesucht. Es herrschte ein hysterisches Klima bei der deutschen Linken. Unter diesem Umständen habe ich mir gesagt, daß ich auf keinen Fall dorthin zurückgehen würde. Unter Kameraden haben wir sogar mit dem Gedanken gespielt, daß ich eine Scheinheirat einginge, um die französische Staatsangehörigkeit zu bekommen.

Ich bin dann überhaupt keine Scheinheirat eingegangen, weil ich 1971 einen jungen Mann geheiratet habe, der mir sehr gefiel. Wir haben sehr schnell geheiratet, weil wir beide Lust dazu hatten.

In dem Milieu von Intellektuellen und Aktivisten gab es viele Juden. Oft hat man mir die Frage gestellt: »Was haben deine Eltern während des Krieges gemacht?« Ich selbst hatte mir diese Frage nie zuvor gestellt, obwohl ich der innigsten Überzeugung bin, daß die anti-autoritäre Revolte sich in Deutschland vor dem Hintergrund dieses Unbehagens entwickelt hat.

Als ich nach Frankreich gekommen bin, rief die Tatsache, daß ich deutsch bin, oder Deutsche, Befremden hervor. Vor allem in jüdischen Kreisen provozierte es eine beunruhigende Fremdheit, im wahrsten Sinne des Wortes. Ich habe angefangen, mich rechtfertigen zu wollen, und ich wollte es wissen. So wurden meine Reisen nach Deutschland, wenn ich meine Eltern sah, mehr und mehr zu einer Suche nach dieser Nazi-Vergangenheit. Ich bat sie, mir zu erzählen. Was ich erfuhr, hat mich erleichtert. Bei der Rückkehr nach Frankreich erzählte ich meinen Freunden, daß ich keine Nazi-Eltern hatte.

Ins Ausland zu gehen, war vielleicht notwendig, um der Herkunft ins Auge zu sehen, um die Katastrophe der Geschichte wahrzunehmen. Sich auf Distanz halten, um das auch richtig wahrzunehmen. Aber darüber hinaus? Das Problem, das sich mir, wie sicherlich vielen anderen, stellte – protestantisches Bewußtsein verpflichtet – war: »Wie kann ich wiedergutmachen? Was kann ich tun, um meinen Fehler wiedergutzumachen?« Einerseits ist das total größenwahnsinnig, ein Individuum kann nichts für den Fehler eines anderen. Aber zugleich gab es ein zwingendes Bedürfnis, etwas von sich zu geben in dem Versuch, den Schrecken zu beschwichtigen. Und sowohl in meinem Liebesleben als auch in meinem Schreiben war dies meine aufrichtigste Motivation, mein kleiner Beitrag, damit das Schlimmste nicht für alle zutrifft.

Man bleibt nichtsdestotrotz das Kind des Schreckens. Es ist ein empfindlicher Zustand; zu wissen, daß es sechs Millionen Tote gab, diese Zahl mag einen gleichgültig lassen, aber es genügt, jemandem zu begegnen, der in seiner Familie Deportierte hatte, um die Last der Geschichte zu spüren. Ich blieb weiterhin Deutsche, aber ich lehnte die deutsche Sprache ab; ich wollte sie nicht mehr sprechen. Wenn ich in Deutschland den Bus nahm, bemühte ich mich, als Französin durchzugehen. Dieses Problem mit der deutschen Sprache hat ziemlich lange angehalten. Ich hatte Lust, eine tote Sprache daraus zu machen. Die Vergangenheit war leichenhaft, so sollte es die Gegenwart ebenfalls sein. Meinen Eltern ist das nicht so bewußt geworden, weil ich bei ihnen ein minimales Niveau an Kommunikation aufrecht erhielt: weißt du, wie spät es ist? gib mir den Kaffee! etc. Aber von dem Augenblick an, wo ich Briefe auf Deutsch schrieb, durch die Sprache in deutsches Kulturgut eintauchte, bekam ich Halluzinationen, sah überall Nazis. Ich hatte beschlossen, nicht zu ihnen zu gehören, also sprach ich diese Sprache nicht.

Als Brandt 1971 in Warschau niederkniete, habe ich mir gesagt, daß es einen Hoffnungsschimmer gäbe. Bis dahin hatte ich den Eindruck gehabt, daß alles im ganzen geleugnet würde. Als ich ihn die Verbeugung vor dem Deportierten-Denkmal machen sah, habe ich geweint. Das hat mich ein bißchen mit Deutschland versöhnt.

Ich stellte auch fest, daß es deutsche Literatur gab, die in Frankreich mehr gelesen wurde als in Deutschland selbst. So ist mir klar geworden, in welchem Maße eine politische Gegebenheit, die Vernichtung der Juden, eine Beschneidung des kulturellen Bereiches miteinbezog. An Deutschland zu denken, ohne ans Judentum zu denken, war schon immer absurd.

Das zweite Tabu in Deutschland waren die Kommunisten. In Paris war das kein Tabu, sondern Diskussionsgegenstand. Ich fand, daß Frankreich eine lebendige Gesellschaft war, dem Austausch zugetan, im Vergleich zu Deutschland, einer Gesellschaft wie Blei.

Es gab hier in Frankreich – das hat 1975 aufgehört – in diesen Jahren das vielgestaltige Anschwellen einer allgemeinen Kultur, dank einer permanenten politischen Stimulierung. Alle Intellektuelle waren in die politische Debatte verwickelt und man konnte die Probleme von allen Seiten angehen. Von der Psychoanalyse auf die Philosophie kommend, vom Kino zur Literatur, es war großartig.

Die Konfrontation wurde als etwas Gutes, etwas Fruchtbares betrachtet. Man müßte den Block des anderen suchen und ihm nicht ausweichen. Um »du« sagen zu können, muß man schon »ich« sagen können. In Deutschland gibt es eine Tendenz, nicht »ich« zu sagen. Man hält die Franzosen für sehr individualistisch. Das hat sein Schlechtes, aber auch sein Gutes. So ist das Subjekt bestimmt, es widersetzt sich der Verwechslung mit dem Kollektiv. Wenn das Subjekt in dieser Weise bestimmt ist, hat es keine Angst vor der Konfrontation mit einem anderen Subjekt. »Ich« kann es aushalten. In Deutschland verhält es sich so, daß man, anstatt sich als Individuen zu begegnen, mit diesem »ich« seinen Nächsten zugunsten des Staates, des Ganzen denunziert.

Inzwischen habe ich mich mit der deutschen Sprache ganz und gar versöhnt. Meine Muttersprache. Mit meiner Tochter spreche ich mal Französisch, mal Deutsch... Ich habe ein junges au-pair Mädchen, das systematisch Deutsch mit ihr redet, so daß sie fast zweisprachig ist. Die deutsche Sprache ist die schönste Musik. Während der gesamten siebziger Jahre steckte ich dermaßen tief in einem französischen Universum: *Libération,* die Uni, ich arbeitete auf theoretischem Gebiet mit Helène Cixous, ich habe zwei Romane auf Französisch veröffentlicht. Dann habe ich noch einen

Verlag gegründet, *Lieu Commun,* in dem ich ausschließlich mit Franzosen zusammen arbeitete. Eines Tages kommt eine blonde Frau, die um die Rechte für ein Buch nachfragt. Sie hat gesagt: »Aber hören Sie, Sie sind Deutsche, sprechen wir deutsch?«. Sie war untadelig. Von diesem Moment an hat die deutsche Sprache wieder ihren Platz eingenommen.

Die Franzosen wollten immer noch gern glauben, die Deutschen seien Faschisten. Sartre hat das gesagt. Das hilft ihnen, nicht über ihren eigenen Faschismus nachzudenken, man sieht ihn lieber woanders als im eigenen Lager. Im Moment gibt es eine Verschiebung, sie haben Angst vor dem großen Deutschland. Sie sind eifersüchtig, sehr eifersüchtig. Es gibt eine Art von Nichtkommunizierbarkeit. Heute sind die meisten Deutschen in ihrem Verhalten sehr viel demokratischer und weniger borniert als die Franzosen. Sie sind weniger empfänglich für aufkommende Hierarchien. Wenn die Franzosen Angst vor dem großen Deutschland haben, so verachten die Deutschen sie dafür. Das war in den siebziger Jahren nicht so, zum Beispiel bei theoretischen Publikationen gab es eine große Lücke in Deutschland, und die französische Theorie fand starke Verbreitung. Alles wurde übersetzt und kommentiert, was auch in Deutschland verschiedene Strömungen ins Leben gerufen hat. Im Vergleich zu Amerika, zur Kulturlosigkeit, war Frankreich ein Inbegriff der Zivilisation. Seitdem hat sich viel geändert, weil heute die Eifersüchtigkeiten rein wirtschaftlicher Natur sind.

Früher war eine meiner Motivationen als Verlegerin, eine Brücke zwischen diesen beiden Kulturen zu schlagen. Ich habe mir gesagt: »Das sind französische Autoren, die ich meinen deutschen Freunden näherbringen möchte – da ich ja für Barthes und Foucault gearbeitet habe – und umgekehrt«. In den siebziger Jahren ist das ganz gut gelungen. Aber die Länder haben sich einander nicht angenähert und die Mentalitäten auch nicht. Auf dem »Tu Nix«-Kongreß in Berlin waren unter anderen Glucksmann, Foucault, Deleuze, Guattari und viele junge Franzosen, die mit den Deutschen diskutieren wollten. Dieses Bedürfnis, sich kennzulernen, ist heute weniger stark. Damals hatte man dasselbe Ziel, nämlich die Gesellschaft zu verändern, und das ist heute verschwunden.

Mutter-, Vaterland, das sagt mir gar nichts. Das Wort »Heimat« klingt gut, aber mit schrecklichen Konnotationen. Für mich ist die Sprache die Heimat und nichts anderes; danach die Landschaften. Die Sprache und die Landschaften... Was die Zugehörigkeit angeht, ich gehöre niemandem. Deutsche und/oder Französin. Sprachen beherrschen und genießen zu können, einen Text genießen zu können, egal ob er auf Deutsch oder Französisch geschrieben ist, wie ein Deutscher oder ein Franzose es tun könnte, das ist eine wahre Freude. Vielleicht sogar mehr. Denn die Melodie der Worte hallt intensiver nach, wenn die Noten bereits verklungen sind.

Ausschnitte aus einem Gespräch, das Karin Biro im November 1990 mit Marén Sell führte.
Aus dem Französischen von Christiane Schumacher.

Marén Berg

Allemande par hasard, Française par amour

Paris, im Juli 1990

Hochverehrter Herr Geheimrat,
wenn Sie mich fragen, was mich geprägt hat, seitdem ich in Frankreich beziehungsweise in Paris lebe, so kann ich Ihnen nur antworten: »Zwei Seelen wohnen, ach, in meiner Brust« – und das seit zweiundzwanzig Jahren!

L'une est marquée par l'émerveillement toujours renouvellé devant Notre Dame et le Pont Alexandre III, par l'odeur des feux de bois quand je me promène dans les petites villes de province en hiver, par les croupes de montagnes couchées, engourdies de soleil des Pyrenées ou d'Auvergne, par les brins de muguet que l'on m'offre le 1 Mai, par de gigantesques plateaux de fruits de mer et leurs succulentes araignées (qui n'ont bien sûr aucun rapport avec celles du boucher...), bei denen ich es mir gerne »so kannibalisch wohl als wie fünfhundert Säuen« sein lasse.

Meine andere Seele hingegen wird es nie kapieren, warum man in diesem Land nach dreißig Jahren immer noch in anciens francs rechnet (wobei ich regelmäßig mit den Nullen ins Schwimmen gerate), warum es nicht möglich ist, zweimal pro Jahr· pünktlich zum Datenwechsel das praktische kleine Büchlein »les trains d'affaires« zu bekommen (mit viel Glück kriegt man es einen Monat später), warum die Bahnbillets wie vulgäre Métrotickets entwertet werden müssen und warum man »mon oncle« und »mon général« sagt, selbst wenn der General gar nicht mein Onkel ist…

Je n'ai jamais pu me faire au bol du café le matin (soit on s'y brûle les doigts, soit le liquide est tiède), au fait qu'une femme devienne après son mariage Madame Robert Durand et qu'il y ait encore en cette fin du vingtième siècle des enfants qui doivent vouvoyer leurs parents (obwohl nicht sehr verbreitet, existiert diese Sitte durchaus noch!).

»Hier bin ich Mensch, hier darf ich's sein« – oh ja, vor allem abends um halb acht oder am Wochenende, wenn ich in Deutschland keinen Laden mehr offen finden würde und hier gemütlich meine letzten Einkäufe tätigen kann. Ich brauche mich nicht zu beeilen, *car si j'ai invité à dîner pour 20h personne n'arrivera avant 20h30 et »l'heure galante« comporte carrément soixante minutes.* Es würde mich nicht wundern, wenn der Mikrowellenherd eine Erfindung extra für geplagte französische Hausfrauen wäre…

»Leben wie Gott in Frankreich«: andererseits kommt hierzulande niemand auf die Idee, *après la saveur d'une mouclade ou le parfum d'une daube provençale* hektisch den Tisch abzuräumen, kaum, daß der letzte Bissen geschluckt ist. *Ici, on prend le temps de vivre et on discute entre chaque plat, après le dessert, le café et le pousse-café. D'ailleurs, ne pourrait-on pas résumer la différence entre Allemands et Français en cette question: au commencement était l'action ou le verbe?* Oder, wie Sie es belieben auszudrücken: »Was heute nicht geschieht, ist morgen nicht getan…«

Und doch, diese manchmal endlosen Diskussionen *à*

refaire le monde werden in einer Sprache geführt, die der Ihren in Eleganz und Esprit nicht nachsteht. *Ca va du »Canard enchaîné«* (wie jammerschade, daß wir diese Ente nicht wie den 2CV eingeführt haben!) *avec ce titre: »Le come-back de Charlie: L'Appel du 18 Juin... 1er au TOP-40« à Henri de Vincenot: »Le long des murs dorés, un fort parfum de fruit sec et de tanin montait, percé, comme par une lance, par le cri des derniers martinets«; de la truculence d'un Pierre Perret qui décrit »le zizi«* (was in Deutschland schon undenkbar wäre – ohne Vulgarität, meine ich!) *ainsi: »le gros touffu, le p'tit joufflu, le grand ridé, le mont pelé« à la tendresse d'un Edmond Rostand pour le nez de Cyrano: »Faites lui faire un petit parasol /De peur que sa couleur au soleil ne se fane« et qui parle d'un baiser comme d'un »instant d'infini qui fait un bruit d'abeille«.*

Sicher können Sie verstehen, daß ich diese Sprache von Herzen liebe und sie inzwischen so gut beherrsche, daß es mir manchmal zu meinem höchsten Vergnügen gelingt, meine französischen Freunde im »Scrabble« zu schlagen. *Dommage par contre que je n'arrive pas encore à faire des contrepèteries – sauf avec les nouilles...*

Trotzdem bin ich völlig mit dem einverstanden, was Sie in Ihrem »West-Östlichen Diwan« anmerken: »Der Franzose, wie er sich fremde Worte mundgerecht macht, verfährt auch so mit den Gefühlen, Gedanken, ja den Gegenständen, er fordert durchaus für jede fremde Frucht ein Surrogat, das auf seinem eigenen Grund und Boden gewachsen sei.« *Donc, le Français mâche du »chouin-gomme« en conduisant son »opèle« et en écoutant à la radio du »Bétovène« il pense aux gambettes de Marlène »Diétritche«.*

Was mir einerseits so beneidenswert erscheint, nämlich die Liebe der Franzosen zu ihrem Land und ihrer

Geschichte – *cf. Marcel Pagnol et la célébration en grande pompe du Bicentenaire de la Révolution française* – tut mir andererseits jedesmal von neuem weh *dès que cet amour se mue en chauvinisme et en xénophobie.* Es gehört hierzulande leider Gottes zum guten Ton, daß sich von mir sonst sehr geschätzte Künstler (Pierre Déproges, Guy Bedos, Coluche, Frédéric Dard...) über Deutschland, die Deutschen und ihre Sprache (ach! kolossal!) lustig machen – leider oft in einer Art, die ich als überhaupt nicht komisch empfinde. *Que dire par exemple du jeu de mots douteux entendu récemment à la »Cigale« de la bouche de Philippe Léotard, comédien et chanteur, déclarant entre deux chansons qu'»avec l'unité allemande on va encore avoir de l'occupation, comme toujours«.* Man könnte und sollte das vielleicht mit einem Achselzucken abtun *en se disant que cela fait partie du fond de commerce de l'humour franchouillard si cela ne traduisait pas un malaise envers les Allemands savamment entretenu par les médias et un certain milieu parisien.* Was soll man zum Beispiel davon halten, daß im französischen Fernsehen praktisch nie Filme gezeigt werden, die von dem handeln, was die Deutschen der letzten vier Jahrzehnte bewegte, sondern immer nur die ewig gleichen stories über die bösen Nazis und die guten *résistants* (selbstredend unter größtmöglicher Aussparung der Kollaborateure...)? Die Daten 8. Mai, 6. Juni und 11. November bieten sich besonders dafür an. Aber auch sonst wird hier eher zweimal »De Nuremberg à Nuremberg« gezeigt (im Abstand von fünf Monaten) als einmal »Der Himmel über Berlin«. Was davon, daß die Presse sich wie die Geier auf jeden noch so kleinen schwachen Punkt in der deutschen Politik stürzen, aber nur höchst selten positiv berichten wird? Nie werde ich in den deutschen Medien soviel Negatives über Frankreich und die Franzosen lesen oder hören *et parfois je me dis que l'amour des Allemands pour la France est bien mal payé en retour...*

Sie, Herr Geheimrat, haben in ihrem Leben dreimal mit den Franzosen als kriegerische Besatzungsmacht Bekanntschaft geschlossen, ohne deshalb in eine »francophobie forcenée« zu verfallen. Obwohl ich auch bei Ihnen den Spruch gefunden habe: »Ein echter deutscher Mann mag keinen Franzen leiden, doch ihre Weine trinkt er gern«, glaube ich doch, daß Ihre Freundschaft mit Madame de Stael nicht durch die Besatzung von Mainz und Weimar beeinträchtigt wurde. *Cette dame avait une théorie très intéressante sur les différences du climat tempéré (45° parallèle) permettant tous les paysages et déclinant toutes les diversités possibles dans l'harmonie. De ce fait les Français n'ont pas besoin de lutter tel que des héros wagnériens dans leur climat continental.* Die Kehrseite der Medaille ist allerdings *que ce climat tempéré incite peu au sérieux dans les affaires* – weshalb ich selber glaube, daß es auf allen Gebieten, in allen Bereichen »des mariages franco-allemands« geben sollte, was sich auf alle Beteiligten befruchtend auswirken könnte.

Ich habe durch mein Leben in diesem Land, das ich oft kritisiere, dennoch über alles liebe und nie mehr verlassen möchte, viel gelernt: *de supporter le côté gaulois, râleur et vindicatif et de m'inspirer plutôt de la fantaisie fondamentale des Français, de préférer les diagonales (du fou) et les petits chemins de traverse (en prenant même parfois des sens interdits...) aux autorutes.* Erklären kann man das nur schwer – »wenn ihr's nicht fühlt, ihr werdet's nicht erjagen«. Und deshalb bleibe ich – *Allemande par hasard, Française par amour* –

dero ganz ergebenste *Marén Berg.*

»Nach dem Krieg wußte ich gar nichts mehr«

Gespräch mit Ruth Fabian

Ich lebe seit 1936 in Paris. Eigentlich bin ich Juristin und war Referendarin am Kammergericht. Dort bin ich hinausgeworfen worden im Sinne des wunderbaren Gesetzes zur Wiederherstellung des deutschen Beamtentums. Ich war sozialistisch sehr aktiv, war in der Partei Willy Brandts, in der Sozialistischen Arbeiterpartei. Wir mußten illegal arbeiten, und als man mich dann verhaften wollte, konnte ich in letzter Minute nach Frankreich fliehen.

Auch nach 1945 sind Sie dann aber hiergeblieben und haben sich sehr für die anderen Emigranten engagiert...

Wir haben hier ein Altersheim, für das ich mitverantwortlich bin. Es gibt in Paris eine Organisation mit dem Namen *La solidarité des réfugiés provenants d'Allemagne et d'Autriche.* Dort bin ich auch heute noch eine der Hauptleiterinnen. Natürlich sind die betreuten Menschen zum Teil jünger als ich, aber im Ganzen sterben wir aus. Gerade in der Fürsorgearbeit gibt es jedoch noch sehr viel zu tun. Menschen, die einmal so mitgenommen waren, wie es oft der Fall ist, brauchen häufig für die primitivsten Sachen Hilfe.

Beschränkt sich diese Hilfe auf ehemalige Emigranten?

Ja, denn für die anderen gibt es einen deutschen Hilfsverein, und in Grenzfällen arrangiert man sich. Abgesehen davon, ist das deutsche Generalkonsulat für vieles verantwortlich, und eine seiner Hauptaufgaben direkt nach dem Krieg – aber das gehört eigentlich nicht hierher – war die Versorgung von deutschen Mädchen, die in Paris schwanger wurden. Das war noch die Zeit, bevor die Pille populär wurde.

Nach dem Krieg herrschte eine ungeheure Wohnungsnot in Paris. Das hat uns in unserer Wohlfahrtsarbeit dazu gebracht, nicht einfach eine monatliche Unterstützung zu geben, sondern die Leute erst einmal unterzubringen: das war das Hauptproblem. Als wir dann etwas Geld bekommen haben, konnten wir Stadtrandwohnungen für die Wohnungslosen besorgen. Die Flüchtlinge, die vor dem Krieg schon hier gewesen waren und eine Wohnung gefunden hatten, fanden diese nach dem Krieg nämlich nicht wieder vor, sondern sie war in der Regel von Franzosen besetzt, und man konnte sie unmöglich als Deutscher oder Ausländer oder auch Naturalisierter zurückfordern, also die Franzosen raussetzen. Aufgrund dessen, was ich immer »Doppelverfolgung« nenne, war die Sozialarbeit wichtiger noch als anderswo. Doppelverfolgung insofern, als die Menschen, die zwischen 39 und 45 hierhergekommen waren, sich vielleicht in irgendeiner Form schon eine Arbeit gesucht oder ein bescheidenes Gewerbe gegründet hatten, auf jeden Fall aber irgendwo untergekommen waren, durch die Tatsache der Besatzung noch einmal völlig aus allem rausgerissen wurden. Die Emigranten mußten wieder weg. Zuerst nach Südfrankreich, dort verstreut, oder deportiert und nie wiedergekommen, ein

Teil hatte sich, wie ich – ich war dort von 42 bis 45 – in die Schweiz retten können.

Warum sind Sie nach 45 in Paris geblieben?

Als ich in die Emigration ging und auch noch eine ganze Zeit nachher, wußte ich sehr genau, aber ganz genau, wie man die Welt herrlich herstellt, wie man aus ihr eine gerechte Welt macht – und nach dem Krieg wußte ich gar nichts mehr. Ich wäre nach Deutschland zurückgegangen, ohne zu wissen, was ich tun, was ich den jungen Menschen dort sagen sollte. Das hat mich bewogen, in Frankreich zu bleiben.

Außerdem, aber das ist nicht das Entscheidende, gab es eine ziemliche Hungersnot in Deutschland – und ich hatte ein Kind –, in Frankreich dagegen erhielt man nach dem Krieg eine Arbeitserlaubnis, und die meisten wurden, wenn auch mit Schwierigkeiten – wie das in Frankreich so ist, dieses Gemisch von Bürokratie und Schlamperei hat uns alle gerettet – naturalisiert, wurden also Franzosen. Ich habe das nicht gemacht, aber das ist ein anderes Problem.

Warum nicht?

Ich wollte das nicht. Eine wirkliche Integration in Frankreich schien mir sowieso schwierig, außerdem war ich in einer etwas anderen Situation, weil ich, zumindest theoretisch, in Deutschland noch verheiratet war, mit dem Schriftsteller und Journalisten Walter Fabian.

Wahrscheinlich wäre ich heute, wenn ich nach Deutschland zurückgegangen wäre, ein mittlerweile pensionierter höherer Funktionär in der SPD oder so etwas – man hatte mir die Leitung der Arbeiterwohlfahrt in Baden-Württemberg angeboten –, kurz, ich hätte Karriere gemacht, so aber bin ich hiergeblieben und habe ein marginales Leben geführt, das heißt ein Leben neben der Aktualität und ohne Einmischung in irgendwelche Dinge, die mich eigentlich interessieren.

Nun kann man in der Emigration nicht nur von sozialer Ehrentätigkeit leben, und ich habe, schon 1936, gleich zu Anfang, ein Zeitungsausschnittbüro gegründet. Angefangen haben wir mit deutschen Zeitungen und die französische Öffentlichkeit davon unterrichtet, was eigentlich los war in Deutschland – das wußte man nämlich hier nicht ausreichend. Während der gesamten Emigrationszeit und auch nachher habe ich damit meine Familie ernährt. Während mein Lebensgefährte die erste deutsche Buchhandlung in Paris, *Calligrammes* gegründet hat. Und die existiert noch, mittlerweile wird sie von meiner Tochter geführt. Ich habe da viel geholfen, war aber mehr der praktische Teil, der geistige Kopf war Fritz Picard.

Fritz Picard war ein Mensch, der nur in Büchern lebte, eine unerhörte Kenntnis von Büchern hatte und vor dem Krieg hauptsächlich im Verlag Ernst Cassirer, aber auch bei Hegner gearbeitet hat. Die Überlebenden der Deportierten mußten häufig schon aus Platzgründen deren Bücher loswerden, und so hat Picard mit einem Antiquariat angefangen, indem er plötzlich Bücher hatte, die an keinem Ort in Deutschland mehr zu haben waren: Noch, bevor die rororo-Heftchen rauskamen, hatte er eben, dadurch, daß man ihm sie einfach brachte, Bücher, die es nirgendwo sonst gab – und so ist die Buchhandlung entstanden.

Wann begannen denn überhaupt Deutsche nach dem Krieg »normal« nach Paris zu kommen?

Als wir 1951 die Buchhandlung eröffnet haben, war das eine Sensation und ein Schock für die Franzosen, die schließlich die Besatzung durchgemacht hatten, und wir haben ziemlich viele Schwierigkeiten gehabt. Auf der Straße Deutsch zu sprechen, war damals noch völlig unmöglich, und wenn in den fünfziger Jahren Deutsche kamen und in Cafés oder Restaurants laut waren – was sie leider oft sind –, so war das mehr als unangenehm. Das ist bis in die sechziger Jahre und beinahe noch jetzt so geblieben. Wenn Deutsche sich auffällig benehmen, dann werden sie die »boches«.

Es ist eine Illusion, der sich viele Immigranten hingeben, zu glauben, wenn sie nur noch Französisch reden und keine deutschen Bücher mehr lesen, sind sie integriert. Nach meinen Erfahrungen ist die »erste Generation«, im Gegensatz zur zweiten, der meine Tochter angehört, nicht integriert. Wenn Sie nicht tipptopp Französisch sprechen und auch schreiben können – und das können Sie eigentlich nur, wenn Sie hier zur Schule gegangen sind – bleiben Sie immer Ausländer, vielleicht sehr geehrt und angesehen, aber eigentlich nirgendwo zu Hause. Alles andere ist die große Ausnahme.

Mit Ruth Fabian sprach Stefan Bollmann im Mai 1988.

Karin Brincourt auf dem Titel von *Votre Beauté*

Intermezzo 3

Karin Brincourt

»Aber etwas fehlt«

Ein Brief

Cher Georg Lechner,

bevor Sie mich ermunterten, über meine Pariser Vergangenheit nachzudenken, wußte ich nicht, daß ich eine hatte. Am 2. Mai 1956 am Gare de l'Est war alles Zukunft: Ein langer, ratloser Moment, bis Madame mit drei kleinen Kindern auf mich zukam. »Sie sind doch Karin, meine jeune fille au-pair?« Nach einem Jahr in England – ein Jahr in Frankreich schien das nächst sichere zu tun. Gut, ich hatte es mit Kleinkindern zu tun; mein französischer Wortschatz war auf den Vers meiner Mutter »voulez-vous vous promener in der schönen Baumallee – non, Monsieur, das kann nicht être, denn ma mère sitzt am fenêtre« geschrumpft. Von Privilegien übersättigt verlassen die einen das Elternhaus, andere begeben sich auf die große Suche... Meine Ideenwelt war noch nicht geprägt; das Unter-den-Bomben-leben in Berlin und die schwierige Nachkriegszeit hatten meinen Eltern gerade die Zeit gelassen, den drei Kindern gute Manieren beizubringen. Noch habe ich viele, schöne Sprichwörter im Sinn, etwa »mit dem Hut in der Hand, kommt man durch das ganze Land...« Sie waren schon geschieden, bevor sie mir hätten beibringen können, wann der Hut aufzusetzen und wann abzunehmen sei. Wochen mit den zu verrichtenden Hausarbeiten, Sorbonnekursen und Nachmittage mit Kinderwagenschieben folgten andere Wochen, schon hochsommerliche. Monsieur war Ingenieur bei SIMCA, Madame, gerade etwas älter als ich und erst seit einigen Monaten mit vielen anderen Franzosen aus Indochina zurück, verließ sich völlig, wie noch vor kurzem auf ihre Boys, auf mich. Zu viel war zu viel. Es fügte das Schicksal, daß ich Frédéric de Towarnicki traf – erstmalig konnte ich wieder deutsch sprechen. Fünfjährig mit seiner Mutter – einer Wiener Jüdin (sein Vater war polnischer Aristokrat) – nach Nizza gekommen, war er beinahe 20 Jahre älter als ich und erzählte mir von seinen Übersetzungen der Kriegstagebücher von Ernst Jünger, bei Juillard erschienen. Erstes Einvernehmen: war ich nicht die Tochter von S. Toeche-Mittler, dem ersten Verleger des Autors? Auch interessierte es mich zu hören, daß Towarnicki nach Kriegsende der erste französische Gesprächspartner Heideggers gewesen war. Treffen, die sich ergaben, als er beim Sozialdienst »Rhin et Danube« zusammen mit dem Mimen Marcel Marceau und Alain Resnais, damals mit Leica und Kamera unterwegs, die französische Besatzungszone bereiste. Mit dem Anflug einer Meningitis verbrachte ich dann längere Zeit im Hôpital Pasteur. Danach fand ich, geschwächt durch großen Gewichtsverlust, liebevolle Aufnahme beim Patenonkel, damals Drei-Sterne-General der NATO in der Avenue Paul Doumer. Bald darauf begann meine von Towarnicki in die Hand genommene Einführung in das Pariser Leben. Zuerst stand der Besuch bei Anatole Dauman auf dem Programm, danach bei Jane und André Brincourt, seinen engsten Freunden. Ohne mir den Hof zu machen, nahm letzterer mich noch am selben Abend zu dem von Dauman produzierten Kurzfilm *Nacht und Nebel* von Resnais mit. Nach dem Schock dieses Abends ist ein nie endenwollendes Schuldgefühl in mir entstanden, das mein Handeln als Deutsche in Frankreich oft bestimmte; spaßeshalber nannte ich es meine »réparations de guerre«, so etwas wie Kriegswiedergutmachung. Die Frage eines längeren Aufenthalts in Paris erhob sich – erster Versuch: Mit einigen inzwischen erworbenen Sprachkenntnissen wollte ich bei Monsieur Simon Ausbildungskurse nehmen, um Schauspielerin zu werden. »Nett sehen Sie aus, aber in einer Komödie sehe ich Sie nicht – auf der Bühne könnten Sie die erfolgreiche Heldin spielen«, sagte er mir mit einer Bestimmtheit, die jegliche Gegenwehr ausschloß. Gut, daß Towarnicki mich mit seinem »mit einer erfolgreichen Heldin zu Hause würde wohl nicht oft Suppe in den Topf kommen« zum Lachen brachte. Wir gaben das Zimmer seines Hotels in Saint Germain auf, zogen in ein möbliertes Appartement im 17. Arrondissement in der Nähe eines der bekanntesten offenen Märkte der Stadt. Damals war Towarnicki als Co-Autor der zwei vor der Veröffentlichung stehenden Bände der *Encyclopédie du Théâtre Contemporain* tätig und saß pausenlos über seine Maschine gebeugt. Ich lernte, anwesend zu sein, ohne ihn zu stören, und meine Kochkünste in Form von Fleischbuletten mit jeweils wechselnden Kräutern unter Beweis zu stellen. Angesichts meiner konventionellen Erziehung war es gar nicht so einfach, in dieser neuen Umgebung Boden unter den Füßen zu bekommen: hier mußte ich Prinzipien und Werte einer unkonventionellen Lebensweise würdigen, die tiefere Bedeutung von flüchtig hingeworfenen Bemerkungen einschätzen und Wohlstand und Mittelmaß am Krawatten-Gilet-Effekt ablesen lernen. Auch Bemerkungen, wie »die Deutschen haben zuerst die Bücher und dann die Menschen verbrannt«, erschütterten mich, da zu Hause niemand über Juden und ihr Schicksal gesprochen hatte. An Konversationen wagte ich deshalb kaum teilzunehmen, hatte aber meine romantische Hoffnung auf einen Job am Theater nicht aufgegeben. Um Towarnicki herum wurde gelesen, geschrieben, man besuchte Theaterstücke, besprach sie hinterher, analysierte; man sprach von politischer Glaubwürdigkeit, vom Engagement des Autors, der Bedeutung der Ideen… das hatte nichts mehr zu tun mit dem einfachen Genuß des Lebens oder des Theaterbesuchs.

Schon als Schülerin in Berlin hatte ich mein Taschengeld mit nachmittäglichen Kleidervorführungen am Kurfürstendamm verdient, Knöpfe und Schlaufen für die Gürtel der Modelle angenäht. Mein zweiter Versuch, in Paris zu bleiben, gelang: Balenciaga, Cristobal le Magnifique genannt, engagierte mich als Mannequin. Dieser geheimnisvolle Baske hatte drei Modehäuser in Spanien hinter sich gelassen, um 1937, 42jährig, an der Hausnummer 10 Avenue George V neu zu eröffnen. Man sagte von ihm, seine Modeschöpfungen seien nie der *Mode* angemessen gewesen, keiner kannte sein Gesicht, seine Person. Er verweigerte Photographen und Journalisten den Eintritt in seine magische Sphäre, wo er Modelle von zeitloser Eleganz schuf. Schwarze, wellige, zurückgekämmte Haare, »bel-homme«, Brille, schmaler Mund, weitgespannte buschige Augenbrauen, weißer, oft ungeknöpfter Kittel über dem Anzug, saß er auf einem hohen Schemel, den Rücken gegen die Riesenfenster, mit gespreizten Beinen seine aufrecht, unbeweglich dastehenden Mannequins wie in einem Halbkreis einschließend. Er war konzentriert, verschwiegen, »rigoriste«, hielt alles bedeutungslose, alles modisch Überschwengliche – was doch die Mode eigentlich ausmacht – von sich fern: Ende der 50er Jahre, als ich bei Balenciaga eintrat, zählte er André Courrèges und Emmanuel Ungaro, beide heute berühmt, zu den im Salon Stecknadel-haltenden, wartenden »premiers« seiner Modewerkstätten. Eine Kollektion beginnt immer mit der *Pose,* dem Modellstehen. Das bedeutete für uns etwa vier Wochen lang in maßgeschneiderten Korsetts, spitzen Schuhen mit hohen Absätzen, von Spiegeln umgeben, das Entstehen eines Modells zu verfolgen. Balenciaga, Modeschöpfer und zugleich Architekt, hatte sein eigenes System der perfekten Proportionen und der Symmetrie. Die Ausarbeitung einer neuen Kreation nach der Vorlage einer mehr oder weniger bunten Zeichnung konnte Stunden dauern, sogar von der Vorlage abweichen. Balenciaga hat mir einmal eine Kostümjacke aus Nesselstoff drapiert, aus der schließlich ein durchgeknöpftes Mantelkleid geworden ist: Es herrschte absolute Stille, wir flüsterten nur. Plaudern, stricken, lesen konnten wir in der sogenannten Kabine, wo wir an langen Spiegeltischen saßen und auf Abruf auf Anproben warteten. Wir waren 10 bis 12 Mannequins der verschiedensten Typen, stets behütet und umgeben von der Kabinenchefin (chef de cabine) und den Ankleidehilfen (habilleuses). An den Wänden entlang hingen über durchgehenden Kleiderstangen kleine Tafeln, auf denen oben in schwarzen Großbuchstaben unsere Vornamen, darunter 20 bis 30 klingende Modellnamen mit Hut-Schmuck-Schuh-Handschuh-Stoffreferenzen zu lesen waren. Stand man in der Gunst des Meisters, so mußte man den kurzlebigen, nicht über sechs Monate andauernden Ruhm bei den nachmittäglichen Vorführungen durch noch schnelleres Umziehen bezahlen. Man hatte nur eine Sorge, keine Schwitzflecken an den Kreationen des Meisters zu hinterlassen; immerhin, im Sommer die Winterkollektion, im Winter die Sommerkollektion... Bei Anproben hatte wir, eine nach der anderen, vor Balenciaga stehend und uns drehend, lange und konzentriert still zu stehen. Wir sahen in allen Spiegeln, wie Stecknadel um Stecknadel im Stoff verschwand. In dieser aufmerksamen Stille hob ich schon den Arm zum Ärmelabstecken, bevor ich darum gebeten wurde. Manchmal schreckte der Meister durch eine unsere »aie« – »ouille« – »aua« auf, mit denen wir je nach unserer Muttersprache auf Stecknadelstiche reagierten; (seine Augen baten um »pardon«, und immer fragte er besorgt »ca va?«). Mit seinem persönlichen Assistenten sprach er spanisch, mit uns und den nacheinander zu Anproben antretenden »premiers« der verschiedenen Werkstätten sprach er französisch. Acht Stunden am Tag, alle geschminkt und mit »chignon«. Wir Mannequins lebten zwischen riesigen Stoffballen, Schachteln voller Bänder, mit künstlichen Blumen, Musterkarten mit Knöpfen aller Farben und Größen, abgeschnitten von der Außenwelt – Mademoiselle Renée, die Directrice, ließ nicht einmal Telefonanrufe durch: Nur ich, damals einzige Ausländerin der Umkleidekabine, konnte des öfteren, meiner Aufenthalts- und Arbeitspapiere wegen, auf die zuständigen Ämter gehen. Wenn eine Kollektion perfekt war, bat Balenciaga seinen Freund H. de Givenchy, der sein Modehaus in der Avenue George V gegenüber hatte, zu sich. Für unsere Privatvorführung bekamen wir jedesmal Strümpfe geschenkt. Erst dann setzte Balenciaga das Datum für die Presseschau fest. Darauf folgten dann die täglichen Vorführungen für den Rest der Dauer einer Kollektion von sechs Monaten. Speziell eingeladene Kundinnen oder Zuschauer saßen reihenweise auf ihren goldenen Stühlen im großen Salon; darunter auch die voluminöse Madame Conan Doyle. Sie bestellte einmal eines meiner Kleider aus hellem Satin, das große Decoltée voller Rüschen: die Mode hatte sie zum Träumen gebracht, sie hatte sich mit mir, der Blonden, Langbeinigen identifiziert...

Später kam mir die Idee, »Mein Leben als Bügel« für ein Frauenjournal zu schreiben, aber ich dachte, daß niemand einen Bericht aus dem Bereich der Stille des Schaffens bei Balenciaga interessieren würde. Um sich von dem Prêt-à-Porter zu differenzieren, nannte sich die Couture nun »Haute Couture« – die Zeit der Modevorführungen in gemieteten Riesensälen war angebrochen: Musikberieselung durch Lautsprecher, grelle Scheinwerfer in allen Farben, hochgebaute Laufstege mit Blumenarrangements, Photographen und Kameramänner auf den besten Plätzen... Heute kommen die Mannequins der Presseschauen nur kurz vorher, ohne je die vorzuführenden Modelle gesehen zu haben, kein einziges tête-à-tête mit dem »Couturier«; könnte auch nur eine von ihnen den Stoff identifizieren, die benötigten Nähstunden erraten? Die Mädchen treten heute so sehr vor die Modelle, die sie auf dem Steg tragen, daß man das Getragene fast nicht sieht. Der Modeschöpfer kommt lediglich am Ende der Vorstellung zu den Mannequins in ihren Braut- und Abendkleidern und wird applaudiert. Nie hat jemand am Ende einer Pressevorführung Balenciaga erspähen oder beklatschen können, – und ich sehe ihn noch, wie er uns damals, vor dem Schlitz im Stoffvorhang stehend, mit seinem immer freundlichen, wachsamen Auge verfolgte. Gerne hätte ich ihm noch heute dafür gedankt, daß er mich nach einem Autounfall während einer Modenschau wieder in seine Kollektion aufgenommen hat. Behutsam ist er mit meiner von Glassplittern zerschnittenen Schulter bei Proben umgegangen und hat mir Mut zugesprochen.

Zu Hause sprach Towarnicki über mein Heimatland, wie kein anderer Franzose es hätte tun können: über die Vernichtung des Bauhauses durch die Nazis, das Wunder des »Deutschen Expressionismus«, die Rätsel des Seins. Er sprach von Menschen, die schon schuldig, fast als Opfer geboren werden. Wenn man sich vor 35 Jahren als Deutsche auswies, wurde regelmäßig gefragt: »Was machte denn Ihr Vater während des Krieges?«

Ich versuchte bei alledem, meine eigene Identität zu finden – die ideologischem Stellungnahmen meiner neuen Freunde meinem Land gegenüber waren dabei keine Hilfe. Bis zum Alter von 14 Jahren in Berlin hatte ich selbst als Verlegerstochter nicht allzuviel gelesen. Die Bomben hatten mein Elternhaus in der Kastanienallee völlig vernichtet; nichts, kein Buch war geblieben. Erst später, nach dem Umzug nach Darmstadt, habe ich im dortigen Amerikahaus die amerikanische Literatur entdeckt. In Paris kam ich mit Proust nicht recht weiter, las leichter verständliche Texte und ging auf die Abendschule, um russisch zu lernen. Die Zeit meiner eigenen Sensibilität schien gekommen. Eines Tages mußte ich hören: »Was ist ein Fohlen, das ungezügelt auf der Weide galoppiert neben jenem, dem man das Halfter angelegt hat?« Auch nannte er mich »meine Barbarin« – zuviel Tüchtigkeit und typisch deutsche Ordnung störten seinen französischen Lebensrhythmus. Eines Tages sagte er: »Ich werde Dir ein Zen-Märchen erzählen; Du wirst merken, daß ein bißchen Unordnung nötig ist, damit Ordnung in all seiner Schönheit und Nützlichkeit herrschen kann: Als der Vater sah, daß der Sohn sorgfältig den Sandboden ihres Gartens geharkt hatte, ging er zu einem nahen Baum, um einige Blätter zu schütteln.« Als ich später in Kyoto, der einzigen japanischen Hauptstadt, vor gerade diesen geharkten Sandböden stand, hätte ich gerne über diese Tradition gesprochen.

Eines Tages war Alain Resnais am Telefon: er hatte die Liste der Schauspieler für seinen neuen Film zusammengestellt und wollte mich gerne für zwei Monate zum Drehen mit nach München nehmen. Ich sollte mir keine Sorgen um meinen Akzent machen, es sei meine Silhouette, die ihn interessiere. (In allen Gruppeneinstellungen wären dieselben fünf, sechs Personen dabei.) Die erste Arbeit mit einem Freund meines zukünftigen Mannes! Größte Aufregung und Abreise aus Paris, um wirklich im »Deutschen Kaiser« hinter Karin Toeche-Mittler eine Zimmernummer zu entdecken. Am ersten Drehtag im Schloß von Schleißheim merkte ich schon, daß ich eine Stille gegen eine andere ausgetauscht hatte: das Team, das Resnais umgab, war genauso ehrfürchtig konzentriert wie die »équipe« um Balenciaga. Florence, Tochter von Clara und André Malraux, und der später selbst berühmt gewordene Volker Schlöndorff waren die Regieassistenten. Die Hauptdarstellerin Delphine Seyrig trug Kleider von Chanel, ich hatte meine bei Balenciaga erstandene Garderobe mitgebracht. Mit der ersten Wochengage kaufte ich eine Rollei und photographierte alle und alles während des langen Wartens zwischen zwei Einstellungen, von der großzügigen Beleuchtung von Sacha Vierny profitierend. Seitdem habe ich nie aufgehört, Menschen, Situationen, die Natur »festzuhalten«. Das ging so weit, daß ich meinen Duschraum in unserer Wohnung zu einem Photoarchiv umgebaut habe. Vielleicht haben Sie den 1961 in Venedig mit dem »Goldenen Löwen« ausgezeichneten Film gesehen? Es bleibt mir für mein Leben lang ein einzigartiges Andenken, auch der damals für Towarnicki gestrickte »Marienbadpullover« (heute trägt ihn mein zweiter Mann, wenn es kalt im Landhaus ist).

In Paris zurück und etwas selbstbewußter geworden in der Nähe dieser beiden wie auf Sockeln stehenden, unerreichbaren Meister, suchte ich nach einer anderen Erfahrung und stellte mich im Hause Dior vor. Nach zwei Jahren »spanischem Kloster« mochte ich zu dem Halbgott der »Couture« nicht zurück und stand vor Yves Saint Laurent, nicht viel älter als ich und seit dem Tod von Christian Dior sein Nachfolger. Ich bekam ein Engagement für sechs Monate. An meinem ersten Arbeitstag probierte er mir eine Weste an, und während er den Kragen steckte, fragte er mit seiner schüchternen Freundlichkeit: »Wie hätte *Er,* Balenciaga, es gemacht?« Ich fand kein Wort, dachte sogar »Wie kommt er dazu« – nicht einmal ein kleines Zeichen war ich imstande zu erfinden, um diese Sekunde seines Kontaktsuchens zu erleichtern. Vor seinem eigenen Elan wie bestürzt, arbeitete er still an dem Kragen weiter; meine Kollektion wurde nicht groß, Sie haben es schon erraten. Dazu kam, daß eines Morgens Sophia Loren zu Anproben hereinschneite und ein Photograph uns für den vielgelesenen *France Soir* knipste. *»Die Loren und ein Mannequin bei Dior«* strand groß in der Abendausgabe, aus der wir den Leser halbseitig anschauten. Mit zehn Zeitungen unter dem Arm nahm ich die Metro von den Champs-Elysées über Etoile bis Villiers – aber keiner hat mich in den vollen Wagons, einer gegen den anderen gedrängt, wiedererkannt. (Wir lachten darüber beim Abendessen und wieder hob Towarnicki seinen Zeigefinger: »Aber etwas fehlt«, hörte ich – diesen ewig wiederkehrenden Satz aus dem Stück *Mahagony* von Brecht, diesmal nicht um eine meiner Wissenslücken bloßzustellen, sondern um mein Pech zu unterstreichen. Der andere von ihm oft zitierte Satz war »ein Wort ist ein Wort«.)

Wir waren mehrere ausländische Mannequins bei Dior, da hatte das gute Französisch zwischen Witzeerzählen, Vorführen, einem Flirt am Telefon, Streiten, Kichern und Puderdosenwerfen keine große Chance. Es war eine lustige Umkleidekabine, besonders da wir nach der »pose« und der spektakulären Presseschau nur noch nachmittags zum Vorführen der Kollektion kamen. Die Freizeit erlaubte uns, anderswo zu arbeiten, Photos zu machen – »bitte, keine Werbung für Nudeln oder Unterhöschen« – sagte die Kabinenchefin lachend. Yves Saint Laurent machte sich selbständig und Marc Bohan wurde sein Nachfolger. Frédéric de Towarnicki und ich heirateten im Bürgermeisteramt des 17. Arrondissements, Zeugen war meine ganze aus Deutschland gekommene Familie; nur mein Vater, nach einem Herzanfall von uns gegangen, fehlte mir: Unsere besten Freunde Jane und André Brincourt waren unsere Trauzeugen. Da erhob ich meinerseits den Zeigefinger und verkündete: »Ein Zentimeter ist ein Zentimeter.« Es ging dabei nicht mehr um den Anspruch »ein Wort ist ein Wort«, sondern um meine zunehmende Taille. Danach blieb ich der Umkleidekabine fern, um im Januar 1962 Olivia auf die Welt zu bringen. Großes Glück – eine Tochter! Hatte ich nicht zu Solange T., bevor sie mich einschläferte, gesagt, »wenn es ein Junge ist, stecken Sie ihn wieder hinein«. Nun war es an mir, »Madame« genannt zu werden; mein deutsches »au-pair«-Mädchen reiste bald an und wachte über mein Baby. Olivias Taufe sollte in der russisch-orthodoxen Kirche stattfinden.

In der Umkleidekabine bei Dior zurück, fand ich neue Mannequins vor; vielen wurde der sechsmonatige Vertrag nicht erneuert, wenige blieben Jahre. Die Französinnen unter ihnen waren weniger schüchtern, weniger verletzbar. Nicht nur beherrschten sie die französische Sprache völlig, sie legten auch Gelassenheit an den Tag, hatten nichts zu erobern, waren ja in ihrem Land, bei sich zu Hause. Vielleicht herrschte deshalb eine gewisse weibliche Unverfrorenheit in diesem oft päderastischen, homosexuellen Milieu; einmal mit dem »couturier« eingehakt, während der Anproben oder auf Reisen ein Lächeln im richtigen Moment, schon war eine Freundschaft angebahnt. Und da Zuneigung und Inspiration bei diesen übersensiblen Modeschöpfern Hand in Hand gehen, habe ich später in allen anderen Couturehäusern feststellen können, daß kontaktfreudige, unternehmungslustige Mannequins zahlreichere und schönere Modelle auf ihre Kleiderstangen bekamen.

Bei all den neuen Bekanntschaften in Paris lernte ich viele Kapitalisten mit einem Herzen für den Sozialismus und Sozialisten mit einem Blick auf den Kapitalismus kennen – bis heute eine Sonderheit des französischen Nationalcharakters. Ich fühlte mich wohl in diesem Kollektiv, schon immer wie magnetisch von der Menschenmasse angezogen. Auf dem Laufsteg überkam mich aber jedesmal eine schwer zu bewältigende Einsamkeit. Ein technisches Detail: ich wußte meine Füße gut zu setzen – meine Tanzstunden in Berlin bei Worontzov hatten mir zu einem Schwebegang verholfen, und so war mir ein Rückwärtsgang eingefallen, um Persönlichkeiten nicht den Rücken zu zeigen. Diese Fähigkeit kam mir besonders zu Hilfe, als wir mit Dior in Tokyo der Kaiserlichen Familie vorführten: das Protokoll verlangte, daß wir uns nur von vorne oder leicht seitlich laufend zeigten.

In den darauf folgenden Jahren – ich nannte sie meinen »Außendienst«, Reisen, Kollektionen vorführen, Modephotos und andere Photoserien mit kulturellen, historischen und modernen Themen, Mitwirken in Filmen wie *Paris, la Belle* von Prévert etc. – erweiterte ich meinen Wortschatz. Towarnicki hatte ein angeborenes Talent, Ideen gemeinverständlich zu machen; in seiner Nähe glaubte ich alles zu verstehen. Wenn ich nach Hause kam, sah ich ihn über den Schreibtisch gebeugt, wie Oblomov im Roman von Gontcharov, den ewigen Morgenrock übergeworfen. Damals war Zeit Mangelware, und so blieben meine Küchenkünste im Rahmen der Buletten, nur durch Kräuter variiert, und meine Camemberts bewertete der Herr Feinschmecker mit dreieinhalb Punkten von 20! Oje… Für seine Freunde repräsentierte ich weiterhin die schöne Barbarin aus Deutschland.

In diesen 60er Jahren fand im *Théâtre Sarah Bernard,* Place du Châtelet, jährlich das »Festival des Nations« statt. Etwa einen Monat lang gab sich die »intelligentia parisienne« ein Stelldichein, um sich regelmäßig internationale Theaterstücke, oft in der Originalsprache, anzuhören. Zur Premiere des *Kaukasischen Kreidekreises* lud uns Brecht ein, nachdem mein Mann ihn über sein persönliches Verhältnis zu Marxismus und epischem Theater interviewt hatte. Jene Jahre wurden von einer großen Leidenschaft für das Theater geprägt, das heute mehr gesellschaftliche Pflichtübung geworden ist.

Eines Tages kam ein Anruf vom Hause Cardin: die Prêt-à-Porter-Kollektion solle in deutschen Städten aufgeführt werden, ob ich dabei sein könne. Nein, ich wollte nicht. Wie bitte, dieser Pierre Cardin hängte, nach Farben und Größen geordnet, Dutzende gleicher Modelle auf die Stangen?! Hatte ich nicht bei Balenciaga und Dior gelernt, Vervielfältigung, Kopien einer Modellschöpfung seien nur über den Weg des Bestellens und Anprobierens möglich! »Er hat einen Vertrag mit den großen Warenhäusern«, rief ich. Antwort meines Mannes: »Stell' Dir doch all die Frauen vor, die nur über ein gewisses Budget verfügen und von jetzt ab glücklich sein werden, ein Cardin-Modell tragen zu können und zugleich in den Augen der Ehemänner eine *andere* zu werden! Denk' an Vasarely, der seine Staffeleimalerei aufgegeben hat, um mit den Reproduktionen eines einzigen Werkes viele erfreuen zu können! Du lebst in einer Elitewelt – komm' von Deinem Sockel herunter – Du hast die Chance, einer Epoche beizuwohnen, in der nicht nur die Modemacher reproduzieren werden!« Nun, bei Dior gab es viel Kommen und Gehen, und die Aussicht, meinen Vater in Frankfurt wiedersehen zu können, motivierte mich. »Starmannequin Karin kommt aus Paris zurück«, erinnere ich mich damals in den bunten Illustrierten gelesen zu haben.

Alain Resnais, der unterdessen Olivias Patenonkel geworden war, kam zu der Zeit oft ins Haus. Die beiden Freunde besprachen den Film *Die Abenteuer des Harry Dickson;* sie planten ihren Kioskhelden, den Detektiv Dickson aus den flämischen Erzählungen, von Jean Rey in den 40er Jahren erfunden, in der filmischen Heldenoper wieder aufleben zu lassen. In einer phantastischen Welt erschienen da tötende Gorgonen, wahnsinnige Alchimisten, Vampire, verführerische Frauen, die dem Detektiv zu schaffen machten. Ich konnte da nicht viel helfen: die Tastatur auf deutschen und französischen Schreibmaschinen ist nun mal verschieden. Zuerst wartete ich mit Anteilnahme, dann gereizt auf das Ende des Werkes. Laurence Olivier hatte die Rolle des Dickson angenommen, konnte sich aber noch nicht für die vielen vorgesehenen Drehwochen freimachen; schließlich akzeptierte Dirk Bogarde. Nach zwei bis drei Jahren zeigte der Teppich zu Hause die Laufspuren meines Hauslöwen. Zuletzt scheiterte das Projekt. Viele trauerten, ich weinte. Ich habe die beiden Drehbücher in englischer und französischer Sprache in die Bibliothek gestellt, die Nummer 38 der *Cahiers de l'Herne* mit Textabdrucken und Interviews zu »Harry Dickson« dazu.

Mein Comeback in die Welt der Mode war kurzlebig, obwohl das tägliche Schweben über dicke Teppiche, das freundliche Lächeln der Verkäuferinnen bei Dior, wie in allen Luxusgeschäften, trügerische Dauer versprach. Paris ist keine bequeme Stadt. Es bedeutet noch nicht Freundschaft, wenn zwei sich einen Klaps auf die Schulter geben; und noch lange keine Bewunderung, wenn die Damen klatschen, die Vorführung über anderen Dingen schon vergessend. Oft, wenn ich in die Anprobekabine zu einer Kundin gerufen wurde, sah diese nur sich selbst in dem schon für sie gesteckten Modell, uns nur, um die Richtigkeit mit dem Original zu vergleichen. Vielleicht war es schwer, mit einem jüngeren, schöneren Mädchen freundlich zu sein. Auch die Journalistinnen waren nicht wirklich zur Bewunderung bereit ... endeten ihre freundlichen Fragen nicht immer mit: »Und was werden Sie später machen, wenn Sie nicht mehr Mannequin sind?« Vorläufig war ich überglücklich, eine *andere* für die Dauer jeder Modevorführung zu sein – Traum aller Frauen, in anderen Kleidern eine andere Person zu werden! Eines Nachmittags wollte ich wieder einmal beweisen, *wie* verschieden das Leben ist, wenn man zwei Personen zugleich verkörpert. Eine Freundin und ich trafen uns auf dem neben meiner Wohnung liegenden Straßenmarkt. An meinem üblichen Stand faßte ich eine Frucht nach der anderen an, sie auf die Reife prüfend, während die Marktfrau hinter ihrer Waage mit Wohlwollen mein geschminktes Gesicht mit den falschen Wimpern, den gut gekämmten Chignon, das Couturekleid, meine roten Nägel betrachtete; sie war gewohnt, mich in diesem »Aufzug« zu sehen, ich gehörte ins »quartier«. Mit einigen freundlichen Worten und »au revoir« verabschiedete man sich. Mit 1 kg

Früchten zu Hause angekommen, schminkte ich mich vor der Freundin völlig ab, ließ die Haare locker fallen, zog irgend etwas an. Ungewohnt für mich, auf offener Straße ohne mein »zweites Gesicht« herumzulaufen. Vor dem Stand derselben Marktfrau angekommen, berührte ich die erste Frucht, schreckte aber sogleich durch ihren Schrei »touchez pas« – »Finger weg« zurück, an meiner Stelle lachte die Freundin, die sicher alles im Büro weitererzählt hat.

Sein Ziel nicht aus den Augen zu verlieren, selbst zu bleiben in dieser artifiziellen Welt, wo die Regel aller Regeln »zu gefallen« hieß, machte mir Spaß. So kam ich bei einem berühmten »coiffeur« auf die Minute pünktlich an, aber ohne jegliche Schminke. »Was darf ich für Sie tun, Mademoiselle?« fragte er mich, als ich zu ihm geführt wurde. »Sie haben mich engagiert, um Photos Ihrer neuen Frisuren für Ihre Schaufenster machen zu lassen, Monsieur.« Alexandre gab mir einen weiteren Blick, während man mich im Salon amüsiert ansah. Viel später fand ich zwischen zwei Vorführungen im Süden Frankreichs bei einem Stadtrundgang eines dieser Riesenphotos, ließ es mir von dem Coiffeur schenken und habe es noch heute.

Ein Mannequin wußte nie, wie lange sie in der Umkleidekabine eines Modeschöpfers »gefallen« werde. Alle sechs Monate wurden andere Kriterien aufgestellt, Schminke und Perücken halfen uns, mit der Mode mitzugehen; was habe ich da nicht alles erleben müssen. Freundlich und geduldig, geduldig und freundlich, das war das erste Gebot. So lange der »Couturier« auf einer neuen Silhouette den Traum seiner Kollektion absteckte und verwirklichte, war keine Gefahr einer Vertragskündigung zu befürchten. In den Augen der Modemeister waren wir »Super-Gestelle« – keine weiblichen Wesen. Ihr höfliches und elegantes Benehmen, eine gewisse Zurückhaltung Frauen gegenüber, machte die Zusammenarbeit mit ihnen recht angenehm. Bei aller Geduld bin ich doch einmal aus der Haut gefahren: nach einer Woche Arbeit mit Pelzkollektionen im Schnee wieder zurück, bekam ich »vous alors« – »also Sie« zu hören und mußte einen ganzen Tag auf Anproben warten. Hatte ich dort oben den blässlichen Stadtteint verloren, einige Gramm zugenommen? Man hatte mich wie ein Gadget behandelt, ich verabschiedete mich grußlos.

Ich hatte einen Fußgänger geheiratet. Also war ich es, die meinen VW auf unseren Reisen steuerte; mein Spitzname lautete *Fangia* (von Fangio). In den Jahren besuchten wir Konrad Lorenz, C.-F. von Weizsäcker im Max-Planck-Institut, Martin Heidegger im Rötebugweg auf den Hügeln um Freiburg, Carl Orff, den Futurologen Robert Jungk, Max Ernst in Seillans im französischen Vargebiet, Ernst Jünger und Frau Liselotte in Wilflingen. Während des Interviews blieb ich gerne bei den Ehefrauen – mit ihnen war die Konversation wesentlich leichter. Viele Jahre hindurch öffnete uns René Char sein verstecktes Gartentor in l'Isle-sur-la-Sorgue bei Cavaillon. Er erkundigte sich regelmäßig nach Heidegger; einmal hatte er gerade seinen von Giacometti illustrierten Gedichtband erhalten. Viele schöne Stunden des Zuhörens auf der Gartenbank oder in seinem mit Büchern überfüllten Büro. Beim Abschied zog Char mich in den Gemüsegarten hinaus und pflückte mir einen Strauß Salbei und nahe am Tor eine Rose. Adieu, ich fühlte mich Köchin und Frau zugleich.

In Saint Paul-de-Vence, nahe dem Mittelmeer, saß ich jeden Sommer für Manfredo Borsi, den florentinischen Maler und Keramiker, Modell. Er versteckte meine Blondheit unter einem in geordneter Unordnung fallenden Tuch, zeitweilig mußte ich die Hände zum Gebet schließen. Seine Skizzen stellten italienische Madonnen dar, die später, in den ihm eigenen unvergleichlichen Farben, als Keramiken in deutschen Kirchen auftragsgemäß wieder erschienen! Zu Borsi und Bianca kam »Gott und die Welt«. So auch Paul-Emile Victor, der antarktische Polforscher und Colette. Wir konnten nicht genug von seinen Erzählungen bekommen, und als er den verblüffenden aufrechten Gang der Pinguine nachahmte, holte ich aus Küche und Schränken der Villa alles, was mir zu einer improvisierten Modenschau im Pinguinschritt in die Hände fiel. Langsam begann ich mir einen eigenen Freundeskreis zu schaffen. An dem Abend bei Borsi sagte z. B. jemand: »Dein Volk hat Kirchenbauer gehabt, die die rechtwinklige Linie erfunden haben. Erst später kam durch italienische Maler und Architekten die Bogenlinie zu uns.«

Zu einer Hochzeitsreise war für Towarnicki und mich bisher nie Zeit gewesen. Auf der Suche nach dem Bogen steuerte ich den altersschwachen VW, in *Raketa* umgetauft, gen Italien und wochenlang durch Griechenland und seine Inseln. Die historischen Erzählungen meines nie ermüdenden Mannes waren einzigartig.

Andere Besuche folgten, z. B. in Deutschland bei Stockhausen. In seinem weißbestickten, ausgeschnittenen, langärmeligen Hemd war er sichtlich von der Walhalla herabgestiegen. Bald darauf sollte er uns in den noch friedlichen Zeiten des Libanons mit anderen Freunden in die Grotte von Jeita einladen, wo, hunderte von Metern unter der Erde, eines seiner Konzerte stattfand. Nie werde ich es vergessen: in der plötzlichen Stille einer sphärischen Musik, zwischen Stalgmiten und Stalaktiten, fielen vereinzelte Wassertropfen auf unsere Schultern, eine fragende Singstimme erhob sich: »Max, wo bist Du?« In dieser Weise musikalisch geehrt zu werden, war auch für Max Ernst und Dorothea Tanning eine Überraschung.

Jedes Jahr fuhren wir zu dem schon vorher genannten Vasarely, Maler und »plasticien«, »Formgeber«, wie er sich bezeichnete. Wie ein ungarischer Prinz auf seinem Landsitz lebte er außerhalb von Gordes in völlig modern hergerichteten »Bories«, riesigen Steinhütten aus grauer Vorzeit. Das für einen symbolischen Franc und auf 99 Jahre erworbene Schloß war von ihm für eine unvorstellbare Summe repariert worden. Dieses Schloß in Gordes und die in Etagen aufgestellten Werke vieler Jahre, sein großzügiges Geschenk an die Stadtgemeinde, wurde zu Beginn der 70er Jahre eingeweiht. Für diesen Tag bekam ich von Victor und Claire Vasarely den Auftrag, einen dreisprachigen, freundschaftlichen »Polizisten« für die sich drängenden Eingeladenen zu spielen. Zurück in Paris, bewarb ich mich weiterhin als Hostesse und wurde auf den Messeständen nicht müde, zum hundertsten Male ein hochmodernes Haushaltsgerät oder einen Computer zu erklären, bei Schiffs- oder Automobilausstellungen mit dem angelernten Wortschatz die Besucher zu beeindrucken. Die Jahre der

Spontaneität waren zu Ende. Es begannen Lehrjahre und die Entwicklung eines gediegenen Organisationstalents für Reisen, Photoarbeiten, Hostessenjobs und Modevorführungen.

Im Mai 1968 führten wir eine Kollektion auf einem Passagierdampfer mit Kurs auf Nordafrika vor. (Zur gleichen Zeit errichteten jugendliche Studenten in Paris Barrikaden – Tage, die in der Erinnerungen aller geblieben sind.) Zu diesem Ereignis waren die Direktoren der Schiffsgesellschaft mit ihren Frauen angereist. Mit einem Champagnerglas in der Hand hörten die beiden Herren meinem Bericht über die Modewelt zu, erzählten ihrerseits von dem Leben auf dem Meer. Man fragte mich: »Wie gefällt es Ihnen auf dem Schiff?« – »Ich könnte mir nichts Schöneres vorstellen, als darauf zu arbeiten«, antwortete ich. »Da kommen Sie wie gerufen, wir haben demnächst vor, es mit dem Posten einer »maîtresse de maison« zu versuchen, die auf Hostessen, Blumenarrangements, abendliche Tischdekorationen ein Auge wirft, die die Passagiere auf allen Ausflügen begleitet, nur vom Kommandanten und Kommissar an Bord Anordnungen erhält, immer weiß gekleidet ist, eben die tüchtige Fee des Hauses spielt.« – »Sie kommen mir auch gerade recht, Monsieur, ich möchte nicht mehr beklatscht werden, sondern andere beklatschen – übrigens, der Seegang macht mir gar nichts aus, ich tauge zum Matrosen.« – »Sie müßten die falschen Wimpern abnehmen. Unsere Hausmutter soll elegant, aber nicht zu schön aussehen, weil man ja zu ihr für Auskünfte und Hilfe kommen soll.« Er zögerte, »und Sie müßten, sagen wir, einen zweimonatigen au-pair-Vertrag als Probezeit annehmen«.

Von da an hatte ich drei Berufe – ich bin der Compagnie Paquet bis heute treu geblieben. An Land zu den Kollektionen und Messen brachte ich immer die beste Miene mit und erzählte von den Häfen und besuchten historischen Orten oder oft weit im Land liegenden Städten. Wie die Stunden, Tage, Wochen auf den Meeren vergingen, ohne sich je zu gleichen. Erinnerungen ohne Zahl: Wie Cocktails in den Appartements des Kommandanten, Gruppenbesuche in Küchen- und Maschinenräumen oder die Verwandlung des Bordkinos in eine sonntägliche Kirche vorzunehmen waren. Wie ich für Junggesellen auf Zwischenlandungen gekaufte Sommerhosen kürzte, wie ich zur Siestastunde cremebewaffnet an Deck die sich rötenden Nasen eingeschlafener Passagiere rettete, wie ich für bedrückte, einsame Leute lustige Ferienfreunde fand, wie ich abends in den Speisesälen, gefolgt von unseren Musikern, zu Geburtstagen Torten überreichte und wohl in vielen Familienalben auch heute noch wangenküssend dastehe. Wie wir zusammen mit den Reisebegleitern bei Ausflügen vom Schiff weg alle Hände voll zu tun hatten. Zu Fuß, mit Bussen, per Flugzeug, auf Elefanten- und Eselsrücken – wir mußten alle heil an Bord zurückbringen. Sie schlidderten auf dem Eis in Alaska, um ihr Photo zu reussieren, wollten in Tahiti nicht wieder aus dem Wasser, mußten in Bali bei Einäscherungen von den um sich greifenden Flammen fortgezogen werden, drohten in Benares bei Sonnenaufgang in winzigen Booten beim Werfen ihrer Blumengaben zu kentern, konnten in griechischen, italienischen Kirchen nicht vom Beten loskommen. Madame, welche Briefmarke muß ich heute auf die Postkarte kleben, Karin, geben Sie doch der Dame, die an dem Tisch sitzt, abends diskret dieses Briefchen, ich habe dem Reiseführer nicht gut zugehört, erzählen Sie mir doch über die Mayazivilisation – Wie sehr ich mein »schwimmendes Haus« mit den sich ewig erneuernden Familienmitgliedern liebte...

Im Februar 1976 stand ich auf der Post des Boulevard Arago Schlange. Vor mir eine ältere, weißhaarige Dame von kleiner Figur. »Verflixt«, sagte sie auf Deutsch, und ich kam ihr mit dem Briefauflesen zuvor. Beide waren wir glücklich, in unserer Sprache zu reden. Sie stellte sich als Clara Malraux vor, sie wohnte 500 Meter von mir entfernt, freute sich, daß ich ihre Tochter Florence 1960 beim Drehen mit Alain Resnais kennengelernt hatte, ja, sie hatten unterdessen geheiratet. Horchte auf, als ich über die gute, seit Jahren dauernde Freundschaft des mir bekannten André Brincourt, Chefredakteur des Feuilletons des *Figaro*, mit ihrem ehemaligen Mann André Malraux sprach. Sie lud mich zum Tee für einen anderen Wochentag ein. Welche Lebhaftigkeit! Ganz wie meine Mutter! Sie hatte mehrere Bücher unter dem Titel *Les Bruits de nos Pas* über ihr Leben mit Malraux geschrieben. War Schreiben für sie ein inneres Bedürfnis, fragte ich mich, oder nur eine Weise, die Bilanz der Jahre an seiner Seite zu ziehen? Welcher Elan und welche Neugierde den Menschen und Dingen gegenüber! Sie lachte wie ein junges Mädchen, konnte, wie ich, nicht still sitzen. Ich las ihre Bücher und fand, daß sie hart mit Malraux umgegangen war. Seltsamerweise schien sie sich in all ihrer Strenge an der von de Gaulle dem Kultusminister und dem Schriftsteller Malraux dargebrachten Bewunderung nicht zu stören. Je mehr man sich vom Geschehenen entfernt, desto mehr spricht man davon, schien mir das Werk Clara Malraux' zu beweisen. Ich verstand, daß sie, von all dem Größenwahn des geschiedenen Mannes abgesehen, nicht verziehen hatte, daß er die Bedeutung ihres gleich zu Beginn der Ehe ausgeübten Einflusses nie hatte anerkennen sollen. Wir sahen uns wenig, da ich viel arbeitete. Ich zog in die Rue de Varenne um und Clara in dasselbe 7. Arrondissement, in das Haus neben dem ihrer Tochter. André Brincourt war Witwer geworden; ich hatte ihn seit meiner Scheidung aus den Augen verloren. Bei der großen Neuigkeit »ich werde heiraten«, strahlte sie, als sei sie selbst die Braut und nannte mich zum ersten Mal »ma fille«. Zu früher Stunde am 8. November 1978 stand ich verzweifelt in der Reinigung, die mir die Krawatte für heute versprochen hatte ... Nicht fertig ... Meine deutsche Familie – Bruder, Schwester, Mutter, ihr Mann – und die französische der Brincourts waren auf dem Weg zum Standesamt des 7. Arrondissements, nicht nur unseren gemeinsamen Geburtstag, sondern auch mein Ja-Wort an André Brincourt mitzufeiern! Mein geschiedener Mann, Towarnicki, zerstreuter Professor, sollte eben diese Krawatte als bestellter Trauzeuge tragen. Überdies war er der um einen Tag ältere der beiden Freunde. Nach der Rede des Bürgermeisters folgte 17 Jahre später das Erinnerungsphoto mit denselben Anwesenden, nur Towarnicki hatte mit Brincourt an meiner Seite gewechselt – und wir hatten eine fast unsichtbare Lücke für seine verstorbene Frau Jane gelassen. Der Empfang folgte im historischen »Moulin d'Andé« bei Susanne und Maurice, seit jeher unsere Freunde. Die Familienmitglieder und 150 eingeladene Gäste machten uns die Freude, 100 km weit durch winterliche Nebelschwaden über die Autobahn zu fahren. So auch Clara. Seit dem

Tage sahen wir sie oft, obwohl ich meine Arbeit noch nicht aufgegeben hatte. Zwischen zwei Reisen brachte ich ihr Süppchen für ihren kranken Mann, blieb dann und wann, bevor ich meinen Mann vom *Figaro* abholte. Wir räumten einen Schrank auf: »Weißt Du, warum ich als junges Mädchen von zu Hause weggegangen bin?« – »Nein, sag' es mir.« – »Weil ich die rosa und hellblauen Schleifen um die Wäsche meiner Mutter nicht mehr sehen wollte!« – »Klaruschka, wirst Du mich trotzdem gerne haben, wenn ich Dir sage, daß ich mit 16 Jahren von zu Hause fortging, um gerade diese Bänder zu finden?« Ich versuchte, in ihr schalkhaftes Lachen einzustimmen. Wir unterhielten uns angeregt über die Freuden der verlorenen und wiedergefundenen Bourgeoisie und aßen ihr unvermeidliches Huhn in Gelee.

Im März 1981 lud uns das israelische Auswärtige Amt zu einem Besuch ein, und mein Mann hatte dem Botschafter in Paris vorgeschlagen, Clara Malraux als offiziellen Gast mit uns reisen zu lassen. Ich konnte gar nicht so schnell photographieren, wie sie uns auf dem Boden ihrer Vorfahren vorauslief! Eine unvergeßliche Woche durch das Land Israel, wo wir uns auch in den von Clara beschriebenen Kibboutz, schon damals vor 40 Jahren mit deutschen Wiedergutmachungsgeldern gegründet, fahren ließen.

Zur Revanche lud sie uns in ihr Landhaus, nur 60 km von Paris entfernt, ein, Florence käme leider nie. Nun hatten mein Mann und ich schon genug der Reiseeinladungen und ein einsames Haus – der Ort hieß *Vert,* wie die Farbe *grün* –, ein französisches Dorf mit Kirche, Postamt und Café-Tabac waren nicht gerade verlokkend. Am Ende einer winzigen Sackgasse sahen wir den Flügel eines alten Bauernhauses mit einem wilden Gärtchen. Ein riesiger, hölzerner Futtertrog in einem der früheren Ställe und im ersten Stock der Heuboden als Salon eingerichtet. Eine Spinnwebenwelt mit in sich sinkenden Möbeln. Mein mitgebrachtes Essen für uns drei rundete den Besuch ab. Andrés Bemerkung, »aber man kann hier doch nicht wohnen«, schien Clara recht glücklich zu machen. Sie antwortete: »Darum lebe ich auch nicht hier; was mir gefallen würde, wäre, wenn ich bei mir eingeladen sein könnte.« Das Verzwickteste, was wir wohl je zu hören bekamen. Unser Nachdenken ergab, daß Clara wohl gerne ein Zimmer in *unserem* Hause hätte – so fanden wir eines Tages zu dritt den Weg zum Notar im nahegelegenen Mantes-La-Jolie. Jahrelang haben André und ich vom neuen Dach bis zur Badewanne über den Garten alles Mögliche unternommen, um ein schönes, gemütliches Haus daraus zu machen.

Am 15. Dezember 1982 war das Gästezimmer fertig, der Tannenbaum schon gekauft. Clara ruhte sich einige Tage, auf mein versprochenes Weihnachtsfest wartend, im »Moulin d'Andé« aus; da kam von dort ein Anruf, wir sollten sofort kommen! Die, die mich liebevoll »ma fille« genannt hatte, war im Schlaf von uns gegangen. – Wir sind dann zur Gemeinde gegangen, um den Tod von Clara Malraux, geborene Goldschmidt, am 22. Oktober 1897 in Magdeburg geboren, amtlich anzuzeigen.

»Aber etwas fehlt«: Zur Einweihung des Hauses in Vert wartet seitdem das mitgebrachte Fläschchen Wasser aus dem heiligen Gangesfluß, denn auch unser sehr geliebter Freund, der Révérend Père Martin von Saint-

Eustache in Paris hat seine Chöre und uns zu früh verlassen.

Seit meiner Ankunft vor 35 Jahren sind Deutschland und Frankreich sich immer näher gekommen. (Grass und Françoise Giroud in ihren bei *Marén Sell* erschienenen Gesprächen zeugen davon.) Aus meinem früheren »Drei-Etappen-Spiel« – »Sie sind Deutsche? – Ja. – Woher kommen Sie? Aus Berlin-West oder Ost? Aus dem Westen?« ist bei heutigen Fragen ein überzeugtes: »Ich bin Berlinerin« geworden. Ich glaube, die Antworten von damals waren immer etwas enttäuschend. Wäre ich aus dem Osten gekommen, hätte man mich ein bißchen interessanter gefunden. Alles ist etwas ruhiger geworden, obwohl wir an einem regen gesellschaftlichen Leben teilnehmen, viel reisen, einladen; so kochte ich z. B. zum 90. Geburtstag von Ernst Jünger für ihn und all seine Verehrer ein Riesenessen im »Moulin d'Andé«. Cher ami, nun, da ich wirklich gelernt habe, einen Camembert auszusuchen, (sagen wir mit 19 bis 20 Punkten zu bewerten – die Vollkommenheit existiert nicht), darf ich Sie und Ihre Frau doch bald zum Essen bei uns sehen! Dann könnte ich Ihnen weitererzählen, daß ich babysitte für das Kind der Concierge, zu Demonstrationen gehe und mich seit 20 Jahren um einen Blinden kümmere...

In unserem Appartement im 36. Stock eines Wohnturms an der Défense, mehr und mehr vom *Figaro* und dem damit verbundenen Direktorposten entfernt, hat mein Mann kürzlich sein 13. Buch geschrieben, um darin Sokrates und Platon in unserer Zeit unter anderen Namen wiederzufinden. Humorvoll läßt er Worte in

Rauch aufgehen; aber das wahre Thema von *La Parole Donnée* ist, auf jene Gefahr hinzuweisen, die entsteht, wenn die in den Worten enthaltenen Ideen »eingeräuchert« werden! Brincourt hat sein ganzes Werk hindurch versucht, den Worten die Maske herunterzureißen.

Um uns herum sagt man weniger »aber etwas fehlt« – unsere Freunde haben ihre Schlachten geschlagen, es ist nicht mehr die revolutionäre Gesinnung, die sie auszeichnet; zu Geltung gekommen, anerkannt, gelobt, tragen sie ihre Verdienste am Revers.

In meiner behüteten Einsamkeit mache ich mich wie in meiner ersten Ehe ehrfürchtig um den geliebten, schreibgebückten Rücken herum zu schaffen. An der Seite von André will ich nicht mehr »autre«, die *andere* sein! Die Laufstege auf und ab, die Meere auf und ab, die Welt der Ideen auf und ab – nach so vielen scheinbar unvereinbaren Erlebnissen habe ich endlich die Zeit, Musik zu hören, zu lesen, welch ein Vergnügen! Nein, alles ist uns nicht von Anfang an gegeben – unsere Wißbegier gibt uns den Antrieb. So habe ich es bei unserer guten Freundin Ludmila Tchérina beobachtet. Sie tanzt nicht mehr, aber schreibt und malt hervorragend, und ihr Gesicht strahlt all' das Neuerrungene aus. Wer sagt, man könne nicht auf zwei Hochzeiten zugleich tanzen? ... auf dreien, wenn man nur will!

Von meiner Liebe zur »Couture« bleibt meine Reihfaden-Knopf-Band-Stecknadel-Stoffrest-Paradiesecke! Nie habe ich etwas weggeworfen: aus anderem etwas anderes machen. Meine »Friedensleistungen«, mit denen ich mein Land von einer anderen Seite zu zeigen versuchte, bleiben auch heute noch jene in Frankreich unbekannten Adventskränze oder Gelee aus den Holunderbeeren des Gartens. Aus einem: »Ah, Sie wollen uns wohl vergiften?« – wurde ein: »Bleibt nicht noch ein Glas?« – Sagen Sie es nicht weiter: aus den grünen Tragbütten der Stadt Paris in den »quartiers résidentiels« hole ich mir schicke, ausgediente Möbel, die nach mir zu rufen scheinen, auf mein Autodach und bringe sie nach Vert auf's Land. Mein Mann kommt manchmal aus dem Staunen nicht heraus. Nähen, strikken, basteln, sticken, Möbel aufbessern, das Bügeln ist mir immer noch die liebste Hausarbeit: jeder Stoff, von dem glänzenden Eisen berührt, läßt mit den aufsteigenden Dämpfen Erinnerungen wachwerden!

Es steht wunderschön an dem Haus von Axel Munthe auf Capri: *»oser – vouloir – savoir – se taire«* geschrieben. Wir alle haben unsere Tränen für unsere Vergangenheit, sollte mir kein Abschiedsweh, kein Ankunftsweh mehr geschehen?

Nun habe ich den Brief an Sie aus dem Französischen übersetzt. Hinter jedem geschriebenen Wort steht ein anderes, ungeschriebenes, ich lasse Sie weiterlesen…

Ihre Karin Brincourt,

eine, die nicht auszog, das Fürchten zu lernen, eine, die auszog, die Worte zu suchen, Worte, die uns mit den anderen verbinden!

Fragebogen:

In welcher Epoche der französischen Geschichte hätten Sie am liebsten gelebt?

Was schätzen Sie bei den Franzosen am meisten?

Was ärgert Sie bei den Franzosen am meisten?

Welches deutsche Thema müssen Sie Ihren französischen Freunden am meisten erklären?

In welchen Bereichen gleichen sich Ihres Erachtens Deutsche und Franzosen im Zuge der europäischen Einheit an?

Nennen Sie Ihr (e,en) Pariser Lieblings-

Nennen Sie Ihr(en) französisches (en) Lieblings-

Ist für Sie Paris eine »Ville lumière«?

Was ist Ihr Lieblingswerk der französischen Literatur?

Welchen französischen Politiker schätzen Sie am

Wo liegen die größten Mißverständnisse zwischen Deutschen und Franzosen?

Können Sie sich jeweils mit einem Satz zu folgenden Phänomenen äußern:
Geist/Esprit:

14. Juli in Paris:

Mode in Frankreich:

Französische Sprache:

Volker Schlöndorff

1789

Leur indulgence

Leur indulgence

Seele - Metaphysik - Nebel

Supermarket

Quartier: *9ème*
Straße: *rue des Martyres*
Platz:

Gericht: *Bœuf Bourgignon*
Film: *»La Règle du Jeu«*
Chanson: *»Pays lointains« de Charles Trenet*

ja

»Voyage au Bout de la Nuit« (Céline)

meisten: *Mendés-France*
wenigsten: *...*

Im Sprachlichen: Beide Sprachen sind kompliziert und dem anderen so schwer verständlich, daß sie immer ein falsches Bild voneinander haben.

Connu surtout sous forme de calembour.

Pour ceux qui ne peuvent pas partir.

Trop narcisse pour l'exportation.

Malgré Céline en retard sur notre temps.

Welchen zwei der folgenden Sätze von Franzosen über Deutsche/Deutschen über Franzosen würden Sie am ehesten und welchen zwei Sätzen am wenigsten zustimmen?

»Ein Hegel, ein Schopenhauer, ein Nietzsche sind in Frankreich undenkbar. Sie würden den Garten der Zivilisation und das Reich des Menschen zerstören. Die Unendlichkeit des Geistes kann sich in der französischen Philosophie nicht ausleben.«
(E. R. Curtius: Die französische Kultur)

am wenigsten ✘

»… l'Allemagne, force de la nature à laquelle elle tient aut plus près, faisceau d'instincts puissants mais troubles, artistes-nés qui n'ont point de goût, techniciens restés féodaux, pères de famille belliqueux, restaurants qui sont des temples, usines dans les forêts, palais gothiques pour les nécessités, oppresseurs qui veulent être aimés, séparatistes obéissant au doigt et à l'œil, chevaliers du myosotis qui se font vomir leur bière, route que Siegfried de Limousin voit épique le matin, romantique vers midi, guerrière le soir, océan sublime et glauque d'où le filet retire pêle-mêle des monstres et des trésors…«
(Ch. de Gaulle: Vers l'armée de métier)

am wenigsten ✘

»Deutschland und Frankreich zusammen – die beiden befreundeten Länder – werden das Herzstück eines freien geeinten Europas bedeuten. Eines ist sicher: Europa wird nur diese Zukunft haben oder keine.«
(Klaus Mann: Das innere Vaterland)

Was halten Sie von der Behauptung, Paris sei nicht Frankreich?

Wie steht es Ihrer Meinung nach heute um die französische Kultur im weitesten Sinne (Aufstieg, Abstieg, Stagnation)?

Was würden Sie sich auf die berühmte einsame Insel nachschicken lassen?

Welche Frage hätten Sie am liebsten selbst gestellt und beantwortet?

Volker Schlöndorff

»On pourrait dire avec raison que les Français et les Allemands sont aux deux extrêmités de la chaîne morale, puisque les uns considèrent les objets extérieurs comme le mobile de toute les idées, et les autres, les idées comme le mobile de toutes les impressions.« *(Germaine de Stael: De l' Allemagne)*

✘ *am ehesten*

»Alle großen Franzosen sind, wie ihre Rasse, im Gleichgewicht zwischen ihrer sinnlichen Intensität und dem Eifer und der Klarheit ihres Geistes.« *(Heinrich Mann: Geist und Tat. Essays über Franzosen)*

✘ *am ehesten*

»Die Mathematiker sind eine Art Franzosen: redet man zu ihnen, so übersetzen sie es in ihre Sprache, und dann ist es alsobald ganz etwas anders.« *(J. W. Goethe: Maximen und Reflexionen)*

✘ *am ehesten*

»Ou bien encore est-il vrai que nous autres Allemands ne pouvons produire aucune bonne comédie et sommes à perpétuité condamnés à emprunter aux Français ces sortes de poèmes.« *(Heinrich Heine: De la France)*

»Den deutschen Gegensatz des Romantischen und Klassischen besitzen die Franzosen vollkommen unter dem Namen des Widerstreits von Sensibilité und Raison.« *(Thomas Mann: Pariser Rechenschaft)*

✘ *am wenigsten*

...

Pas plus mal que dans le reste de l'Europe: Elle est muséale.

Die »Pensées« von Pascal

✘ *Einen grand cru aus dem Médoc*

Eine frische Baguette, einen grand café crème und ein Päckchen Gauloise

Wie kommt es, daß die zitierten Klischées (Raison, Sensibilité, Clarté, Esprit) immer noch existieren?

So war es

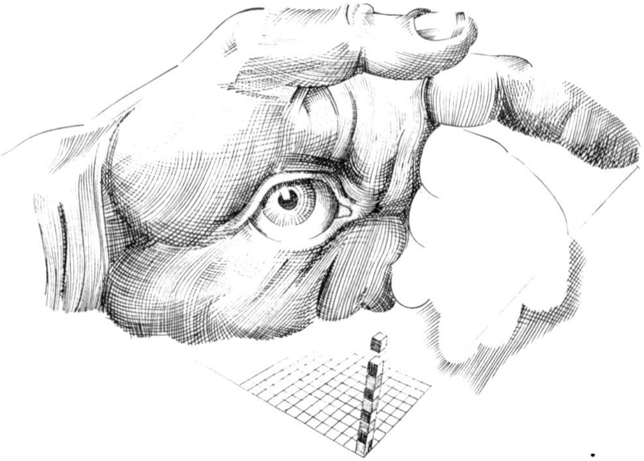

Albert Flocon

Verflechtungen

Fluchtpunkt Paris (1)

1933: der Donnerschlag des tausendjährigen, für unmöglich gehaltenen Reiches. Es gab nur mehr eine Sprache und einen Geschmack, bei dem sich mir die Haare sträubten: Hohenfriedberger Marsch durch dick und dünn... Also ins Exil mit Kind und Kegel und mit Fluchtpunkt Paris!

Was folgte, war das nicht einfache neue Leben in dem »vieille France« gebliebenen, wohlbewahrten, bürgerlich-spießbürgerlichen Frankreich, wo sich alles noch im schön-raffinierten Gleichgewicht, in kühlen Farben, regelmäßig und improvisiert, und unangetastet wie der Louvre selbst darbot. (Was seitdem aber doch gründlich umgestülpt wurde.) Aus Pariser Sicht schien Deutschlands Raserei einfach psychotisch. Zunächst einmal hieß es, sich das Straßenleben der Metropole einzuverleiben, wo Liebespaare sich immer und überall umarmen, wo Schaulustige, Straßensänger, Straßenhändler und Camelots (von Kamel), die in meinen Ohren ein wunderbares Französisch sprachen, herumlungern, und wo es die Seineufer, die Kästen der Bouquinisten, und vor allem die ungezählten Kaffeehausterassen gibt, wo man für einen »Crème« stundenlang diskutierend verweilen kann. Alles in allem ein tolerantes, recht zurückhaltendes Land mit anarchistisch-konservativem Hintergrund, und der Devise »chacun pour soi, Dieu pour nous tous« (Jeder für sich und Gott für uns alle).

Das Flüchtlingsleben somit, das Exil (von lat. exsilire, herausspringen, ausgeschlossen sein): Und plötzlich sieht man alles Innere von außen. Ein radikaler Blickwechsel vollzieht sich, das Wintermärchen Deutschland wird zum »temps des cerises«. In Paris wohnen macht noch lange keinen Pariser aus einem. Meine Großmutter Flocon hatte mir vielleicht doch mit ihrem radebrechenden Deutsch etwas von der französischen Sprachmusik ins Ohr gesungen. Jedenfalls lernte ich die Sprache leicht und gern. Meine französischen Lehr- und Wanderjahre sollten bis nach dem, damals noch nicht stattgefundenen Zweiten Weltkrieg dauern. Das »Unbehagen in der Kultur« war mit meinem in die Weite gehenden Suchen, mit der tiefen Verfremdung, dem Drinnen und Draußen, dem Inneren im Außen, dem Diesseits im Jenseits, mit meiner persönlichen Diaspora aufs Engste verstrickt.

Nomen - Omen

Warum Flocon, wo doch bis zum Kriege alle wußten, daß der Mann Mentzel hieß? Damals (1943) brauchte er ja gerade einen anderen Namen und jener war ihm aus seiner Familiengeschichte geläufig. Der Onkel meiner Großmutter, Louis Ferdinand Flocon, war mit Louis Blanc sozialistischer Abgeordneter und Mitglied der provisorischen Regierung der zweiten französischen Republik 1848 gewesen. Dieser provisorische Deckname wurde schließlich sein Künstlername und steht nun auch in seinen Papieren. Sein Großmutterland wurde sein gelobtes Land; es nahm ihn auf.

Büchermachen

Natürlich werden Sie mich fragen: »Warum eigentlich machen Sie Bücher?« Darauf gibt es keine zufriedenstellende Antwort. Sagen wir nur, daß es sich um eine Art Geisteskrankheit, um einen Zustand nahe der Zwangsneurose handelt. So wie es jener Protestler schon gesagt hatte: »Hier stehe ich, ich kann nicht anders…«

Das »Wie«, die Art und Weise, die Manier und die Manie hingegen sind für den Handwerker, für den Büchermacher einer sinnvollen, ja sinnlichen Darstellung zugänglich. Bitte, ich spreche da ausschließlich für mich, aus meinem Leben, in welchem ich unter anderem mehr als zwanzig illustrierte Bücher produzieren konnte. Zum Teil sind diese Texte Reflexionen anderer Autoren über meine Kupferstiche, zum Teil meine eigenen Gedanken, vor allem über Fragen der Raumdarstellung: Lebensraum, physisch-geometrischer Raum und, schließlich und endlich, Bildraum.

Aber zunächst einmal: Was sind Bücher? Vor allen anderen Definitionen würde ich sagen: Auf Regalen gereihte papierene Parallelepipeden, zu Hunderten, Tausenden und viel mehr angesammelte Produkte des graphischen Vervielfältigungs- und Verbreitungsgewerbes. Darüber hinaus, um mit Schopenhauer zu reden, »das papierene Gedächtnis der Menschheit«. In dieser erdrückenden Masse sind natürlich meine bibliophilen Ausgaben mit ihren 70 bis 250 Exemplaren weniger als der Tropfen auf den heißen Stein, aber es sind eben doch meine.

Obwohl ich aus dem den Massenbedarf bejahenden

Bauhaus (1927-30) kam, habe ich mich im wesentlichen der Herstellung handwerklicher Kleinstauflagen gewidmet. Ich denke in erster Linie darum, weil ich da alle Etappen kontrollieren, ja selbst ins Werk setzen konnte und noch kann: Handgeschöpftes Papier, Handsatz, Handabzüge von handgestochenen Kupfern oder handgeschnittenen Holzblöcken; primitive, von Hand angetriebene Maschinen. Der Philosoph Gaston Bachelard sagte mir nach dem Besuch einer Pariser Kupferstichdruckerei: »Ja, das funktioniert ja, wie es in der *Encyclopédie* von Diderot beschrieben ist.« Tatsächlich ist unser Handwerk vorindustriell, sozusagen Beschäftigung für Cromagnons, wo man kratzt, gräbt, poliert, aufreißt, einschneidet, abschneidet, zuschneidet, ätzt, knetet, plattdrückt, preßt. Jedenfalls, so wenig wie möglich Beteiligte, Ratgeber und Mitarbeiter; und letztere mit geschickten Händen und gutem Augenmaß. Von all den Tast-, Geruch-, Hör- und Gesichtseindrücken, die mit dem Büchermachen verbunden sind, ganz zu schweigen. Handgemachte Bücher sind erst einmal ein sinnliches Vergnügen, ehe vom Inhalt die Rede sein kann. Dieses Vergnügen bleibt auch beim Blättern und Lesen bestehen. – Hinzu kommt noch, für mich, die Wahl jenes schwierigen Werkzeuges, des Grabstichels. Vornehmlich wohl deswegen, weil die Zeitabläufe mit ihren uferlosen, jeder Form baren, ästhetischen und gedanklichen Freiheiten mich zur strengen Regularität disziplinierter Arbeit, wie sie Runge forderte, einfach aus Widerspruchsgeist, unwiderstehlich anreizten. Auch da blieb ich dem Bauhausaxiom, »wie kann man es anders machen?«, treu; also auch anders als meine alten Meister.

Gaston Bachelard

Hier also die Umstände, unter denen ich Gaston Bachelard kennen lernte. Bewunderer seiner Bücher, hatte ich aus *La terre et les rêveries de la volonté* eine Reihe von Zitaten zusammengestellt, welche als Vorwort zu der ersten Ausstellung der Graphiker-gruppe *Graphies,* deren Gründerväter Yersin, Pré-bandier und ich selbst waren, hätte dienen sollen. Ihre Beteiligung hatten zugesagt Boumeester, Chastel, Courtin, Durand, Fautrier, Fiorini, Goetz, Richier, Signovert, Ubac, Vieillard, Villon und Vuillamy. Da die Zitate eine gewisse Länge hatten, machte ich dem Verleger José Corti einen Besuch um die Druckerlaubnis. Dieser riet mir, mich an Bachelard selbst zu wenden; worauf ich schrieb, da der Philosoph kein Telephon hatte. Er öffnete Besuchern gern seine Tür, verabscheute es aber, genau wie Degas, auf telephonischen Anruf zu laufen. Den übernächsten Tag hatte ich schon Antwort und Einladung, zu ihm zu kommen. Er ließ sich die Gründe unseres Zusammentreffens erklären und sah mit großer Aufmerksamkeit die mitgebrachten graphischen Blätter durch und ließ sich deren Herstellungstechnik im einzelnen erklären. Zusammenfassend gab er gerne alle Autorisation, aber im Grunde, meinte er, sei es schade, schon Gedrucktes wiederzuveröffentlichen, darüber hinaus träfen meine Zitate nicht den Kern der Sache, da der Graphiker kein authentischer *homo faber* sei, er schlug mir aber vor, eine Seite »hinzubuttern« (er sagte *tartiner),* wenn ich nur auf ein solches Vorwort ein paar Tagen warten wolle. Ich erhielt dann also diesen wunderbaren Text, der *A la gloire de la main (Zum Ruhme der Hand)* betitelt war, die arbeitende Hand des

Graphikers. – Da diese erste Kundgebung in der kleinen Welt der Graphik einigen Widerhall fand, schlug ich in der Folge vor, einen kollektiven bibliophilen Band herauszubringen über das Thema: *A la gloire de la main.* Dieser erschien 1949 und vereinigte die Schriftsteller Bachelard, Eluard, Lescure, Mondor, Ponge, de Solier, Tzara, Valéry mit den obengenannten Graphikern.

In meinen beiden Büchern *Paysages* und *Châteaux en Espagne,* kommentiert Bachelard je 18 Kupferstiche und legt in den Einführungen die psychologischen und ästhetischen, dem Stich eigenen Bedingungen mit beschwingter Klarheit dar. Der Aufbau und die Abfassung beider Bücher zogen sich über Monate hin. Nur ein geringer Teil der Kupfer war zu Beginn der Projekte bereits gestochen. Oft waren es nur Zeichnungen. Aber die führende Idee war festgelegt. Bachelard schrieb Zug um Zug, sobald ich ihm Abzüge vorlegen konnte. Das waren stimulierende Zeiten.

In seinem Einführungstext *Notes d'un philosophe pour un graveur* schrieb Bachelard: »... Dann beginnen also die Erzählungen der Einsamkeit... Flocon kennt gefühlsmäßig die wunderbare Pluralität des Einfachen... Für mich sind diese anthropomorphen Landschaften monumentale Körper, Körper-Berge, Körperfelder, Körper-Pfade und -Seitenwege. Die Erde oder die Frau? Eher wohl die Erde und die Frau! Die großen Träumer wählen nicht.«

Sieben Jahre später schrieb derselbe Autor in *La philosophie d'un graveur:* »Ja, ganz und gar Philosoph, der ich bin, täusche ich mich nicht: Flocon modelliert die Raum-Zeit. Ein Luftschloß von Flocon ist eine Spannung der Gegenwart zum Kommenden hin, eine Zeitraffung Gegenwart – Zukunft...« Es ist wahr, alle

GASTON BACHELARD

PAYSAGES

NOTES D'UN PHILOSOPHE
POUR UN GRAVEUR

ALBERT FLOCON

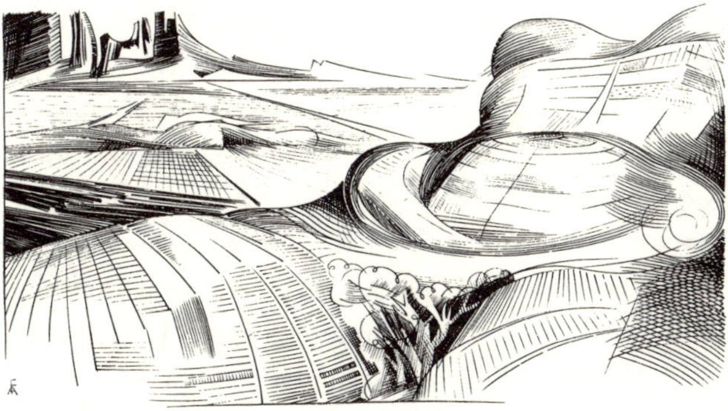

Editions de l'Aire

diese Schlösser sind Baustellen, zu bauende Objekte, soweit das Auge reicht; projizierte Projekte, wo man sich beflissen beeilt... »da ist also das Abstrakt-Konkrete, das Nichtfigürliche figuriert, das Figürliche transgraviert.«

Jahrelang besuchte ich den Philosophen regelmäßig. Wieviele Menschen, wieviele Diskussionen in der kleinen Stube über dem Platz Maubert, wo die besten Pariser Geister verkehrten. Meister der Mäeutik, hielt Bachelard alle Besucher unter dem Charme eines Ideenaustausches, der jedem die Überzeugung hinterließ, er sei intelligenter, als er es angenommen hatte. Wenn dann das Buch in den Satz kam, stellten sich oft heikle Fragen typographischer Natur. Eine halbe Zeile Text erschien da oben auf der sonst leeren rechten Seite des Kapitelendes. Wäre es möglich, da noch einen Abschnitt von mehreren Zeilen hinzuzufügen oder eine Zeile des vorhergehenden Textes zu streichen? Bachelard war da unerschütterlich guten Willens und allen die Ästhetik der Typographie betreffenden Argumenten zugänglich. Wenn ich an die mimosenhaften Empfindlichkeiten der meisten Autoren denke, die jede Änderung ihres sakrosanten Textes mit unbeugsamem Stolz zurückweisen, scheint mir die handwerkliche Haltung des Philosophen höchst nachahmenswert.

Paul Eluard

Alles, was mit Sicht und Sehen, Schauen und Anschauen, Ausschau, angefangen vom Schaufenster (Schlemmers Fensterbilder) bis zum Schauspiel, was mit Licht und Augenlicht, mit Prospekt (Newski, z. B.) und Perspektive (= Fernrohr = Durchsicht, von *spicatus:* spitz), was im Grunde mit all dem, was wie Lichtstrahlen

PAUL ELUARD

PERSPECTIVES

ALBERT FLOCON

durch ein Nadelöhr geht, sich dort kreuzt und so ein Bild erzeugt, also mit Bildern *(picturae artificialis,* wie Kepler sagt) zu tun hat, heißt wohl auch Zeichnen, ein Zeichen setzen, malen…

Die karzerale Erfahrung im Gefängnis St. Michel des deutschen Sicherheitsdienstes in Toulouse (1944) ließ mich von Fluchtpunkten träumen, dieser im Endlich-Unendlichen gelegenen Punkte, wo die Parallelbündel zusammenfließen. – Zwischen 1945 und 1948 entstanden dann die Kupferplatten, die dieses Erlebnis der metaphysischen Weite, das ozeanische Gefühl, durch strenge Konstruktion zum Ausdruck bringen. Ein gemeinsamer Freund zeigte dem Dichter Paul Eluard die Mappe meiner Stiche, und dieser schrieb zehn schöne Gedichte über meine Kompositionen. Eluard fand auch den Verleger. Natürlich war es dann mit meiner Beteiligung an der surrealistischen Gruppe André Bretons zu Ende.

Je noue et je délie je donne et je refuse
Je crée et je détruis j'adore et je punis
Ma fleur est la pensée je caresse et je sème
Je vois avec mes doigts je touche et je comprends.

Ich knüpfe und ich löse ich gebe und verweigere
Ich schöpfe, ich zerstöre, ich bewundere und bestrafe
Meine Blüte ist der Gedanke ich kose und ich sähe
Ich blicke mit meinen Fingern, ich taste und verstehe.

Dieses erste Gedicht beschreibt die Hand, in deren Innenfläche sich ein Auge befindet.

André Barre

Ab 1956 begann ich, die gut ausgerüstete Werkstatt für Metallschnitt von Punzen und Prägestempeln, die André Barre an der *Ecole Estienne* leitete, regelmäßig zu besuchen. Barre hatte hochintelligente Hände und die Erfahrung des arbeitenden Technikers, dessen Philosophie mit seinem Tun und Handeln im Einklang stand. Häufige Zusammenkünfte, Übereinstimmung in vielen Meinungsfragen und eine tiefe gegenseitige Sympathie führten bald zu einer wahren Freundschaft.

Es war daher ganz natürlich, daß ich dem Freund meine ersten Aufzeichnungen und Versuche zeigte, die mich seit längerem schon beschäftigten. Die Sehkugel war mir bereits deutlich vor Augen, auch ihre »Abwicklung«, besser: Übertragung des Großkreises durch Radien des runden Bildes. Aber die Anwendung des Systems auf perspektivische Konstruktionen bedurfte eingehender Untersuchungen. André Barre baute sogar eine Maschine, um kurvenlineare Perspektiven zu zeichnen. Sie funktionierte wie die Raumübertragung. 1960 schien sich die Theorie in Skizzen und Notizen logisch abzurunden, und wir beschlossen eine gemeinsame Veröffentlichung. 1962 verfaßte ich einen ersten Text über die kurvenlineare Perspektive in dem von mir verfaßten Band *La Perspective* der Reihe *Que-sais-je.* 1964 erfolgte eine wissenschaftliche Veröffentlichung, die vom Mathematiker Bouligand, Barre und mir selbst signiert war, um unser Erstrecht zu sichern. Im gleichen Jahr wurde ich als ordentlicher Professor für Perspektive an die *Ecole des Beaux Arts* berufen. Meine Zusammenarbeit mit Barre hörte deshalb aber keineswegs auf. Ich malte in jenen Jahren zahlreiche Landschaften und Aktbilder in der neuen Perspektive. 1967 war unser Buch druckfertig. Anfang 1968 brachte uns eine schön ausgerichtete Ausstellung in der Galerie *La Hune* einen Achtungs-, das heißt einen gewissen Publikumserfolg. Anerkennende Briefe von Lévi-Strauss, Etiemble, le Ricolais und etwas später auch der Segen von Gropius waren recht ermutigend. Aber im Großen und Ganzen blieb die Welt deswegen nicht stehen. Paris hatte andere Sorgen.

Als ich von der Eröffnung der großen Bauhaus-Ausstellung in Stuttgart, wo Kurvenperspektiven an den Wänden hingen, wo aber auch die Ulmer Bauhausstudenten gegen die Schließung ihrer Schule protestierten (ketzerische Schulen sind vielleicht doch eine *contradictio in adjecto)* zurückgekehrt war, rochen die Pariser Straßen nach Tränengas: Mai '68, wieder einmal *»les temps des cerises…«.* – Ein kurz zuvor von mir veröffentlichtes Reformprogramm für die altertümliche *Ecole des Beaux Arts* wurde von den Anhängern der Mai-Revolution bald aufgegriffen, wurde aber ebenso heftig verteidigt wie abgelehnt. Ich bedaure nichts, muß aber doch sagen, daß ich drei Jahre lang intensiv an Plänen und Versuchen gearbeitet habe, um etwas Bauhausähnliches auf die Beine zu stellen, ohne im Nachhinein behaupten zu können, viel damit bewirkt zu haben. Im Großen und Ganzen hatte sich die Routine das verlorene Terrain bald wieder zurückerobert. Als einziges Relikt weitgespannter Hoffnungen blieb im autoritären Gefüge vielleicht eine gewisse Redefreiheit erhalten.

Fluchtpunkt Paris (2)

1933, als die hitlersche Gegenrevolution ausbrach, als es emigrieren hieß, stand die Wahl zwischen Moskau und Paris, zwischen dem schnurgeraden Weg des Berufspolitikers und dem ungebahnten eines Amateur-Künstlers. Ich wählte Paris, Vorstellungen wegen, eine Traumstadt, die aus Büchern und Bildern bestehend, wenig mit der wirklich erlebten Stadt zu tun hatte, deren Mythologie jedoch heute noch auf mich einwirkt. *»C'est la faute à Voltaire, c'est la faute à Rousseau«* (Victor Hugo). »Uns trägt kein Volk«, sagte Paul Klee. Ein halbes Jahrhundert später ist diese Klage wahrer als je. Der nicht in den unendlichen Plattheiten der Kulturindustrie wirkende Künstler ist verlassener denn je. Er weiß, daß die Werke, die er schätzt, stets gegen die herrschende Umgebung zustande kamen. So geht es auch mit den seinigen. Er leidet am unglücklichen Gewissen aller Ikonoklasten, er fragt sich darüber hinaus, ob ein »Werk« noch Sinn habe. – Hier spreche »ich« wieder: die Sorge um ein zu vollbringendes »Werk« mit Mausoleum, Renommétrompeten und persönlichem Museum hat mich wenig gequält. Sein Leben lang dasselbe Bild malen und dann den Reisenden in der Welt, wo man plaudert, zu machen, scheint mir eine langweilige und unerhebliche Beschäftigung zu sein. Und ich habe mich selten gelangweilt. Es ist mir, selbst in den schlimmsten Umständen, immer gelungen, absorbierende Beschäftigungen zu erfinden, die jedesmal, obwohl im allgemeinen unverkäuflich, für mich voller Überraschungen und voller Belehrungen waren.

»Hindurchsehen« erste Bedeutung vom Wort *Perspektive* –, kommen sehen, Scharfblick, mit dem Blick durchstoßen, genau besehen, entwirren, ins Weite sehen, erkennen, Zukunftsaussichten; welch ein Programm. Endlich: *»Persepectives«* (auf den Plural genau) Titel meines ersten Buches.

Und so bleibt im Alter das unerreichte und doch so nahe scheinende Ziel, wie der unendliche Fluchtpunkt des Perspektivisten: Bilder des Innen-Außen zu konstruieren, Fragmente soweit das Auge reicht, in ihren unzähligen Aspekten, ihren fliehenden Ansichten zu schauen und zu erfassen, solange der Horizont offen bleibt.

Christa Ludwig

Die Standuhr

Meine Bekanntschaft mit Frankreich begann vor zwanzig Jahren, weil ich mich in New York in meinen Regisseur verliebte – *Paul-Emile Deiber* von der Comédie Française, der an der Metropolitain Opera *»Werther«* inszenierte, worin ich die Charlotte sang. Da diese Oper in französischer Sprache gesungen wird und ich nicht französisch sprach, erbarmte sich Paul-Emile Deiber meiner Aussprache – und so heirateten wir! Damit begann meine Bekanntschaft mit Frankreich, der französischen Kultur – und den Franzosen! In Deutschland aufgewachsen während der Hitler-Zeit, wäre mir wohl die französische Mentalität total fremd gewesen, hätte ich nicht den Umweg über viele Jahre Österreich gemacht, das von seiner Mentalität eher zu Frankreich paßt. Im Hitler-Deutschland war ja die persönliche Freiheit überhaupt nicht vorhanden. Man mußte mit der Masse mitlaufen; es wurde einfach »von obenher« bestimmt, was zu denken war. Und dieser Gegensatz hier in Frankreich. Schon de Gaulle sagte, wie solle man ein Land regieren, wo die Leute täglich einen anderen Käse essen können! Die (relative) Freiheit des Einzelnen, der Mut zum Neinsagen, die Streiks, die Demonstrationen, alles das beeindruckte mich gewaltig. Diese Freiheit manifestierte sich bei uns einmal sehr unerwartet lustig: auf dem Flohmarkt (einem Platz der Superfreiheit) kauften wir eine schöne alte Standuhr, die stündlich sehr klangvoll schlug – aber, sie schlug sehr phantasievoll, was sie wollte! Trotz mehrfachen Besuchs beim »Uhren-Doktor« war sie nicht zu bewegen, die Stunde zu schlagen, die die Zeiger anzeigten. *Vive la liberté!*

Hansgerd Schulte

Ich weiß nicht, was soll es bedeuten...

Es war einmal ein kleiner Junge auf einem Gymnasium im Hunsrück zu einer Zeit, wo das Ende des tausendjährigen Reiches bereits absehbar war. Beflissen und neugierig las er in einem Lesebuch, das staatlich geprüft und zur Volksbildung freigegeben war. An diesem Tag fiel ihm ein Gedicht auf, das von dem Loreley-Felsen am Rhein sang, der ihm als Hunsrücker von Ausflügen natürlich vertraut war. Aber er fand das Gedicht auch schön:

Ich weiß nicht, was soll es bedeuten
Daß ich so traurig bin;
Ein Märchen aus alten Zeiten
Das kommt mir nicht aus dem Sinn.

Und dann machte es den Jungen traurig, daß man den Dichter dieser »wundersam-gewaltigen Melodei« nicht kannte, denn am Ende stand in Klammern: »Dichter unbekannt«. Seine Enttäuschung teilte er der Mutter mit. Diese schien aus für ihn unverständlichen Gründen ungehalten und sagte zornig: »Die Loreley ist von Heinrich Heine, er ist einer der größten Dichter Deutschlands.« Sonst keine Erklärung.

Am nächsten Morgen in der Schule fühlte sich der

Junge bedeutend und teilte der Deutschlehrerin mit dem blonden Haarknoten stolz mit, daß in dem Lesebuch ein bedauerlicher Irrtum unterlaufen sei, denn er wisse es nun einmal besser: die Loreley sei von dem grossen deutschen Dichter Heinrich Heine. Über ihn wolle er nun etwas mehr erfahren. Die Lehrerin mit dem blonden Knoten verweigerte die Auskunft aus ihm immer noch unverständlichen Gründen. Allein die Katastrophe, die dann am Nachmittag über die ganze Familie hereinbrach, ließ keinen Zweifel mehr daran, daß er mit Heine Schlimmes angerichtet hatte. Gestapo, Hausuntersuchung:

Beschnüffelten Alles, kramten herum
In Hemden, Hosen, Schnupftüchern;
Sie suchten nach Spitzen, Bijouterien,
Auch nach verbotenen Büchern.

Deutschland. Ein Wintermärchen! Nicht nur Heines Gesammelte Werke wurden zutage gefördert, sondern noch viel mehr unvölkisches Schrifttum, das schon längst dem Scheiterhaufen hätte überantwortet werden müssen. Die Mutter wurde als Volksschullehrerin fristlos entlassen. Allein der Tatsache, daß der Vater im Krieg für den Führer kämpfte und der in dieser Kleinstadt unbestrittenen Autorität von Pfarrer Gillmann war es zu verdanken, daß Schlimmeres verhütet werden konnte.

Doch der Schock war gewaltig, er sollte mein Leben entscheidend prägen: mit Heinrich Heine kam ich nach Frankreich. Zunächst aber wollte ich den Dichter kennenlernen, vor dem offensichtlich der allmächtige Führer zitterte.

O König! Ich meine es gut mit dir
Und will einen Rat dir geben:

...

Beleidige lebendige Dichter nicht,
Sie haben Flammen und Waffen,
Die furchtbarer sind als Jovis Blitz,
Den ja der Poet erschaffen.

Geist und Macht, ich hatte es gerade hautnah erlebt.

Von gleichgesinnten oder vielleicht auch nur unvorsichtigen Freunden besorgte ich mir heimlich die Heine-Texte und las sie nachts auf dem Dachboden unseres Hauses im spärlichen Lichtkegel einer Taschenlampe; es waren die schönsten Lesestunden meines Lebens. Im wahrsten Wortsinne erfuhr ich das berühmte Heine-Zitat: »Denk ich an Deutschland in der Nacht, bin ich um den Schlaf gebracht.«

»Deutschland. Ein Wintermärchen« und Frankreich, das Land der Freiheit, das Land, das sich diese Freiheit zusammen mit den Menschenrechten durch die große Revolution erkämpft hatte; und schließlich Frankreich, das Land, das den von Fürstenwillkür und Zensur Verfolgten Exil bot. Auf diesem nächtlichen Dachboden entstand meine Liebe zu Frankreich, reifte in mir der Wunsch, wie Heine zwischen Deutschland und Frankreich vermittelnd tätig zu werden.

Dieser Wunsch verwandelte sich in einen unumstößlichen Entschluß, als nicht lange nach Kriegsende dieselbe blonde Lehrerin, die uns verpfiffen hatte, einen auf Weisung der französischen Militärregierung verordneten intensiven Nachhilfekurs in Sachen Heine mit größter Selbstverständlichkeit exekutierte: »Diese Schule betrete ich nicht mehr«, erklärte ich meinen Eltern, machte mein deutsches Abitur als Externer, was mir den elterlichen Freibrief zum Besuch des Lycée Français in Koblenz einbrachte. Mit den beiden »Bacs« der Académie de Strasbourg, einem Stipendium der französischen Regierung und Heinrich Heine in der Tasche zog ich nach Paris und begann dort mein Doppelleben: »Zwei Seelen wohnen ach in meiner Brust.«

Kein Zweifel, daß dieses Jugenderlebnis die Weichen für mein Leben gestellt hat. Kein Zweifel aber auch, daß Heine mich während dieses ganzen Lebens ständig begleitet und meinem Denken und Handeln entscheidende Impulse gegeben hat. Er hat mich der hehren Innerlichkeit und jeder Form totalitären Denkens mißtrauen gelehrt. In ihm fand ich die Verbindung von Politik und Literatur, einen Vertreter großer politischer Dichtung, jemand, der mit Nachdruck auf die Rolle der Kunst in der Gesellschaft und auf die Verantwortung der Intellektuellen in dieser Gesellschaft hingewiesen hat. Literatur und Gesellschaft, Intellektuelle und Politik, vergleichende Studien über die »französischen und deutschen Zustände« (alias études de civilisation): dies alles sind Themen, die mich bis heute beschäftigen. Und dann Lutetia, die Liebe zu Paris, die mein Leben wurde; das Großstädtisch-Urbane gegen provinzielle Enge, auch das war Heine.

»Brücken bauen über Grenzen« war der Sinn meiner Tätigkeit im Deutschen Akademischen Austauschdienst in Paris und Bonn. Aufklären, den Dialog und das Verstehen fördern, Toleranz praktizieren, kurz: Mittler sein zwischen Mentalität und Völkern. Dies alles im Rückblick bedenkend ist es schon wahr, daß Heine in meinem Leben »eine wundersame, gewaltige Melodei« gespielt hat. Als eine bescheidene Dankespflicht habe ich dazu beitragen können, das bis dahin »Deutsche Haus« in der Cité Universitaire zum Heinrich-Heine-Haus zu machen. *C'était la moindre des choses.*

Jörg Huber

Ich liebe Paris, Paris liebt mich

Erfahrungen eines Kunstexilanten

War es der blinde Glaube an den Mythos – Paris als Mekka der Künstler – oder einfach nur Trotz, der mich vor gut zehn Jahren von München in den Eilzug Richtung Seine trieb?

Das Gepäck war bescheiden, die Erwartungen groß, die Reise kurz. Nach knapp vier Stunden saß ich um zwei Uhr morgens auf dem naßkalten Bahnsteig Nummer 4 von Straßburg-Hauptbahnhof fest. Warum mußte die französische Staatsbahn auch ausgerechnet heute streiken! Meine Devise »Ich liebe Paris – und Paris liebt mich« erschien mir zum ersten Mal leicht fragwürdig. Und als tags darauf ein hoffnungslos überfüllter Entlastungszug endlich auf Paris zurollte, war die Aussicht mehr als trist: Durch das Zugfenster drängten endlos schmutzig-graue Vororte. Das also war die »schönste Stadt der Welt«! Man muß wohl erst das Häßliche gesehen haben, um das Schöne richtig genießen zu können.

Mit elf Stunden Verspätung kam ich am Gare de l'Est an. Warme Croissants und süßer Milchkaffee im Bistro gegenüber stimmten versöhnlich. Das lebhafte Treiben auf dem Boulevard weckte Zuversicht, und die Unbeschwertheit der bewegten Gespräche am Nebentisch wirkte ansteckend. Willig ergab ich mich der trügerischen Leichtigkeit des Da-Seins. Ich beschloß, den vielgerühmten Café-Calvados zu versuchen.

Wenige Gläser später warf mich jedoch ein zufälliger Blick auf die sich penetrant unter dem Glas anhäufenden Rechnungen in die Wirklichkeit zurück. Zwar half mir ein kleiner Rausch über den Schrecken hinweg, doch hat seitdem dieses ständige Wechselbad von Faszination und Ernüchterung, Anziehen und Abstoßen mein Verhältnis zu Paris geprägt. Diese Metropole steht ständig unter Hochspannung. Genau das ist zum Angelpunkt meiner künstlerischen Arbeit geworden.

Wenn ich die Stadt und ihre Menschen liebe, sind meine Bilder und Objekte das, was die Leute gemeinhin »schön« nennen. Wenn ich alles hasse und sinnlos finde, springen sie den Betrachter an, sind aggressiv und verletzend. So einfach ist meine »Kunst der Gefahr«.

Letztes Frühjahr ließ der Direktor des Pariser »Musée de l'Air et de l'Espace« eine Ausstellung wegen Gefährdung der öffentlichen Sicherheit vorübergehend schliessen. Meine Installation »Odyssee«, mit einem Hochspannungstransformator und elektrisch angeschlossenen Fotodokumenten, war ihm nicht geheuer.

Dabei ist Elektrizität doch Symbol für unsere Zeit, Ausdruck der positiven und der negativen Energien, die uns beherrschen. In Metropolen wie Paris potenzieren sich solche Energien noch um ein Vielfaches. Die Spannung zwischen den Gegensätzen ist hier tagtäglich spürbar. Und oft wird sie unerträglich und führt zu explosiven Entladungen.

Noch im Halbschlaf trat ich eines Morgens vor die Tür, um Frühstück einzukaufen – ich wohnte damals am Boulevard Saint-Germain. Wie fast immer um diese Zeit war der Boulevard völlig verstopft. Folgende Szene spielte sich ab: Eine verrostete Ente hatte einen roten Porsche geschnitten. Dessen Fahrer fühlte sich provoziert und pöbelte lauthals. Die Situation eskalierte. Beide Fahrer stiegen wutentbrannt aus und stürmten aufeinander los. Der Besitzer der Ente war unerwartet groß und muskulös, und die Szene begann mich zu amüsieren.

Doch plötzlich hatte der Porschefahrer eine Pistole in der Hand. Er schoß seinem Gegner brutal mitten ins Gesicht. Gottseidank nur Gas! Der Getroffene taumelte und stürzte blind in den Rinnstein, während der Schütze einfach davonfuhr und der Verkehr träge weiterfloß. Mit trockenem Mund und flauem Magen kaute ich lustlos auf meinem Butterhörnchen. In Paris habe ich aber auch gesehen, wie ein Rolls Royce neben einer alten Clochardine stoppte, ein betagter Herr ausstieg und ihr schnell und wortlos 500 Francs zusteckte. Beide Szenen waren in ihrer wie inszeniert wirkenden Banalität reif für Hollywood. Wenn man lange in Paris lebt, träumt man oft von der Ruhe auf dem Land. Und wenn man dann endlich dort ist, sehnt man sich schon sehr bald wieder in diesen aufreibenden Moloch zurück. Paris ist anziehend und ansteckend. Gesunde Abwehrkräfte sind notwendig und kostbar. Glücklicherweise schützen mich instinktiv die Überreste meines bajuwarischen Phlegmas.

»Städte sind Infektionsherde«, sagt Paul Bowles, »und die Übersensibilität der großstädtischen Kultur ist hauptsächlich eine Reaktion auf Schmerz.« In Paris liegen phantastischer Reichtum und sinnlose Verschwendung schmerzlich nahe an tragischer Armut und Erniedrigung. Hier habe ich gesehen, wie ein Straßenköter ungestört einen am Gehsteig schlafenden Menschen anpißte. Dieses Bild will mir nicht mehr aus dem Kopf.

Wer einmal die Gelegenheit hat, den prunkvollen Glanz und die verschwenderische Großzügigkeit der heutigen Sonnenkönige von Paris zu erleben, der fühlt sich an den Hof von Versailles zurückversetzt. In den engen Dachkammern dagegen, weit weg von der »Belle Etage«, atmet man auch heute noch den schalen Geruch anonymer Misere. Und manche Gestalt von Zola fristet dort oben ihr Dasein, ohne eigenes Waschbecken und mit einem schmutzigen Stehklo, das sich das ganze Stockwerk teilt.

»Nirgendwo anders als in Paris findet man so viel schlechten Geschmack«, schreibt der Cobra-Maler Asger Jorn. »Das ist der Grund, warum in Paris die künstlerische Inspiration weiterlebt.«

Wer sich hier mit künstlerischen Ambitionen niederläßt, hat an Anregung wirklich keinen Mangel. Nur sollte er sich nicht täuschen: Erst einmal lebt er hier mit seiner Kunst alleine. Denn Paris, das sich so gerne im Licht der Avantgarde sonnt, hat seine Künstler meist erst posthum lieben gelernt. Das Haus in der Rue des Grands-Augustins, in dem Picasso aus seinem langjährigen Atelier flog, weil er die Miete nicht mehr zahlen konnte, ist heute fein säuberlich mit einer Gedenktafel geschmückt.

Solch schicksalhafte Ironie war nicht nur ihm beschieden. Die meisten Galerien hier meiden das Risiko. Sie importieren zeitgenössische Künstler aus den USA oder Deutschland erst, wenn sie schon einen Namen haben. Dem Neuling zeigt Paris gern die kalte Schulter. Hier hat niemand auf einen gewartet.

Zu den waschechten Parisern bekommt man ohnehin nur schwer engeren Kontakt. Sie sind ein ganz eigenwilliges Völkchen und leben mehr im 19. als im 20.

Jahrhundert. Aus der Distanz betrachtet, erscheinen sie mal exotisch-interessant, mal schlicht langweilig.

Aber laut Montesquieu gehört Paris ja nicht nur den Parisern, sondern der ganzen Welt. Hier prallen verschiedene Kulturen und Rassen aufeinander, vereinen oder reiben sich, bis die Funken sprühen. Nur wenige Straßenzüge etwa trennen das Araberviertel von den orthodoxen Juden im Marais. Wenn ich dort bei Jo Goldenbergs Restaurant in der Rue des Rosiers vorbeikomme, fällt mir jedesmal wieder der Einschuß in der linken Schaufensterscheibe ins Auge. Seit dem heißen Sommer '82 ist er stilles Zeugnis für Gewalt und Terror, als ein blutiges Massaker hier neun Tote und zweiundzwanzig Verletzte forderte.

In den schmucklosen Hochhäusern hinter der Place d'Italie drängen sich die Asiaten auf engstem Raum zusammen. In den Straßen darunter pulsiert das Leben wie in Hongkong. Offiziell stirbt hier keiner. Die Toten verschwinden unauffällig. Das muß so sein, weil die kostbaren Einwanderungspapiere und Aufenthaltsgenehmigungen sonst eingezogen würden. So gibt es immer schon mehrere Anwärter, die nur darauf warten, in eine gerade frei gewordene Identität zu schlüpfen.

Im Norden haben sich die Farbigen aus den ehemaligen Kolonien eingenistet. Exotische Gerüche vermischen sich hier mit dem bleiernen Pariser Smog. Aus heruntergekommenen, traurigen Häusern mit zum Teil schon zugemauerten Fenstern und labyrinthischen Hinterhöfen dröhnen Salsa-Rhythmen. Fliegende Händler beherrschen das Leben über und unter der Erde, wo sich die dunklen Mäuler endloser Metroschächte auftun.

Für mich sind das die Katakomben des 20. Jahrhunderts. Hier liegen auch die versteckten Eingänge zu den einsturzgefährdeten Stollen und Abwasserkanälen, in denen nachts geheime Zusammenkünfte und Rock-Konzerte stattfinden. In dieser verbotenen Unterwelt stelle ich mir meine nächste Ausstellung vor, wenn ich in der überfüllten Metro stehe und durch die schwarzen Röhren von *Pigalle* zum *Place de Clichy* rausche wie eine lebende Rohrpost.

Die Namen der Metrostationen schicken mich auf imaginäre Reisen; von *Stalingrad* nach *Rom,* von der *Oper* über die *Börse* zur *République* und von *Simon Bolivar* nach *Montparnasse-Bienvenue.* Hier holt mich dann die Realität wieder ein.

Denn die vielgerühmte Künstlerbohème aus den Zeiten der Kubisten und Surrealisten ist längst zum Mythos erstarrt. Ihre legendären Ateliers bewohnen heute gut verdienende Werbeleute, Fotomodelle und Modefritzen. Kaum ein Künstler kann sich den Montparnasse-Traum noch leisten. Die Künstler sitzen heute entweder hinter der Bastille oder in den eintönigen Pariser Vororten, etwa in einer umgebauten Fabrik in Malakoff, wie Christian Boltanski. Stundenlang haben wir dort über Täter und Opfer und die befremdliche Faszination des Verbrechens gesprochen. Zum Schluß meinte Boltanski, wenn er nicht Künstler geworden wäre, dann wohl Täter. Ein Pariser Schicksal. Aber zum Glück kann er kein Blut sehen. Vielleicht arbeitet er deshalb so gerne mit Schwarzweißfotos – oder er liebt einfach die harten Kontraste. Und wer die nicht mag, der hält Paris nicht lange aus. Jedenfalls nicht freiwillig.

Vor ein paar Wochen saß ich mit Juliet, der Witwe des Surrealisten Man Ray, in dessen früherem Atelier in der Rue Férou am Jardin du Luxembourg. Seit Man Rays Tod 1974 hat sich hier nichts verändert. Zwischen phantastischen Bildern und bizarren Objekten hockten wir auf zwei von ihm selbst gebauten Holzsesseln und tranken Whisky. Genauso haben hier ein halbes Jahrhundert lang Man Ray und Marcel Duchamp gesessen und ihre endlosen Schachpartien ausgetragen, bei denen die Zeit still stand. Nun wird das Atelier bald abgerissen, um einem lukrativen Mietshaus Platz zu machen.

Juliet erzählte mir von ihrer Ankunft 1951 nach einer wochenlangen Reise auf dem Überseedampfer. In Le Havre gerieten sie erst einmal, genau wie ich, in einen Streik der französischen Eisenbahn. Mit Sonderbussen gelangten sie dann endlich nach Paris.

Nach zwölf Jahren Paris frage ich mich immer noch, warum ich hier eigentlich lebe. Wenn ich Maler wäre, könnte ich das gute Licht vorschieben. Aber ich bin nun mal kein Maler.

Rudolf Rach

Sardellen

Die Sonne wirft ihr Licht gegen den weißen Stein, vor dem, in einer Drahthalterung, drei rosa Rosen fast schweben. Verpackt in ein durchsichtiges Plastikkleid. Darüber eine kleine Marmortafel, in die mit goldenen Lettern die Namen verschiedener Personen eingekerbt sind. Dahinter ihre Berufe: gardien de la paix zum Beispiel. Darunter wieder in goldenen Lettern: *deporté en Allemagne et disparu.* In diesem Moment kommt ein Bus, ein großer deutscher Reisebus vorbei, colorverglast, um die Reisenden vor der Sonne zu schützen. Schemen. Nur der Fahrer hinter der bauchigen Frontscheibe ist zu erkennen, ein Mikrofon in der Hand, um die Schönheiten der Stadt zu benennen. Er sieht gar nicht aus wie ein Deutscher, ein eleganter grauer Schnurrbart, eine weit hervorspringende Nase, keine Kartoffelbacken und keine weißlich-rote Gesichtsfarbe. Ein Bus aus Herne. Herne im wiederaufgebauten, autobahndurchzogenen, zechenstillgelegten, chipgesteuerten Ruhrgebiet.

Der Rat eines erfahrenen Motorradfahrers fällt mir ein: steckt euch Zeitungspapier unter den Pullover. Das wärmt, Ostern ist es oft noch kalt, auf dem Motorrad und in den Ardennen erst recht. In Aachen hatten wir die erste Reifenpanne, in Liège die zweite. Bei Maubeuge fing die Zündung an zu streiken, und nach 14 Stunden waren wir endlich da. Halb verhungert und bis zur Bewegungslosigkeit kalt. Wir wollten fahren, keine Kraft der Welt hätte uns abgehalten zu fahren. Ende der fünfziger Jahre, nach Paris.

Die ununterbrochene Kette von parkenden Autos an den Straßenrändern, die schmutzig verrußten Hauswände, die heruntergekommenen Treppenhäuser. Das ist es, an was ich mich erinnere. Später, viel später schickte mir mein Schulfreund ein Foto, auf dem ich mit einem riesigen Baguette in der Hand vor einem Brunnen sitze und frühstücke, mittagesse, wer weiß. Eine Freundin, die wir besuchten, arbeitete *au pair* bei einer französischen Familie, die über Ostern auf's Land gefahren war. Die Hoffnung, bei ihr schlafen zu können, verflüchtigte sich bald. Die Freundin hatte eine strenge katholische Erziehung genossen, so daß sie uns weder bei sich in ihrem *chambre de bonne,* noch bei den Herrschaften schlafen ließ.

An einem der kommenden Tage nahm sie uns mit in die *cité universitaire,* wo sie einen Sprachkurs besuchte. Wir aßen in der Mensa. Selfservice, damals schon. Ich aß einen Salat, und dieser Salat war ein oder genauer eine *salade nicoise.* Die politischen Parteien sind in Frankreich männlich und die Salate weiblich. Anschließend gingen wir ins Universitätskino. Es war zum Platzen voll. Ein Schreien und Gejohle, niemand hielt es auf seinem Sitz. Vom Balkon flogen ununterbrochen Papierflugzeuge ins Parkett und natürlich versuchten die unten Sitzenden, diese wieder hochzuschleudern. Als der Film endlich anfing, beruhigte sich die Szene ein wenig. Die Kommentare galten nun dem Geschehen auf der Leinwand, was insofern kaum erstaunlich war, als es sich um einen italienischen Liebesfilm handelte. Während die Papierflugzeuge im Licht des Projektors um die Köpfe der sich küssenden Paare tanzten, schrie man im Parkett *allez-y* oder *merde.* Ich fragte unsere Freundin, ob es in den Vorführungen immer so zuginge, und sie antwortete stolz auf ihre neue Erfahrung: na klar.

Begegnungen sind ein Spiegel unserer selbst. Sie finden statt mit dem, was wir sind, mit unserem Kopf, mit unserer Seele. Aber eben auch in unserer Nase, auf unserer Zunge, und solche Begegnungen sind unberechenbarer und vielleicht folgenreicher als alle anderen, an die wir uns erinnern. Entscheidend ist, welche Sinne, und es gibt viele davon, in uns empfänglich sind.

Unsere Freundin, vielleicht weil sie unserer unübersehbaren Enttäuschung über die Gräue der Hausfassaden, der Einfachheit ihres Zimmers etwas entgegensetzen wollte, zeigte uns schließlich doch noch die Wohnung der Herrschaften. So jedenfalls drückte sie sich aus. Der Gegensatz war verblüffend. Kaum waren wir in der Wohnung, umfing uns eine wohlige Pracht. Alte Bilder und Möbel, dicke Teppiche und Vorhänge, die bis auf das Parkett fielen. Kandelaber, von den hohen Decken herunterhängende Lüster, fast trauten wir uns nicht mehr, miteinander zu sprechen. Nachdem wir alles auf Zehenspitzen besichtigt hatten, führte sie uns an einen Tisch, auf dem ein rot eingebundenes dickes Buch lag. Mit den Worten: Nun zeige ich Euch etwas ganz Besonderes, nahm sie das Buch in die Hand und schlug es auf. Wißt Ihr, was das ist? fragte sie, den Triumph schon in der Stimme: ein Kochbuch. Und wißt Ihr, wem es gehört? Monsieur.

Erst jetzt wagte ich, eine Frage zu stellen, die mir

schon länger auf den Lippen lag: was sind das eigentlich für Fischstücke in dem Salat, den wir in der *université* gegessen haben? *Anchois,* sagte sie, und suchte vergeblich nach dem deutschen Begriff.

Vor ein paar Wochen bin ich noch einmal in der Rue du Maréchal Ney gewesen und habe versucht, das Hotel wiederzufinden, in dem ich bei meinem zweiten Besuch, ein Jahr später, gewohnt habe. Was insofern nicht schwierig war, als es den gleichen Namen wie die Straße hatte. Die kleine Straße zweigt vom Boulevard Saint Michel ab und verläuft dann fast parallel bis zum Boulevard de l'Observatoire. Kurz vor dem Boulevard de l'Observatoire habe ich ein zwei Fenster schmales Haus wiedergefunden. Neben der Tür eine kleine schwarze Marmortafel, auf der Hotel Maréchal Ney eingemeißelt war. Die Tür war verschlossen und die dreckigen dunklen Fensterlöcher, die herunterhängenden Gardinen zeigten, daß der Hotelbetrieb eingestellt und das Haus entweder einer Erbengemeinschaft oder Spekulanten in die Hände gefallen war.

Es war die erste Busreise meines Lebens. Eingeklemmt dehnten sich zehn Stunden bis zur Erschöpfung. Ich war nicht allein, aber das half mir nicht, im Gegenteil. Meine Freundin fand alles wunderbar und mich schrecklich. Sie war pikiert, weil ich nur an eins dachte, jedenfalls vorgab, nur daran zu denken: an Sardellen. Nachdem wir die Nacht im Hotel verbracht hatten und ich beinahe nackt auf die Hoteltreppe gestürzt war, weil das Wasser mich aus der Toilette in den Zwischenstock spülte, machte ich mich auf. Ich fand eine Epicerie, stellte mich an und wartete, bis niemand mehr im Laden war. Die Verkäuferin stand hinter der Ladentheke, auf der eine hellgraue Marmorplatte das von der Decke kommende Neonlicht spiegelte: *d'anchois s'il vous plait.* Sie gab mir ein Glasgefäß, und ich rannte ins Hotel zurück. Ich zog den ersten Fischleib aus dem Glas und steckte ihn in den Mund. Endlich.

Es schmeckte furchtbar salzig. So salzig, daß ich den zweiten Fisch sehr viel bedächtiger aus dem Glas zog und plötzlich sah, daß der Fischleib mit Salzsplittern überzogen war. Ich probierte noch einmal, spuckte aber alles gleich wieder aus. Das Lachen meiner Freundin klang schadenfroh aus tiefstem Herzen.

Ich weiß nicht, woher ich den Mut nahm, ich ging am Nachmittag noch einmal in die Epicerie und fragte, warum die Sardellen so anders schmeckten als in meiner Erinnerung. Das ist doch ganz klar, lachte die Verkäuferin, Sie müssen sie selbstverständlich wässern. Im Hotel sah mich meine Freundin ungläubig an. Als ich anfing, das Waschbecken mit einem Handtuch auszuwischen, wurde sie richtig zornig, aber schließlich schwammen die kleinen Fischleiber im Hotelwasserbecken. Verächtlich meinte sie: eine Nacht mindestens. Am nächsten Morgen war das Wasser aus dem Waschbecken gelaufen, die Fischleiber hatten sich grau um den Abflußstöpsel versammelt. Es sah traurig aus.

Die Busse aus Herne oder Wanne-Eickel, aus Regensburg oder Dachau. Ich sehe sie gerne vorbeifahren und wünsche mir, daß sie etwas mitnehmen. Einen silbernen Eiffelturm oder ein *baguette* oder *anchois en huile,* weil sie weniger salzig sind. Ein Salat *à la niçoise,* richtig zubereitet, kann das herrlichste Gericht der Welt sein.

Heinz Peter Schwerfel

Erinnerungen ans Erwachsenwerden

Die Rue Germain Pilon liegt zwischen Miller und Camus, Picasso und Toulouse Lautrec, Zola und Breton. Sie steigt steil, fährt einbahnig und führt nirgendwo hin. Außer einem Atelier für Tätowierungen hat sie der Warenwelt nichts zu bieten. Nicht einmal einen Namen, denn Monsieur Pilon war wohl kaum mehr als eine lokale Größe, sollte er jemals gelebt haben. Ob er seine Straße wohl gekannt hat?

Die Rue Germain Pilon ist ein bedeutender Ort. Hier nämlich bin ich erwachsen, schubweise und in unregelmäßigem Kalenderrhythmus. Das war irgendwann in den frühen siebziger Jahren, und jeder Schub dauerte ein kurzes oder langes Wochenende. Dann ging es frisch gealtert per Eilzug zurück auf die Schulbank. Die stand im rheinischen Köln, das heißt sechs bis sieben Stunden Zugfahrt weit weg, in Triebwagen, die angeblich bis Warschau oder Moskau weiterrollten. Das schien einem Sechzehnjährigen damals jenseits des Horizonts, und die Züge waren das ganze Jahr über voll mit verwegenen Interrail-Abenteurern, die für ein paar müde Mark die

Grenzen der alten Welt abratterten. Mich interessierte damals nur die eigene Grenze, und die hieß Paris.

In der Rue Germain Pilon habe ich meine Unschuld verloren. Diese war zwar nur literarisch, aber solide, und fest verankert in dem Glauben, die beste aller Welten sei die Fiktion. Zwischen Boulevard Rochechouard und Place des Abbesses lernte ich, daß es zumindest eine real existierende Utopie gibt, in der die Wirklichkeit nicht der Einbildung hinterherhinkt. Anderswo mag man nach den Wurzeln kollektiver Vergangenheiten suchen, wie in Rom, oder wolkenkratzend eine gemeinsame Zukunft auf Sand bauen, wie in Manhattan. In Paris dagegen kann man sich selbst suchen. Kollektive Sehnsüchte bieten hier keinen Trost. Jeder ist sich selbst der Nächste an der Seine. In Paris muß man im Herzen jung sein, um erwachsen zu werden.

Das Hotel Moderne brauchte keine Sterne, um für einen Sechzehnjährigen paraphysische Sonnensysteme zu erschließen. Dafür gab es das rote Zimmer, eine intergalaktische Scheußlichkeit mit falschem Damast an den Vorhängen, Spiegelschränken, blankgeputztem Bidet und einem üppigen Doppelbett, das ich mir meist mit Klassenkameraden, später auch mit Kommilitonen teilen mußte, um die nötigen dreißig Mark pro Nacht aufzubringen. Die rote Galaxie war mein grünes Zimmer. Ein urbaner Zabriskie Point, knapp unter Meereshöhe, aber deutlich über den Untiefen des Schulalltags.

Gegen elf pflegte Madame, eine angebliche Witwe, Hörnchen und Milchkaffee ans Bett zu bringen. Währenddessen hütete ihr Liebhaber, ein freundlicher einbeiniger Veteran des Algerienkrieges, die Rezeption. Manchmal erhaschte ich beim Gang in die Etagendusche einen Blick auf die Tochter des Hauses, wie sie sich noch im Morgenrock in der Küche ihren Kaffee holte. Um sich anschließend pünktlich für die Mittagskundschaft wieder in den Hauseingang nebenan zu verdrücken.

Madame hatte so ziemlich jeden Monat eine andere Tochter. Ich habe es nie fertiggebracht, auch nur mit einer ein Wort zu wechseln. Das war auch nicht nötig, denn ich war Hotelkunde, und so hatte ich Anrecht auf ein besonders komplizenhaftes Lächeln, wenn ich so in Richtung Place des Abbesses schlenderte. Nach Süden spazierte ich nie, denn Rochechouart und Pigalle konnte man nur per Metro unterqueren, waren sie doch gewöhnlich schon nachmittags voll mit bierseligen Touristen und lautstarken Reinschmeissern. Um die Place des Abbesses dagegen begrüßten mich zum Tagesanfang in geordneter Reihenfolge mein Stammcafé, die Märkte der Rue Lepic, eine Passantin mit Baudelaires Gedicht im Blick. Manchmal waren es auch gleich zwei, und es wurde Feiertag.

An der Place des Abbesses lag auch die Boutique »Saravah«, Reminiszenz an die gleichnamige Samba von Vinicius de Moraes, wie sie im einzig erträglichen Film Claude Lelouchs eine der schönsten Sequenzen der Filmgeschichte untermalt. In diesem kleinen Laden, der gleichzeitig Paris und alle Sehnsüchte dieser Welt beheimatete, lagen schwarzer Jazz, brasilianische Chansons und französischer Swing neben Filmplakaten und T-Shirts, die Brustschriften trugen wie »Il y a des années où l'on a envie de ne rien faire«. Auch gab es ein metamarxistisches Pamphlet – ich glaube von Jules Laforgue – zu kaufen: *Le Droit à la Paresse.*

Wer kannte im heimischen Köln schon Vinicius? Wer träumte von Faulheit, wer sah Filme von Marguerite

Duras? Wenn ich die Place des Abbesses verließ, dann, um auf dem Père Lachaise Jim Morrison zu besuchen, oder in der Cinématheque am Place Chaillot frühe Filme von Resnais oder Hawks zu sehen. An der Place Furstenberg sonnte ich mich im Garten von Delacroix, in den Gassen des Quartier Latin fühlte ich die Kamera Bressons auf mir, beim Heinecken im »Polly Maggoo« war ich Teil eines Films von Jean Eustache. Langsam wurde die Wirklichkeit zur Quintessenz von Fiktion. Paris war das Gegenteil von Hollywood.

Und so bin ich jahrelang erwachsen geworden, ohne zu altern, schubweise und in unregelmäßigem Kalenderrhythmus. Reichte später das Bafög, so fand ich mich abends bei Serge in der Rue de Martyrs ein, wo Menus zu Ehren von Mary Meerson oder Lotte Eisner gekocht wurden. Serge hielt Vorträge über den amerikanischen Experimentalfilm, während anschließend in der Buvette der Place du Tertre der Zöllner Rousseau zur Zwiebelsuppe Sangria orderte. Der Geist Utrillos klebte an den mitternächtlichen Staffeleien, während sich Schülerinnen auf Klassenfahrt von Gitarrenklängen verführen ließen, die immer weniger ihren arabischen Akzent verleugnen konnten.

Wurde es nachts zu spät, ließ mich anstelle Madames der freundliche einbeinige Algerien-Veterane ein. Die Töchter des Hauses starben aus, und in den Kneipen des Pigalle wurde plötzlich brasilianisch gesprochen, von tiefen Stimmen, die nicht zu den hochsitzenden Brüsten passen wollten. Als Madame starb, fehlte auf dem Grab Jim Morrisons immer noch das Mal, im Quartier Latin lief »India Song«, und die Cinémathèque zeigte neben Hawks und Hathaway Herzog und Wenders.

Paris muß schon vor Geburt der Moderne postmodern gewesen sein. Deshalb konnte auch nur hier die Moderne beginnen. Wenn unser Fin de Siècle wirklich im Zeichen der Geschwindigkeit stehen wird, wie nicht nur Paul Virilio es glaubt, dann bleibt Paris die erste und einzige Stadt einer Avantgarde, die längst keine mehr ist. Denn hier gibt es weder »Avant« noch »Post«, stattdessen dehnt sich die westliche Kultur und schrumpft in der Geschwindigkeit wie ein Fächer.

Paris ist keine Stadt der Geschwindigkeit, in Paris wird Zeit zu Gleichzeitigkeit. Das alte Paris wird nicht verdrängt durch das neue, es lebt weiter im neuen. Es gibt weder vorher noch nachher. Die Madame des Hotel Moderne wirkt heute dreißig Jahre jünger als früher, aber sie ist es nicht. Die Rue Germain Pilon steigt immer noch steil und fährt einbahnig. Sie führt nirgendwo so recht hin, aber man kann wieder und wieder in ihr seine Unschuld verlieren und dennoch jung bleiben.

Ein Mittsommernachtsfest mit Max Ernst als dem Hausherrn... Im Kostüm aus »La semaine de bonté«

Ruth Henry

Komplizenschaft

Zu lange in Paris... Zu lang, als daß ich anders denn in Kürze darüber handeln möchte. Man weiß zuviel und bereits auch das Nicht-Mitteilbare. Es wären Bände zu schreiben, andere haben es getan, tun es immer wieder.

Selbstredend wird ein Mensch, sobald er sie wählt, von einer Stadt, einer Landschaft geprägt. Aber, wählt man? Mich (zum Beispiel) hat mein Schicksal in den fünfziger Jahren hierher »entführt«, ganz wörtlich übrigens. Gewählt habe ich Paris, als ich, 1965, entschied zu bleiben. Heute weiß ich abermals mehr: Ich bin, letztlich, geblieben, weil ich, um das Modewort besten Gewissens zu gebrauchen, mich identifizieren konnte mit dieser Stadt. Weil ich mit ihr gemeinsame Sache mache. (Mit-prägend? Das muß dahingestellt bleiben).

Ein Splitter also aus dem Kaleidoskop dieser Komplizenschaft, eine Ansicht nur aus der langen Reihe wechselnder Bilder, aber die bedeutsamste, weil prägendste – da haben wir es – aus jenen fünfziger und frühen sechziger Jahren. Es war in Frankreich das Ende einer Epoche, aber wie immer, wir wußten es nicht.

Für die aus dem Nachkriegsjahrzehnt kommende Deutsche war (das Land weniger! es deckte sich mit der Kindheitserinnerung) Paris ein anderer Kontinent. Und im nachhinein scheint es auch mir jetzt so, in umgekehrter Blickrichtung nur: jenes geistsprühende, eminent konsumferne, lebensfreudige und, oh ja, gemütliche Paris erscheint mir fern heute wie ein untergegangener Kontinent. Das ist ohne Wehmut gesagt, aber mit einem tiefen Staunen, welches mich nicht mehr verläßt.

Für die Junge galt die Entdeckung neuer Ufer, zumal sie privilegiert war. Durch ihre französische Heirat gelangt sie sogleich in die poetische Mitte der Hauptstadt; die Freunde der ersten Wochen hießen Jacques Prévert, Picasso, Man Ray... Die alte Gruppe der Surrealisten, fast alle sind sie noch am Leben, leuchtet im Abendrot ihrer Berühmtheit, während, wie Blanchard es so richtig schrieb, »ihr Geist längst im Alltag allgegenwärtig geworden ist«.

Niemand vom intellektuellen oder künstlerischen Bereich in Frankreich war unberührt geblieben vom surrealistischen Geist, seine Prägung (sic) gehörte zum Be- oder Unterbewußtsein des allgemeinen Geschmacks, die Gegenströmungen inbegriffen. Denn Mode ist zur Zeit der Existenzialismus und seine tanzende Abart in den Saint-Germain-Kellern. Auch sie liebt Boris Vian, hört das Modern Jazz Quartet, aber die Nächte enden in der »Coupole«, im »Select«, wo man stundenlang bei einem Glas diskutiert. Unmöglich auszugehen, ohne stets an den gleichen Orten auf Freunde zu treffen; man lebt im selben Viertel, viele am Montparnasse, oft im kleinen Hotel, wie sie im ersten Jahr mit Maurice Henry, der Zeichner ist, heute sagen wir Cartoonist.

Die »letzte bedeutende geistige Bewegung Europas«, die Benjamin meinte, sie erlebt sie noch ein Jahrzehnt lang tagtäglich. André Breton zum Beispiel, zum Symbol versteinert, aber welche Ausstrahlung. Die erste passionierte Lektion über Heinrich von Kleist erhält sie von ihm. (An ihrer deutschen Universität war die Romantik »out« gewesen.) Regelmäßig zum Nachholkurs in die Cinémathèque, ein winziger dunkler Kasten, Avenue de Messine, wo sie neben andächtigen jungen Männern – denen von der Nouvelle Vague – sitzt und die gesamte Stummfilm-Kunst kennenlernt, von *»L'âge d'or«* geschockt wird, dann aber auch »umgeprägt« für immer und je.

Eine *éducation* wird ihr zuteil, die nur während dieser Pariser Konstellation noch möglich ist und zu diesem Zeitpunkt. Das »Poetische« als Lebens- und Denkform, vom Surrealismus bis zum orthodoxen Fanatismus gepredigt, ist »lebbar« hier, wo Baudelaire die Ästhetik der Moderne ein Jahrhundert vorher erfand, wo sie noch einmal aus dem kreativen Konsensus herauszulesen ist.

Denn, es vermischen sich die Bereiche mühelos. Wenn sie im »Salon« von Marie-Laure de Noailles (sie war eine der letzten großen Mäzene in Paris, schöpferisch ihren Reichtum für Musik, Poesie, Kunst auswerfend) den Jean-Louis Barrault ihrer Mädchenträume *(»Die Kinder des Olymp« ...)* mit seinem jungen und unbekannten Kapellmeister, Pierre Boulez, ein Projekt ausbrüten hört, dann ist sie zugehörig. Nicht oder nicht nur, weil sie die Frau eines bekannten Künstlers, sondern weil sie mit ihnen allen »eines Sinnes« ist. Und so findet sie sich denn auch, ein Jahr danach, als Mitwirkende, als deutsch-französische Assistentin bei der Produktion eines deutschen *Woyzek* an der Grand Opéra wieder (zu der Masson die Bilder macht). *Une histoire de copains...*

Sie weiß nicht, wenn sie an einzigartigen Festen in privaten Häusern teilnimmt, daß dies die letzten in der großen Reihe sind, bei denen Macher und Spender, Geld und Bohème, Berühmte und Noch-nicht-Berühmte freundschaftlich phantasievolle Freuden teilen... Ein »Midsummernightsdream« mit Max Ernst als dem Herrn des Festes und großem Magier, eine brennende Nacht auf dem Land, die als Gang durch Mohnüberstäubte Felder endet in der Frühe vor der Heimfahrt im alten schwarzen Citroen, César, Meret Oppenheim, die fröhliche Kumpanei dabei... Sie haben alle, das ist das Merkmal ihrer Pariser Lehrjahre, Zeit füreinander und für ihr Tun.

Ich sagte, die Wahl zu bleiben (auch allein) fiel für Paris, als andere Tage (und andere Lehrzeiten für andere Neu-Pariser) aufzogen. Bald führten meine Pariser Arbeitsjahre zu meinen Dokumentationen: Einen Fernseh-Film verstand ich als Hommage an die Hauptstadt des 19. Jahrhunderts, ich nannte ihn »Träume in Eisen und Glas« und wollte, dank meines surrealistisch geschulten Auges, versuchen, Meinung über Paris zu – prägen. Tatsächlich blieb dies mein Anliegen in ungezählten Funksendungen, Zeitungsartikeln. Das Thema freilich erweitert um das ganze Frankreich, um die Provinz, die unerschöpfliche Ressource der Hauptstadt, ihre Voraussetzung. Aber das ist ein weites Feld.

Eine merkwürdige Wiederholung des Vorgangs ist mir aufgefallen. In Abständen voneinander sind deutsche Frauen, einem Lebensgefährten folgend, der zum surrealistischen Umkreis gehörte, nach Paris gekommen: Ré Soupault, früher am Bauhaus, die Übersetzerin von Lautréamont; Unica Zürn, die Dichterin, die mit Bellmer aus Berlin kam und die ich herausgab bis zu ihrem tragischen Tod. Ich selbst habe, als ich mich an meine erste wichtige Übersetzung wagte, Bretons *Manifeste des Surrealismus* übersetzt, damit sie, mit zwanzigjähriger Verspätung, in Deutschland erscheinen konnten. Zufall, diese »Prägungen« durch eine Stadt, welche man weiterzugeben sucht? Kaum, wenn man bedenkt, daß es keinen Zufall gibt, wohl aber den *hasard objectif.*

Catherine Krahmer

Stationen einer deutsch-französischen Jugend

1948 – Die französische Familie war aus Amerika nach Frankreich zurückgekehrt. Mit ihrer Hilfe und der Mitwirkung unserer französischen Gefangenen, die inzwischen auch heimgekehrt waren – sie steuerten Zeugnisse bei über ihre Behandlung auf unserem ostpreussischen Gut – gelang es dem Vater, ein Arbeitsvisum für Frankreich zu erhalten. Wir zogen von Oberbayern in die Normandie. Ich war damals 10 Jahre alt.

Von der Durchreise in Paris sind mir drei Erinnerungen geblieben. Zunächst auf den Champs-Elysées. Mit dem Vater und dem Bruder fuhren wir die berühmte Avenue hinauf, die mir so weit und so unübersichtlich wie ein Feld vorkam. Plötzlich sprang der Vater von der offenen Plattform des Autobusses und stürzte sich einem fremden Mann in die Arme. Mein Bruder und ich blickten ihm entsetzt nach. Es war einer der Gefangenen, und mein Vater, der nie die Ruhe verlor, schien sehr gerührt. Übrigens erfuhren wir später, daß die Briefe, die die Gefangenen auf Bitte der Familie ans Französische Auswärtige Amt gerichtet hatten, um unsere Auswanderung zu erleichtern, zerstört wurden. Sie paßten nicht ins Bild der Behandlung französischer Gefangener in Deutschland. Noch heute treffen sich die Überlebenden regelmäßig, und ihr Schönstes ist, wenn die Eltern und selbst wir Kinder »de la partie« sind.

Die andere Erinnerung knüpft sich an den Besuch auf Großmutters Grab oben auf dem Hügel von Sèvres. Sie hatte, als die Deutschen Paris naherückten, sich das Leben genommen. Das Visum für Amerika kam zu spät.

Die dritte Erinnerung hängt mit einer Postkarte zusammen, die ich für das bißchen Taschengeld und nach langer Überlegung auf dem Eiffelturm erwarb: eine häßliche Karte, der Tour Eiffel »en technicolor«. Ich besitze sie heute noch.

In der Normandie waren wir »die Deutschen«. Der Marktflecken in unserer Nähe – der Geburtsort von Flauberts Mutter, in dem *Un coeur simple* spielt – war von deutschen Soldaten, die sich nach den Kämpfen in der Caen-Ebene zurückzogen, angesteckt worden. Gute oder schlechte Deutsche gab es nicht. Mich schickten die Eltern in eine Ferienkolonie, um Französisch zu lernen. Als »bon diable« wurde ich gut gelitten, dennoch formten sich Reigen um mich und die Gleichaltrigen sangen mit mokanter Gebärde etwas, das ich erst später verstand: »oh la sale boche!«

Auf dem Land fielen wir auf, weil wir gerne barfuß gingen. Eines Tages kam uns eine Frau entgegen, die uns etwas Geld geben wollte, damit wir uns Espadrilles auf dem Markt kauften.

Im Ort, wo damals noch zweimal im Monat ein bewegter Viehmarkt stattfand, zu dem alle Bauern der Umgebung in ihren Pferdekarren oder Wagen angefahren kamen, war der Vater, der noch häufig seine Lederhosen, seine dicken Kniestrümpfe und einen Tyroler

Hut trug, eine Figur, die nicht übersehen wurde. Nur die Tochter, mit der er weiter Deutsch sprach, selbst als sie fließend die Sprache des Landes beherrschte, stellte sich gelegentlich, als hätte sie ein Fremder angesprochen: sie überquerte erbost die Straße. Heute bin ich dankbar, daß der Vater nie eine andere Sprache als Deutsch mit uns sprach.

Schlimmer war es mit den Kniestrümpfen. Ich wollte partout nicht, selbst bei kaltem Wetter, die schönen warmen Kniestrümpfe anziehen. Damals war es üblich, lächerlich kurze Socken mit Schnürschuhen zu tragen. Das Einreden des Vaters, diese Mode nicht mitzumachen, blieb ohne Wirkung. Ich wollte wie die anderen Kinder sein – bloß kein Original wie der Vater! Auch mein aus Bayern mitgebrachter Ranzen verkümmerte in der Ecke. Erst sehr viel später haben die Franzosen diesen praktischen Gegenstand übernommen.

Nach Beendigung der französischen Schule schien es mir selbstverständlich, für ein Jahr nach Deutschland zu gehen. Als ich mich jedoch an der Münchner Universität einschreiben wollte, wurde das Baccalauréat zum Stein des Anstoßes: damit könne ich an keiner deutschen Universität studieren, ich müsse das Abitur machen. Das wollte ich nicht einsehen, da die französische Schulung streng war – so streng, daß mein Bruder auf eine englische Schule geschickt wurde – und in gutem Ruf stand.

Da mein Einreden auf die Universitätsbehörde nichts fruchtete, verlangte ich, den Kultusminister persönlich zu sprechen und erhielt einen Termin. Dieser Schritt hätte beinahe ein schlechtes Ende genommen. Schuld daran war sowohl meine Aufregung als das glatt polierte Parkett: Als ich aufgefordert wurde, das Vorzimmer zu verlassen, um mich zum Minister zu begeben, glitt ich ungeschickt aus und hatte alle Mühe, mich wieder zu sammeln. Es änderte nichts an der Sache; auch der Kultusminister berief sich auf die existierenden Bestimmungen. So entschloß ich mich, als »freier Zuhörer« in München zu bleiben und mich gleichzeitig, »regelmäßig«, in Paris an der Sorbonne einzuschreiben, wo ich dann auch die Examina nach verlaufenem Unterrichtsjahr bestand, ohne am Studium an Ort und Stelle teilgenommen zu haben.

Die Erfahrung, zwischen den Stühlen zu sitzen, hat sich öfter wiederholt. Als ich in Frankreich ein Stipendium für eine amerikanische Universität beantragte, erwiderte die Behörde, ich sei Deutsche und sie vergäbe nur Stipendien an Franzosen. Als ich an eine deutsche Tür klopfte, wurde mir entgegnet, ich habe in Frankreich studiert, deshalb käme ein deutsches Stipendium für mich nicht in Frage. Später habe ich allerdings an einer amerikanischen Universität gelehrt, und niemand scherte sich um meine Nationalität.

Immer wieder tauchte jedoch die Frage auf, zu welchem Land ich mich zugehörig fühlte: zu Deutschland? zu Frankreich? Europa war noch ein abstrakter Begriff. Ich stelle mir selbst die Frage: Was bin ich schließlich und endlich? mehr Deutsche? mehr Französin? Bei Aufenthalten in Deutschland komme ich mir stets wie eine Ausländerin vor, und doch bleibt Deutschland meine geistige Heimat. Und Freunde bestätigen, daß ich nicht wirklich »französisch« denke.

Aber dieses »zwischen den Stühlen« ist längst zu einem atout geworden. Sprachlich allerdings bleibt der Riss bestehen, den jener nicht kennt, der ganz in einer Sprache beheimatet ist.

Eva-Maria Fruhtrunk

Erinnerung an Menschen

Die Frage nach der Prägung einer Deutschen durch eine Weltstadt – Paris – mag auf den ersten Blick auf Geographie zielen, sozusagen auf die Lagequalität der Stadt, auf den Umgang mit der anderen Nationalität über Jahrzehnte; meine Antwort versteht Paris aber als einzigartigen Ort der Menschenbegegnung. Bei dem Wort Menschenbegegnung fällt mir sofort im Zusammenhang mit Paris der Gegensatz dazu ein, nämlich auch die Abwesenheit von Menschlichem, die Vereinzelung. Paris steht für Übermaß. Ein Übermaß an Verrücktheiten ebenso wie an Lebenstristesse, Ballungszentrum an Macht und Enttäuschung, Ort zauberischer Schönheiten und härtesten Elends.

Für mich ist Paris seit siebenunddreißig Jahren Kreuzpunkt künstlerischer Strömungen, an denen ich teilhaben konnte.

Studienpläne wurden durch die Begegnung in Paris mit Günter Fruhtrunk unmittelbar und ohne Bedauern, auch nicht im nachhinein, aufgegeben, weil sozusagen »ruckartig« eine Einsicht Platz griff, die die Ausrichtung auf diesen außergewöhnlichen Weg mit allen damit verbundenen Folgen für das eigene Leben als wesentlich erkannte. Die Bildende Kunst, und zwar zunächst lebensbegründend die Günter Fruhtrunks und im weiteren überhaupt der Versuch eines Verständnisses existentieller Zusammenhänge über die konstruktiv-konkrete zeitgenössische Kunst, wurde mir hier in Paris zum Lebensinhalt und Lebensgehalt.

Der in dieser Weise ausgerichtete Weg ist untrennbar mit der Stadt Paris und insbesondere mit ihren Menschen verbunden, die ich das Glück hatte, zu Förderern und Freunden zu zählen.

Aus den Jahren der Anfänge – 15 Jahre Leben in sogenannten Chambres de Bonne, wie es viele von uns kannten, ohne Bad und ohne Küche, mit dem Aufwachsen unseres Sohnes – bleiben Erinnerungen an Menschen fest eingeschrieben. An Hans Arp, für den wir in den fünfziger Jahren ein- bis zweimal wöchentlich zwei Jahre lang arbeiteten. Diese Arbeit bedeutete uns keineswegs nur einen notwendigen Verdienst, sondern die Tage in Meudon, ganz aus dem Alltag herausgenommen, wurden stets zu einem Fest. Einem Fest für das Auge und für das, was es sich aus dem Reichtum der plastischen Gestaltung Arps und Sophie Taeuber-Arps, die über ihren Tod hinaus allein durch ihre Arbeiten in diesem Hause wirkte, nehmen konnte. Aber auch zu einem Fest des Wortes, mit dem Hans Arp als immerwährender Erfinder von Wort- und Lautbildungen, Eulenspiegeleien, Gedankenpfeilen in spielerischer Selbstverständlichkeit und Selbstironie wie mit einem Kaleidoskop umging, uns mit seinen Sprachfunden überraschte. Welch glückliche Tage dort. Der alte Gehilfe Pisanelli polierte im Garten die Bronzen und begleitete seine von beeindruckender Ausdauer geprägte Tätigkeit mit weinseligem Gesang. Arps Anerkennung und Vertrauen in den so viel jüngeren Fruhtrunk und seine und Marguerite Arps natürliche Großherzigkeit waren vielleicht die wichtigste Stärkung und Ermutigung dieser allerersten Jahre.

Ich denke an die erste Ausstellung deutscher Künstler in Paris 1954 im sogenannten Cercle Volnay, an der Fruhtrunk »hors catalogue« teilnahm – man hatte ihn nachgeladen. Bei der Eröffnung dieser Ausstellung begegneten wir Paul Celan, dessen unnachahmbare Liebenswürdigkeit und, man möchte sagen, fast lautlose Zartheit des Umgangs mich tief beeindruckten.

Ich denke an den damaligen Leiter der Kulturabteilung der Deutschen Botschaft in Paris, Bernhard von Tieschowitz, für den, wie er selbst zugab, eine gegenstandslose Kunst wie die Günter Fruhtrunks nicht seine Sache war und der sich trotzdem über Weisungen mit der ihm eigenen Souveränität hinwegsetzte und einen Schlüssel zum alten Goethe-Institut übergab, wo Fruhtrunk wohl drei Jahre lang Raum zum Arbeiten hatte. Daß Bernhard von Tieschowitz ein kleines Bild – »Grüne Kreise« – in seiner Wohnung aufgehängt hatte, wo es unter seinen schönen gegenständlichen Bildern wie ein Fremdling wirkte, hat uns stets gerührt.

Und was wären all die Jahre in Paris bis heute ohne die ältesten Freunde der eigenen Generation gewesen, die damals und über die Jahre hinweg nicht müde wurden, einen gegen manche Widrigkeiten, äußerlich und innerlich, ohne Eigennutz, mit Liebe und mit scharfsinnig kluger Kritik zu stützen und wachzurütteln?

Nach einer Reihe von Jahren im Abendstudium an der Sorbonne, sozusagen zur persönlichen Freude, bot sich 1981/82 die Gelegenheit, zu viert in Paris die Vereinigung *Repères* zu gründen, die es sich zur Aufgabe gesetzt hat, zeitgenössische bildende Kunst der konstruktiv-konkreten Richtung auszustellen und damit in bescheidenem Umfang zu fördern. Die Ausstellungen fanden zunächst in der Privatwohnung der damaligen Präsidentin des Vereins, Gabriele Linnebach, in der schönen Stille eines im Hof an der Place de Vosges gelegenen Hauses, statt, wo anläßlich der Eröffnungen auch andere Künste zu Wort kommen konnten – Musik, Poesie und moderner Tanz. Inzwischen hat der Verein an Öffentlichkeit insofern gewonnen, als er seit drei Jahren Gast der Pariser Galerie *Lahumière* wurde, wo er jährlich drei bis vier Ausstellungen veranstalten kann. Der Verein *Repères* funktioniert wie ein sehr kleiner Kunstverein und lebt insbesondere durch die Großzügigkeit und das Vertrauen der Mitglieder, die damit inzwischen auch das Zustandekommen einer entsprechenden Sammlung fördern. Ohne Ansehen von Nationalität oder Altersgruppe will *Repères* aus der konstruktiv-konkreten Kunstrichtung eigenständige Künstler in Paris präsentieren und zur Diskussion stellen. Die Arbeit hierfür, die von den drei weiteren Mitgliedern des sogenannten Bureaus mitgetragen wird und vor allem die Beziehungen zu den Künstlern wurden mir bis heute, bei gleichzeitig notwendiger Tätigkeit für einen Brotverdienst, zum wesentlich konstituierenden Teil des Tages und zu dessen eigentlicher Antriebskraft. Daß Künstler von Rang es nicht verschmähen, bei *Repères* auszustellen, wo es kaum um kommerziellen Erfolg gehen kann, gereicht diesem Verein zur Ehre.

Deutsche in Paris, eine Deutsche in Paris, was ist es, das uns immer wieder nach einer Abwesenheit in diese Stadt des Lärms, der Konfusion, der Desorganisation, des Egoismus, der Hast mit Freude zurückkehren läßt? Es ist sicherlich auch die Anonymität, in die einzutauchen Paris erlaubt, und auch, daß man hier keine weltverbesserische Aktivität spürt, sondern die Kunst, den anderen leben zu lassen, ihm seine Erfahrung nicht durch Spekulation und Verhaltensmuster zu rauben.

Ein Leben unter einem Himmel von Möglichkeiten, die von exotischen Düften ferner Küchen und denen der raffinierten eigenen Cuisine bis hin zum Reichtum der Museen und Geistesschätze reichen, die die Pariser Bürger, zu denen sich auch die ausländischen zählen dürfen, als ihre Heimat ansehen. Auch den Blick für das eigene Land hat mir Paris geschärft, Kritik und Ablehnung aus der Jugend sind abgelöst worden von einer stillen, festen Liebe der Zugehörigkeit zu diesem schweren Land Deutschland, ebenso wie die uneingeschränkte Liebe zu Paris einer kritischen, aber festverankerten Freundschaft zu dieser Stadt gewichen ist.

Siebenunddreißig Jahre verschwenderischer Glanz des Lichtes über Paris. Unmateriell, zum Greifen nahe, alles verwandelnd. Von ihm lasse ich mich noch immer uneingeschränkt verführen.

Christine Pries

Postmodernes Paradies

Eine Liebesgeschichte

»Französische Philosophen« haben es in deutschen Landen bekanntlich eher schwer. Wer sich unvoreingenommen eine Meinung über sie bilden will, sieht sich nach wie vor gezwungen, ins welsche Nachbarland zu pilgern, um die mittlerweile sagenumwobenen »Postmodernen« an Ort und Stelle zu erleben. Zu den Segnungen des französischen Immer-noch-Zentralismus gehört, daß sich fast alle maßgeblichen Denker in Paris aufhalten, das dadurch wie ein Postmodernes Paradies erscheinen muß und als ideale Stadt für derartige Studien von vornherein feststeht. Doch damit hört die sichere Orientierung bereits auf (und beginnt die vielzitierte »Unübersichtlichkeit«): die ersten Wochen vergehen bei dem Versuch, angesichts der enormen Auswahl herauszufinden, wer, wann, wo an den dreizehn Universitäten, zahlreichen Grandes Ecoles und Collèges zu besichtigen ist. Mundpropaganda hilft, Herumfahrerei ist nötig. Auch so lernt man Paris kennen. Ein Gesamtverzeichnis gibt es nicht.

Doch wer die Wahl hat, hat die Qual. Die Mehrzahl der meist zu einem einjährigen »Schnüffelstudium« anwesenden Ausländer erliegt der Versuchung, sich jeden

Tag eine andere illustre Geistesgröße vorzuknöpfen und frönt dabei einem fröhlichen Seminartourismus: montags Baudrillard in Nanterre (Paris X), dienstags Deleuze in St. Denis (Paris VIII), mittwochs Derrida in der Rue d'Ulm, donnerstags Bourdieu am Collège de France, freitags Lyotard in St. Denis, samstags Cixous im Schloß von Vincennes und mit etwas Glück noch eines der zahlreichen franko-germanischen Colloquien für den Rest des Wochenendes. Einheimische lassen sich ohnehin kaum blicken: zumindest die karrierebewußteren Pariser können es sich nicht leisten, bei den »Abweichlern« abseits der Sorbonne erwischt zu werden.

Das Studium in Paris ist ein Überlebenstraining. Wer es dort ein Jahr ausgehalten hat, beginnt nicht nur, diese Stadt zu lieben – die anfängliche (touristische) Begeisterung weicht schon nach wenigen Wochen einem massiven Haß –, sondern ist auch für den Rest seines Lebens gegen jeglichen Anflug von Depressionen gefeit. Auch kann man sicher sein, diese Stadt toleranter wieder zu verlassen: wer einmal versucht hat, in das Innere einer Bibliothek vorzudringen oder gar ein Buch auszuleihen, wird sich nie wieder darüber beschweren, warum »die Franzosen« so wenig zitieren. Doch solche kleineren Hindernisse sind nur ein vergleichsweise harmloser Vorgeschmack auf die sonstigen kafkaesken Abenteuer im Umgang mit der französischen Bürokratie. Wer sie halbwegs lebend überstanden hat, ist von nun an mit dem dicken Fell ausgestattet, das ihm über vergleich bare Situationen in Deutschland nur noch milde lächeln läßt. Man muß schon sehr ausgekocht sein, um sich an einer Universität einschreiben zu können und so in den Genuß von Kinoverbilligungen usw. zu kommen. Die

Meister der Überlebenskunst bringen es sogar bis zu einer »carte de séjour«, die zu erlangen zwar völlig überflüssig, aber trotzdem jedes ordnungsgewohnten deutschen Bürgerkindes sehnlichster (und verwegenster) Wunsch ist, selbst wenn bereits »Heimgekehrte« aufs dringlichste vor dieser Kraftprobe mit der »Grande Nation« abgeraten hatten.

Auch in Bescheidenheit kann man sich üben, wenn man in Paris studiert: wann hat ein wohlgenährter mitteleuropäischer Durchschnittsstudent schon einmal Gelegenheit, sich zu freuen, daß er – im Gegensatz zu den drei Schwarzen nebenan – sein sieben Quadratmeter großes, nur über eine enge, regennasse Hintertreppe zu erreichendes dunkles Loch im 7. Stock, das sich »Chambre de bonne« nennt, allein bewohnen darf, daß es zwar keine Dusche, aber immerhin fließend Warmwasser gibt, was bei weitem keine Selbstverständlichkeit ist und wofür man die Engpässe gern in Kauf nimmt, die entstehen, wenn 14 Personen das eine türkische Klosett auf dem Gang benutzen. Kein Wunder, daß es einen an die Uni zieht.

Doch auch das ist ein gewagtes Unterfangen, und es sind wider Erwarten nicht etwa die Reize dieser Stadt, die am Studieren hindern: Wer sich dafür entschieden hat, nicht zwecks Reproduktion am Studienjahresende auswendiglernen zu wollen, was in den marmornen Hallen der zentral gelegenen Pariser Vorzeigeuniversität Sorbonne (Paris I-IV) und ähnlich verschulten Instituten die Ordinarien vorbeten (von denen man ohnehin herzlich wenig über die berühmtberüchtigte »neufranzösische Philosophie« erfährt), sondern lieber an einer der ehedem als revolutionär verschrieenen, inzwischen vielleicht eher »freier« zu nennenden Universitäten am Rande der Stadt, wie z.B. in St. Denis, denken lernen will (was nach der Rückkehr in geordnete deutsche Verhältnisse zu gewissen Eingewöhnungsschwierigkeiten führt), braucht wilde Entschlossenheit, zähen Mut, eine eiserne Kondition, ein geradezu heldenhaftes Durchhaltevermögen und viel Zeit. Die einstündige Fahrt in der vollbesetzten Metro – an diesen gottverlassenen Ort fährt sicherlich nicht zufällig keine schnelle und komfortable »RER« – ist beileibe kein Honigschlecken. Der anschließende viertelstündige Spaziergang durch St. Denis könnte einem Studenten zwar theoretisch nicht schaden, praktisch ist jedoch die Gefahr zu groß, auf einer der zu überquerenden Schnellstraßen unter die Räder zu kommen. Auch wer sich tatsächlich bis zum Universitätsgebäude durchgeschlagen hat, sollte nicht der Illusion verfallen, sich nun endlich in Ruhe der Wissenschaft widmen zu können: Es mag zwar sein, daß es ihm gelingt, den Müll auf dem Boden der Vorhalle zu ignorieren, doch sollte er seine Aufmerksamkeit trotzdem auf seine Füße (und nicht etwa auf seine Gedanken) richten, sonst geht er das Risiko ein, sich beim Stolpern über einen der aus der Wand herausgebrochenen Betonklötze den Hals zu brechen. Im übrigen ist ihm zu wünschen, daß sein Stehvermögen nach der langen Reise noch für die dreistündige Vorlesung ausreicht, es sei denn, er ist bereit, schon eine Stunde vor dem (immerhin pünktlichen) Eintreffen des Professors den Kampf um einen der raren Stühle aufzunehmen – Tische sind ohnehin Mangelware. Falls die Vorlesung einmal langweilig sein sollte, kann man sich die Zeit mit dem Studium der Wandschmierereien vertreiben, gesetzt den Fall, sie sind durch die Rauchschwaden zu erkennen, die den für 50

Personen konstruierten, häufig aber mit ca. 200 Rauchern besetzten, etwa zwei Meter hohen Barackenraum durchziehen, dessen Fenster man wegen des Verkehrs- und Fluglärms besser geschlossen läßt. Verspürt man – einer Ohnmacht nahe – das Bedürfnis, eines der »stillen Örtchen« aufzusuchen, so wundert man sich schon gar nicht mehr über deren katastrophalen Zustand und ist nur noch dankbar, daß sie ausnahmsweise einmal nicht geschlossen sind.

Paris ist eine harte Schule, doch die Mühe lohnt sich – und sei es nur für einen Freitagvormittag in St. Denis…

Beate Klarsfeld

Lebenshunger

Paris übt eine magische Anziehungskraft auf jeden aus, der seinen Wissensdrang stillen und sich selbst erproben möchte. Diese Stadt hat den Ruf, die Ideen zu kristallisieren, die Intelligenz zu schärfen und Vorurteile platzen zu lassen.

Mit einundzwanzig Jahren hoffte ich, daß Paris auch für mich diese Rolle spielen würde, und so stand ich vor dreißig Jahren, es war im März 1960, eines Morgens auf dem kalten und schwarzen Bahnsteig vom Nordbahnhof, zum ersten Mal in meinem Leben in Paris und völlig auf mich selbst angewiesen, mit wenig Geld in der Tasche und zwei Adressen, die ich von Freundinnen erhalten hatte, von französischen Familien, die jungen Mädchen freie Unterkunft und Verpflegung geben und als Gegenleistung Hilfe im Haushalt erwarten.

Bis zu diesem Tag war mein Leben von meinen Eltern immer bis in die kleinste Einzelheit geregelt worden. Aber ich wollte mich von meinem Alltag losreißen und eine gewisse Selbständigkeit gewinnen, eine Mutprobe ablegen. Es war für mich eine Herausforderung, gegen das Unbekannte anzukämpfen und es zu bewältigen; ich wußte, daß die Schwierigkeiten und auch die Prüfungen meinen Geist bereichern und meinen Charakter festigen würden. Meine Eltern aber sahen meinen Entschluß ganz anders. Meine Mutter sagte mir viel Unheil voraus, das in Paris auf mich lauern würde, und für meinen Vater war Paris das Bordell Europas, und er sah seine Tochter schon auf dem Strich.

Ich wollte aber auch dem »Kirche-Kinder-Küche« entrinnen, der Zukunft, von der meine Mutter für mich träumte, ein Schnippchen schlagen. Paris, die Stadt der Revolutionen, der avant garde der Ideen, schien daher gerade der richtige Platz, an dem ich meine Persönlichkeit entwickeln konnte und zeigen, daß ich einen eigenen Willen habe und keine »untergeordnete Frau« sein würde.

Meine Französischkenntnisse waren kläglich, und ich schrieb mich daher sofort nach meiner Ankunft in die Alliance Française ein. Drei Tage später bin ich in einer französischen Familie in Boulogne-Billancourt untergebracht, es folgen andere. Mein Kontakt mit der französischen Sprache bleibt sehr elementar, beim Einkaufen für die Familie und im Umgang mit den Kindern. In der Alliance begegne ich nur Ausländern, und ich habe Angst, mich von einem Franzosen auf der Straße ansprechen zu lassen, denn mit meinem Pariser Stadtplan in der Hand bin ich als Touristin leicht erkenntlich und werde sicher als leichte Beute betrachtet.

Ich mache also Bekanntschaft mit Paris, und obwohl ich die Stadt noch nicht richtig kenne, bin ich schon begeistert. Welche Entdeckungen kann man machen, und welcher Unterschied zu den monotonen neuen Häusern in Berlin. Welch ein Vergnügen, durch die engen alten Straßen im Marais zu schlendern oder die Harmonie der Häuserfronten in den Straßen zu bestaunen, die parallel zur Seine und zum Boulevard St. Germain liegen und soviel Persönlichkeit ausstrahlen. Die Menschen sind voller Lebenshunger, jeder ist vom anderen verschieden; ein Spaziergang auf dem Boulevard St. Germain oder auf den Champs Elysées ist wie eine Verführung. Ich habe immer das aufreizende Gefühl gehabt, daß es zwischen dieser Stadt und mir eine feste Bindung gibt und sie mir erlauben wird, mich voll zu entfalten. Aber nicht auf dem linken Seineufer oder im historischen Teil von Paris bin ich verführt worden, sondern an den Toren von Paris, zwischen Paris und Boulogne.

Es passierte ganz genau auf dem Bahnsteig in der Untergrundbahnstation Porte de St. Cloud. Auf dem Weg zur Alliance Française warte ich auf meinen Zug, mit dem blauen Französischbuch unter dem Arm, als ich plötzlich Blicke auf mich gerichtet fühle, und als ich mich umdrehe, begegne ich den Augen eines jungen Mannes, schwarzhaarig, gekleidet in ein Kostüm Prince de Galle, Aktentasche in der Hand.

»Sind Sie Engländerin?«

Wenn man so typisch deutsch aussah wie ich, war das natürlich eine Falle, und er gestand mir später, daß ein deutsches Mädchen immer mit »nein« antwortet, wenn man ihr diese Frage stellt. So begann unsere Unterhaltung. Wir trennten uns Sèvres-Babylone, er unterwegs zum Institut Politique, und ich zur Alliance Française. Er fragte noch nach meiner Telefonnummer. Drei Tage später treffen wir uns wieder, wir gehen ins Kino rue Colisée: *Jamais le Dimanche.*

Serge beendet sein Studium, er ist genauso arm wie ich. Er gefällt mir auf den ersten Blick, er hat eine seriöse Art, aber auch Phantasie. Auf einer Bank im Bois de Boulogne erfahre ich von ihm, daß er Jude ist und sein

Vater in Auschwitz ums Leben kam, während meiner in der deutschen Wehrmacht diente, wohl als einfacher Soldat und dann in der Schreibstube. Ich bin überrascht, bewegt, weiß nicht, wie ich reagieren soll – mich zurückziehen, die Beziehung abbrechen? In Berlin habe ich über die Judenverfolgung wenig erfahren. Warum soll es jetzt Komplikationen in meinem Leben geben. Aber die Augen von Serge strahlen soviel Wärme aus, ich bin ihnen erlegen und schmiege mich an ihn.

Die Sommerferien trennen uns, ich verbringe sie mit meiner französischen Familie in Hossegor, am atlantischen Ozean. Serge und ich schreiben uns eifrig, er verbessert mein Französisch, manchmal bin ich beleidigt.

Unsere Gefühle überstehen die Trennung sehr gut, und im Herbst treffen wir uns wieder, auf der Pont des Arts. Mit Serge als Freund und Geschichtslehrer hole ich das Versäumte nach, die Geschichte des deutschen Volkes zwischen 1933 und 1945. In Paris komme ich in Berührung mit den grausamen Realitäten des Nationalsozialismus. Ich selbst fühle keine Schuld, aber als Teil des deutschen Volkes werden mir meine moralischen Verpflichtungen bewußt. Sollte ich mich in Paris gegenüber Serge und seinen Freunden als Deutsche verleugnen? Im Gegenteil, ich empfand es als eine Herausforderung; denn es ist einerseits aufregend und andererseits schwer Deutsche zu sein nach den fürchterlichen Verbrechen, die durch mein Volk verschuldet wurden. Serge gibt mir ein Buch mit dem Titel *»Die weiße Rose«* zu lesen – das Schicksal der Geschwister Hans und Sophie Scholl. Am traurigen Schicksal dieser beiden jungen Menschen rüste ich mich moralisch auf, es ist sicherlich eine Weichenstellung für mein späteres Engagement gewesen.

Dreißig Jahre später schreibe ich jetzt diese Zeilen an dem gleichen Ort, an dem ich Serge zum ersten Mal sah, ganz einfach, weil die Wohnung, in der wir heute leben, genau über der U-Bahnstation Porte de St. Cloud liegt; das Haus wurde 1971 gebaut. Von meinen Fenstern habe ich Aussicht auf den Platz mit seinen beiden Springbrunnen, die abends erleuchtet sind. Sie gehören zu meinem Leben, und ich sehe sie mit großem Vergnügen wieder, wenn ich von meinen manchmal recht gefährlichen Reisen, zum Beispiel nach Südamerika oder in den Nahen Osten, zurückkehre.

Meine beiden Collies Scott und Flynn, die ich jeden Morgen in den Bois des Boulogne ausführe, beobachten aufmerksam von unserem Balkon jeden Passanten, der den Platz überquert, und bellen ihn an.

Paris hat mir erlaubt, mich zu entfalten, die Träume eines jungen Au-pair-Mädchens haben Gestalt angenommen und sind Wirklichkeit geworden, ein glückliches und ausgefülltes Leben in einer glücklichen Familie in Paris.

In dieser Stadt habe ich niemals das Gefühl von Einsamkeit; Paris ist wie eine Maschine, die die Zeit festhalten kann.

Norbert Glanzberg

So war es

»Mama, warum lacht die Musik?
Mama, warum weint die Musik?«

Wäre es uns von Zeit zu Zeit gegeben, einen kleinen Zipfel des Schleiers zu lüften, unter dem die Zukunft verborgen liegt, so hätte die Weltgeschichte, wer würde dies bestreiten, einen anderen Lauf genommen; jedoch wäre im Jahre 1930 wohl auch folgende Unterhaltung, die ich als blutjunger Korrepetitor des Aachener Opernensembles mit einer Ballettdame führte, ganz anders ausgegangen:

– Du, willst Du nicht mal nach Berlin fahren?

– Nun, eigentlich schon! Aber wieso fragst Du mich jetzt danach?

– Ich muß im Admiralspalast probetanzen, und wer weiß, wen man mir da ans Klavier setzt. Wir zwei sind doch so ein gutes Gespann!

– Na, einverstanden, kann ja nichts schaden!

Gesagt, getan. Der zur Probe anwesende Emmerich Kalman war auch durchaus »beeindruckt« … vom Klavierspiel des mitgereisten Korrepetitors. Die Darbietung der Tänzerin hingegen fand keinen Zuspruch.

So gelangte ich zu einem ersten wohldotierten

Großstadtengagement, das sozusagen die Folge eines Flirts war, allerdings auch der Grund für dessen jähen Abbruch. Denn meine enttäuschte Freundin reiste wieder ab.

Berlin, Ende der zwanziger Jahre! Der Lockung dieses schillernden, verheißungsvollen Mittelpunktes von Kunst und Kultur in Deutschland konnte ich junger, in Würzburg aufgewachsener Provinzmusiker natürlich nicht widerstehen. Zwar prädestinierten mich meine Ausbildung und ein gewisser Ruf, den ich mir in Musikkreisen schon erworben hatte, eigentlich zu einer Karriere im ernsten Fach. Erste Erfolge in Aachen – ein Klavierkonzert vierhändig mit Béla Bartòk, Zusammenarbeit mit Alban Berg anläßlich der Inszenierung des *Wozzeck* – hatten mich in meiner Absicht, eine seriöse Pianisten- und Dirigentenkarriere anzustreben, bestärkt. Alban Berg hatte auch menschlich auf mich einen großen Eindruck gemacht. Aber ich hatte seit frühester Jugend eine ebenso starke Zuneigung für die Unter-

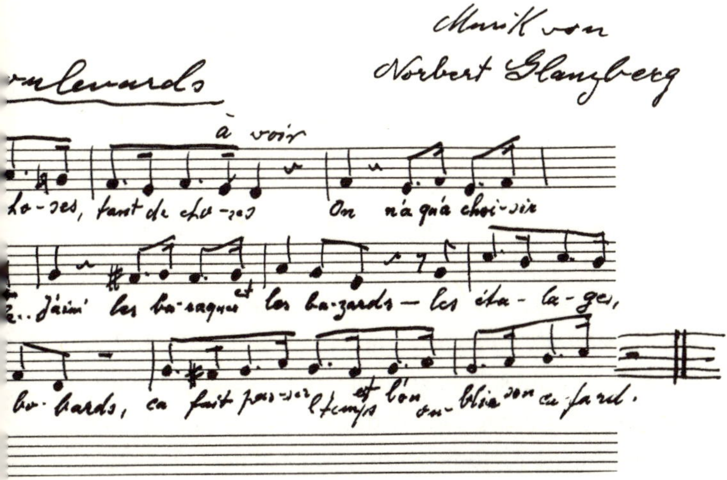

haltungsmusik, und so litt ich kaum unter der Vorstellung, von Berufs wegen die Musik nunmehr als Hilfskapellmeister des Admiralspalastes zu betreiben. Auf dem Spielplan stand die *Csardàsfürstin* und anstatt der künstlerisch und menschlich bereichernden Assistenz bei Alban Berg arbeitete ich fortan mit Hans Albers zusammen, der in der männlichen Hauptrolle Triumphe feierte. Das schien mir zumindest genauso unterhaltsam.

Außerdem war der Weg von der Operettenbühne zu den Aufnahmestudios der UFA damals nicht weit – und der Film bot mir die Aussicht, auch selbst zu komponieren. Die deutsche Unterhaltungsmusik der zwanziger Jahre verwendete weitgehend das Formenrepertoire der Operette und stand damit der klassischen Musik relativ nahe. Die Musiker und Musikerzieher unterhielten auch enge Beziehungen zueinander, weshalb die Tatsache, daß gerade Bruno Eisner, ein bekannter Professor der Berliner Musikhochschule, mich an die UFA vermittelte, eigentlich weiter nicht erstaunlich ist.

Die UFA nahm mich für die Musik von *Dann schon lieber Lebertran,* nach einer Novelle von Erich Kästner, unter Vertrag. Regisseur war Max Ophüls. Mit Wilhelm Wilder, der als Drehbuchautor ebenfalls am Anfang seiner Karriere stand und später, nämlich nach seiner Emigration in die Vereinigten Staaten, als Billy Wilder zu Weltruhm gelangte, ergab sich anschließend für den Film *Der falsche Ehemann* eine Zusammenarbeit. In *Der falsche Ehemann* sollten auch die Comedian Harmonists auftreten und einige Titel vortragen. Man verlangte von mir eingängige Melodien, »zum Mitsummen«, die dann so tiefsinnige Titel wie »Hasch' mich, mein Liebling, hasch' mich!« erhielten. Sicherlich hatte damit mein Wunsch nach Entfaltung eines persönlichen Stils wenig Aussicht auf Erfüllung; aber ich hoffte, durch meine Tätigkeit für die UFA, hinter der das riesige Finanzimperium des Hugenberg-Konzerns stand, zu wichtigen Kenntissen und Kontakten zu gelangen, die mir langfristig auch die Aufführung von Kompositionen eigener Prägung ermöglichen würden.

Die UFA ihrerseits sah in mir einen möglichen Nachfolger von Friedrich Holländer, der die Musik des *Blauen Engel* geschrieben hatte oder von Werner Richard Heymann, dessen Kompositionen »Das ist die Liebe der Matrosen«, »Liebling, mein Herz läßt dich grüßen«, »Das gibt's nur einmal, das kommt nicht wieder« oder »Das muß ein Stück vom Himmel sein« noch heute gespielt werden, und wollte mich entsprechend fördern. Folgender Ausschnitt aus dem *Film-Kurier* vermittelt vielleicht eine Vorstellung davon, was die Filmkomponisten der zwanziger und dreißiger Jahre bieten mußten: »Er [der Komponist Norbert Glanzberg] geht ins Ohr, sein Rhythmus wirkt verführerisch

(...) Die illustratorischen Absichten wirken wie bester Holländer. (...) Solche Musik ist im Kino hochwillkommen.« Mit dem Beifall in den Filmtheatern – die Kinobesucher hatten damals die Angewohnheit zu klatschen – schwoll das positive Echo im deutschen Blätterwald ebenfalls an und bewirkte in einer besonderen Art von Kettenreaktion, daß auch meine Brieftasche Rundungen bekam. Die Zukunft schien mir in den betörendsten Farben zu lächeln.

Leider aber vollzog sich die »große«, die politische und Weltgeschichte inzwischen im Gleichschritt und konnte sich mit der Idylle, in der das Einzelschicksal eines jüdischen Schlagerkomponisten damals saumselig zu verweilen schien, nicht abfinden. So rüttelte sie mich mit den gänzlich unharmonischen Fanfarenstößen eines antisemitischen Hetzartikels wach, den kein geringerer als Joseph Göbbels selbst gezeichnet hatte. Es verurteilte dieses in der Parteizeitung *Der Angriff* erschienene Pamphlet den Umstand, daß ein Sohn galizischer Ghettojuden »das Brot junger, blonder Komponisten esse«.

Eines Abends finde ich auf dem Bahnsteig des Bahnhof Zoo meine Vermieterin vor, die schon ungeduldig nach mir Ausschau hält. Die Gestapo erwarte mich in meiner Wohnung. Ich konnte nur noch unversehens kehrtmachen und mit dem nächsten Zug nach Paris fliehen. So kam der vormalige, hoffnungsvolle Korrepetitor aus Aachen in seine zweite Großstadt. War mein Sprung nach Berlin die Folge eines Flirts gewesen, so ließen alle Umstände dieses neuerlichen Wechsels befürchten, daß ich nunmehr in Scheidungshändel oder zumindest in einen lautstarken Zank mit der Glücksgöttin Fortuna, der Spenderin von Gunst und Zuneigung, verstrickt war.

Mein Weg von Berlin nach Paris war mir von anderen Schicksalsgenossen aus Mitteleuropa vorgezeichnet worden, und er war deprimierend in der Beständigkeit, mit der er mich wie alle meine Vorgänger über die gewohnten Stationen der Entwurzelung und Verelendung führte. Ein Flüchtlingsheim irgendwo zwischen Clichy und Belleville nahm mich auf. Anfangs verkaufte ich Bleistifte und Radiergummis, die ich in einem Bauchladen durch die Straßen trug. Leider ohne viel Erfolg. Keinesfalls verdiente ich soviel, daß es zum Ersetzen jener wenigen Kleider, die ich nach Paris hatte retten können, gereicht hätte. Ich mußte es anders versuchen und zog als Straßenmusikant mit einem geliehenen Akkordeon durch die Hinterhöfe. Straßenmusikanten brauchten aber zur Ausübung ihrer Tätigkeit eine Genehmigung der Préfecture. Da ich als Ausländer auf eine solche Karte keinen Anspruch hatte, ja nicht einmal nach einer solchen Genehmigung hätte fragen können, da ich kein Wort französisch sprach, endete einer meiner Irrgänge durch die Hinterhofwelt der Boulevards auf dem Kommissariat. Man belehrte mich und setzte mich nach zwei Tagen Haft wieder auf freien Fuß. Es sollte nicht das einzige Mal bleiben, daß ich Bekanntschaft mit französischen Gefängniszellen schloß.

Nahe dem Place Pigalle hatten die Tanzmusiker ihren Treffpunkt. Es waren dies Musiker, die in den Rathäusern der Pariser Arrondissements regelmäßig die Ankündigungen von Taufen, Hochzeiten und Begräbnissen studierten, vor allem, wenn die Feiern mit einem Bankett abschließen sollten. Ein schmächtiger, etwas buckliger Geiger namens Schwimmer – er war Jude und wie ich aus Galizien gebürtig – hielt insbesondere zu den Vereinen und Gesellschaften der jüdischen Gemeinde

Kontakt. Seiner musikalischen Laufbahn waren zwar durch einen drastischen Mangel an Begabung enge Grenzen gesetzt, er erfüllte jedoch für andere, kaufmännisch weniger talentierte Musiker wie mich die unersetzliche Funktion eines Impresarios. Zu Beginn der Auftritte war er es, der seiner Position gemäß den Auftakt gab. Damit auch niemand den Einsatz verpasse, hatte er sich den jiddischen Kampfruf »Nu, hack' eran!« (Zu deutsch: »Nun, haut rein!«) angewöhnt, wenn er den Geigenbogen mit einer wohlstudierten, gefühlsinnigen Geste ansetzte.

Während meiner beiden ersten Jahre in Paris verdingte ich mich oft in seinem Orchester; allerdings sicherten mir die Abendgagen, etwa 30 bis 40 Francs, nicht einmal eine warme Mahlzeit täglich. Wie durch einen bösen Fluch hatte die Woche damals immer einen Tag zuviel. Freitags wachte ich unweigerlich mit knurrendem Magen und leeren Taschen auf. Um meinen Hunger zu stillen, halfen dann nur noch glückliche Zufälle wie beispielsweise die Freizügigkeit eines Bekannten, der gerade bezahlt worden war und in seiner Zufriedenheit vergaß, daß auch sein Bauch und seine Taschen in ein paar Tagen wieder leer sein würden. Allerdings ist, wer Hunger hat, kaum fähig, an anderes zu denken und vergißt sein Leiden auch später nicht. Die Gäste meines Stammlokals »Tout va bien« auf dem Boulevard Poissonière, wo man für 6 Francs einer komplette Mahlzeit erhielt, ließen sich jedenfalls selten erweichen.

Als 1933, dem letzten meiner Jahre in Berlin, die Perspektive der Emigration infolge des zunehmenden Antisemitismus immer näher gerückt war, erklärten meine Bekannten einhellig, Musik sei doch international; ich würde mühelos auch anderswo überleben können. Leider stellte die Unterhaltungsmusik jener Zeit aber die berühmte Ausnahme von der Regel dar: die operettenhaften, von der zentraleuropäischen Volksmusik geprägten Melodien, die man in Berlin von mir verlangt hatte, wurden den Empfindungen der Pariser nicht gerecht. Wenn sich in einem Berliner Tanzlokal, in einem Wiener oder Budapester Heurigen der Geiger einer schönen Frau näherte, dann versuchte er, sie zu rühren, sich bei ihr mit sehnsuchtsvollen Melodien einzuschmeicheln, und die Schöne zerdrückte vielleicht sogar ein paar Tränen. Solche Gefühlsäußerungen waren aber meinem neuen französischen Publikum fremd. Lebensfreude wurde stattdessen durch ein freimütiges, einladendes Lächeln, treffsichere witzige Bemerkungen, gelöste Unterhaltungen, zum Ausdruck gebracht. Dazu wünschte man rhythmische Musik, schnelle Tempi, fröhlichere Melodien; man wollte viel tanzen, den Alltag vergessen, sich bis zur Trunkenheit im Kreise drehen. Die zentraleuopäische Musik wendet sich eben mehr an den Instinkt, die lateinische mehr an den Intellekt.

Langsam erwarb ich Gespür für diese Musik. So begann für mich die Zeit der Bals Musettes, der Engagements als Pianist in den Tanzdielen der Arbeiterviertel wie dem »Bal du Petit Jardin«. Das Orchester spielte auf einem Balkon über der Tanzfläche, wo zwischen eng aneinander geschmiegten Liebespaaren eine bunte Fauna von Zuhältern und Prostituierten, Ganoven, Schiebern und Catchern zum Stammpublikum gehörte. Auch im Orchester konnte man sich über die Originalität der Besetzung nicht beklagen. Der Gitarrist mit dem Menjou-Bärtchen hieß Django Reinhardt. Die Zusammenarbeit mit ihm wurde durch seine Unzuverlässigkeit erschwert, und nicht selten mußten die Mitglieder seiner Truppe die Marne-Ufer nach ihm absuchen, weil ihn die Lust nach einer Angelpartie aus Paris weggelockt hatte und er seine abendlichen Verpflichtungen dann völlig vergaß.

Eines Tages stieg eine zwergenhaft kleine Sängerin, unfrisiert, in einer Art Kittel und in klobigen Schuhen zu unserem Balkon herauf. Sie rief mir ein paar völlig unverständliche Anweisungen zu, worauf ihr Django trokken Bescheid gab: »Gib' dir mit dem Boche keine Mühe, der versteht sowieso kein Wort Französisch.« Um das Volumen ihrer kaum ausgebildeten, an sich schon blechern wirkenden Stimme zu steigern, sang sie durch ein Megaphon. Wir kannten sie damals einfach als »la môme Piaf« (die Göre Piaf) – ein typisches Kind der Pariser Armenviertel. Kaum zehn Jahre später hatte sie sich als Edith Piaf mit einer bereinigten, stilisierten Version ihres anfänglichen Vortrags in die Herzen eines internationalen Publikums gesungen.

In der Folge linderte sich meine wirtschaftliche Not. Ich erhielt jetzt immer öfter Engagements. Im Winter 1937/38 zum Beispiel wurde mir eine Tätigkeit in einer Bar in Val d'Isère in den französischen Alpen vermittelt. Jean, der Barbesitzer, war ein menschenscheuer Eigenbrötler, der seinen Gästen kaum verhehlte, wie wenig ihm an einem Gespräch mit ihnen lag. Ein völlig bedeutungsloser Anlaß konnte bei ihm Wutanfälle auslösen. Einmal schoß er im Laufe eines solchen Anfalls sogar mit einem Revolver in die Decke, ein Skandal, der ganz Val d'Isère in Erschütterung versetzte. War die Bar geschlossen, verschwand Jean in einem abgelegenen Zimmer. Das Stubenmädchen kommentierte dann lakonisch: »Er wird wohl wieder malen.« Natürlich zog ein solcher Wirt kaum Gäste an, und so lief das Geschäft recht schlecht. Er konnte mich teilweise wegen zu geringer Einnahmen kaum bezahlen und verfiel dann sogar auf die Idee, mir seine Gemälde anzubieten, was insofern originell war, als er sich nie die Mühe gemacht hatte, sie mir auch zu zeigen. Ich lehnte selbstverständlich ab und bestand auf Geld.

Jahre später besuchte ich die Ausstellung eines bekannten zeitgenössischen Malers. Die ausgestellten Gemälde riefen, obwohl gegenstandslos, auf eindrucksvolle Weise die Erfahrungen des gerade erst überstandenen Zweiten Weltkrieges wach. Die Biographie des Künstlers war einer Stellwand nahe dem Eingang zu entnehmen; ich hatte sie aber beim Betreten der Ausstellung kaum beachtet. Als ich nach Beendigung meines Rundgangs wieder an ihr vorbeikam, fiel mein Blick zufällig auf ein Foto, das die breite, weiß getünchte Fassade eines typischen alpinen Wohnhauses zeigte. Diese Fassade war mir seltsam vertraut, so vertraut, als hätte ich unzählige Male vor ihr gestanden. Aber ich war doch so gut wie nie in den Alpen gewesen! … Doch! Und fassungslos hatte ich plötzlich begriffen, daß der berühmte Jean Fautrier, denn um keinen geringeren handelte es sich, und jener obskure Barbesitzer namens Jean ein und derselbe waren, daß die Bilder, die ich mir gerade angesehen hatte, die jeder, der in Paris etwas auf sich hielt, kennen und bewundern mußte, Werke jenes verstockten Sonderlings waren, für den ich eine Wintersaison lang gearbeitet hatte. Aus Geldnot hatte mir Jean Fautrier seine Bilder damals aufgedrängt. Und aus Geldnot hatte ich sie, ohne auch nur einen Blick darauf zu werfen, abgelehnt.

Mit den Auftritten in den Bals Musettes hatte ich ein regelmäßiges Einkommen. Ein damals in den russischen Emigrantenlokalen beliebter Balalaikaspieler namens Ter Abramov vermittelte mir sogar eine Verpflichtung für das Nobelhotel »Goiland« in Hilversum. In dieser Stadt hielten sich aufgrund ihrer vielen Radiostationen ständig zahlreiche berühmte Künstler und Orchester auf. Ich nahm also den Zug nach Holland in Erwartung eines wohlbezahlten Auftritts. Es ereignete sich aber weit mehr. Wir probten gerade im noch leeren Speisesaal des Hotels. Es war früh am Abend, und die Gäste, die wir zum Diner musikalisch unterhalten sollten, waren noch nicht eingetroffen. Plötzlich geht die hohe, weiß gelackte Doppeltür am anderen Ende des Saales auf, und eine Dame in Abendrobe, gefolgt von einigen Herren im Frack, betritt den Raum. Ich widme ihr zuerst kaum Aufmerksamkeit, bis ein Kellner, der wußte, daß wir aus Paris kommen, diskret fragt, ob wir denn nicht bemerkt hätten, wer da soeben eingetroffen sei, nämlich die berühmte Lys Gauty und ihre Musiker. Lys Gauty war zusammen mit Lucienne Boyer die erfolgreichste französische Schlagersängerin der dreißiger Jahre und trat auch in zahlreichen Musikfilmen auf. Sie stand auf der Höhe ihres Ruhms und war unter gewöhnlichen Umständen für einen unbekannten Komponisten wie mich nicht ansprechbar. Daß ich ausgerechnet im Ausland mit ihr zusammentrffen sollte, ist deshalb, wenn man sich's recht überlegt, gar nicht mal verwunderlich. Jedenfalls mußte ich die Gelegenheit nutzen. Ich sagte zu meinen Kollegen, sie möchten mich doch einmal für zehn Minuten allein lassen und improvisierte ein Potpourri aus Lys Gauty beliebtesten Titeln. Sie war natürlich sehr geschmeichelt, daß man sie auch im Ausland erkannt hatte und fragte nach mir. Wir kamen ins Gespräch, und ich vergaß nicht zu erwähnen, daß ich komponiere und auch schon Kontakt mit ihr aufzunehmen versucht hatte, jedoch ohne Erfolg. Lys Gauty lud mich zu sich ein. Ich spielte ihr einige meiner Kompositionen vor, die ihr sehr gefielen und für die sie Texte verfassen ließ. Zwei dieser Melodien, nämlich *Sans y penser* und *Le Bonheur est entré dans mon coeur,* erwiesen sich schon nach kurzer Zeit als außerordentlich erfolgreich. Sie wurden, was man heute als Hits bezeichnen würde. Damit hatte ich in Paris endlich die gewünschte Anerkennung gefunden. Aber leider brach wenig später der Krieg aus.

Ein gänzlich unheroisches Zwischenspiel bei der polnischen Exilarmee des Generals Sikorski in Coetquidan verdient eigentlich kaum Erwähnung. Ich sprach kein Wort Polnisch; man hatte mich lediglich aufgrund meines Geburtsortes zum Polen erklärt. Der Umgang mit meinen Kameraden und Vorgesetzten gestaltete sich ziemlich unerfreulich. Jedenfalls wurden »wir« Exilpolen vor den anrückenden deutschen Truppen eiligst nach Süden evakuiert, und so fand ich mich zum Zeitpunkt des Waffenstillstands in Marseille wieder.

Die polnische Nationalzugehörigkeit, mit der ich mich zum Kriegsausbruch unversehens ausgestattet fand, legte ich bald schon ohne Bedauern wieder ab.

Stattdessen aber zerstörte der Fluch des Judenhasses, der die Zeit so tief prägte und mich schon aus Berlin vertrieben hatte, ein weiteres Mal alles, was ich mir aufgebaut hatte. Zwar trafen sich in Marseille alle, die auf den Pariser Bühnen Rang und Namen gehabt hatten, und so konnte ich schnell wichtige Kontakte knüpfen, aber ich hatte als Jude kein Anrecht mehr auf meine Tantiemen. Ich mußte mich also wieder einmal nach anderen, sicherlich schlechter bezahlten Tätigkeiten umsehen. Josephine Baker, Maurice Chevalier, Edith Piaf, Tino Rossi, Fernandel waren alle vor den Deutschen in die freie Zone, die »Zone libre« geflüchtet und hielten sich oft in Marseille auf. Der bekannte Impresario Marouani hatte sich ebenfalls dort etabliert und verschaffte mir Engagements. Ich konnte von Glück sagen, daß mein Name nicht mehr gänzlich unbekannt war. Im Herrbst 1940 organisierte Marouani für Edith Piaf eine große Tournee durch Südfrankreich. Man suchte einen Pianisten und entschied sich für mich.

Wann immer ich dem Rampenlicht nahekam, ich von ihm gestreift wurde, wenn Edith Piaf sich ans Klavier lehnte, um ihre Intimität mit der Musik, die sie vortrug, zur Schau zu stellen, verfiel ich hoffnungslos einer unverwechselbaren, betörenden Macht. So wie ich auf der Bühne zu sehen war, erschien ich mir dann auch selbst, als Inhaber geheimnisvoller Kräfte, mit denen sich das Publikum nicht nur widerstandslos, sondern sogar begeistert, hingebungsvoll bannen ließ. Die Bitternis über die Verfolgung, der ich als Jude ausgesetzt war, konnte ich dann zeitweise vergessen. Nach den Konzerten drängten sich die Verehrerinnen der Piaf auch in meine Loge, schenkten mir Blumen und verlangten Autogramme. Der Applaus wusch diese Zeit für kurze Momente von ihrem Schrecken rein.

Nach ihren Auftritten lud Edith Piaf jedesmal eine ganze Schar von Freunden und Bekannten zu sich ein. Was da in ihrem Hotelzimmer an Berühmtheiten versammelt war, wirkte wie eine Fotomontage aus einem Boulevardblatt jener Zeit. Neben den schon erwähnten, nach Marseille evakuierten Künstlern traf ich dort den jungen Charles Aznavour; Charles Trenet verfügte ebenfalls erst seit vier, fünf Jahren über seinen Namen als »Chanteur poétique«. Die Piaf stand damals auf dem Höhepunkt ihres Ruhms, sie war reich und wußte, daß ihr bei der Rücksichtslosigkeit, mit der sie ihre Gesundheit den Anforderungen der Karriere opferte, später nicht viel Zeit zum Genießen all dieses Geldes bleiben würde. So gab sie es mit beiden Händen aus. Auf dem Schwarzmarkt ließ sich damals alles, was gut und teuer war, beschaffen. Abend für Abend fanden sich ihre Gäste zu ihrer Überraschung mit Champagner und unerschwinglichen Delikatessen bewirtet. Sie erschien mir manchmal hinreißend spontan, manchmal launenhaft, oft jedoch auch zutiefst verzweifelt, als eine Persönlichkeit, die Ängste und Selbsthaß schon heillos zerrüttet hatten. Dies beschäftigte aber weder mich noch sie selbst noch die übrigen Gefährten jener Abende, denn jeder von uns hatte Gründe – die Zeit wollte es so –, in jenen Festen vor allem Vergessen zu suchen.

Eines Abends in Nizza saß ich gerade in Ediths Hotelzimmer am Klavier. Sie bittet mich, Trenet eine meiner neuen Melodien vorzuspielen. Es wird hellhöhrig und erfindet umgehend einen Text dazu. Tatsächlich war er dafür bekannt, daß ihm originelle Einfälle nur so zuflogen. Was er da an jenem Abend in fünf Minuten improvisierte, war sicherlich kein Meisterwerk, sondern vielmehr sehr schlecht, aber er selbst schien mit dem Ergebnis zufrieden. Das neue Lied trug also fortan den Titel *Tournons, tournons, tournons – On oublie quand on danse la java (Wenn man tanzt, vergißt man leichter...).*

Auch wir erklärten heuchlerisch, daß ihm da etwas Außerordentliches gelungen sei. Ein paar Tage später begegnet Edith auf der Promenade des Anglais (der Prachtstraße von Nizza) dem Vertreter des Pariser Verlegers Salabert an der Côte d'Azur. Er berichtet ihr, Charles Trenet habe ihm ein neues Lied mit dem Titel *Tournons, tournons, tournons* verkauft, und dabei spricht ihm aus dem Gesicht die ganze ungetrübte Freude des Geschäftsmannes, der soeben zu einem Abschluß unter vorteilhaftesten Bedingungen gelangt ist. Edith fragt ihn, ob er nur den Text oder auch die Musik gekauft habe. »nein, nein, eben auch die Musik!«, wird ihr da entgegnet.

Trenet hatte meine Musik also gleich mitverkauft. Es vergehen einige Monate, bis ich ihm auf einer weiteren Tournee mit Edith in Lyon wieder begegne. Er begrüßt uns mit gewohnter Herzlichkeit, ohne irgendwelche Unsicherheit merken zu lassen. Edith fährt ihn unvermittelt an: »Was hast Du mit Norberts Musik gemacht? Du hast sie gestohlen und verkauft!« Trenet bringt auch diese verbale Ohrfeige nicht aus der Fassung. Ganz begnadeter Künstler, dem die Niederungen urheberrechtlicher Obliegenheiten fremd sind, bescheidet er uns großmütig: »Na, auf ein Lied mehr oder weniger kommt's mir doch nicht an. Wenn Norbert seine Musik wiederhaben möchte, soll er sie haben.« Aber Salabert wünschte, meine Komposition zu behalten und hat sie mir deshalb abgekauft. Sie ging unter dem neuen Titel *Padam, Padam, Padam* ins Standardrepertoire von Edith Piaf ein.

Vielleicht scheine ich diesen urheberrechtlichen Scherereien aus heutiger Sicht zuviel Bedeutung beizumessen. Für mich war der Verkauf eigener Kompositionen in der Folgezeit jedoch von entscheidender Bedeutung, wenn ich mir trotz der Verfolgung, der ich ausgesetzt war, eine Chance zu überleben wahren wollte. Im Frühling 1941 reiste Edith Piaf mit neuen Engagements nach Paris zurück – wohin ich ihr natürlich nicht folgen konnte. Auch im unbesetzten Frankreich wurden in diesem Jahr die Arbeitsbedingungen für mich immer schwieriger. Als Jude hatte ich seit dem Waffenstillstand schon keinen Anspruch auf meine Tantiemen mehr. Die Regierung des Etat français unter Marschall Petain fachte den Antisemitismus aus Kalkül und unter dem Druck offen faschistischer Organisationen wie dem *Parti Populaire Français* des Jacques Doriot ständig und planmäßig weiter an. Die Bedrohung, der man als Jude ausgesetzt war, gehörte gleichsam zur Atmosphäre, sie lag in der Luft, weil zum Beispiel auflagenstarke Zeitungen wie *Je suis partout* Juden und Freimaurer für die französische Niederlage verantwortlich machten. Noch 1941 wurde im unbesetzten Frankreich eine erniedrigende Sondergesetzgebung für Juden eingeführt, die sie aus zahlreichen Gesellschaftsbereichen und Berufen ausschloß. Mein Name durfte also auf keinem Plakat, auf keiner Schallplatte mehr erscheinen. Es wurde schnell absehbar, daß mich in Frankreich ein ähnliches Schicksal erwartete, wie vor meiner Flucht aus Deutschland. Um der drohenden Internierung zu entgehen, legte ich mir falsche Papiere zu. Mein Paß lautete nunmehr auf den Namen Pierre Minet. Ich stammte angeblich aus Cherbourg. Damit hatte ich endgültig den Schritt in die Illegalität getan, womit ich der endgültigen Ächtung durch die Regierung in Vichy allerdings nur knapp zuvorkam. Von nun an hatte ich einen pausenlosen Kampf um Lebensmittel und Unterkünfte zu bestehen, denn Lebensmittel waren ja rationiert, und ich brauchte Lebensmittelkarten, die ich mir auf dem Schwarzmarkt besorgen mußte. Ich brauchte Geld zur Bestechung der Hotelportiers, die mich nicht in die Gästelisten eintragen durften. Mehrere Male wurden neue amtliche Ausweise eingeführt, eben um die zahlreichen gefälschten Ausweise, die in Umlauf geraten waren, unbrauchbar werden zu lassen. Immer wieder war zum Überleben sofort und dringend Geld nötig.

Dieses Geld beschaffte ich mir durch den illegalen Verkauf meiner Kompositionen unter falschem Namen und mußte mich deshalb bei allen Gemütsverfassungen dazu zwingen, weiter zu komponieren. Ob man dies meinen damaligen Melodien wohl anhört? Ich bezweifle es. Jedenfalls entwickelte sich damals, wie zur Zeit der McCarthy-Ära in Hollywood, ein Schwarzmarkt für geistiges Eigentum, auf dem jüdische »Neger« ihre Schöpfungen zu Pauschalpreisen Kollegen überließen, die weiterhin arbeiten durften und die Tantiemen für sich behielten. Was mich dabei ebenso sehr wie der unvermeidliche Einkommensverlust belastete, war, mitansehen zu müssen, wie die eigenen Melodien – ich schrieb vor allem schmachtvolle Serenaden für den korsischen Herzensbrecher Tino Rossi – Berufskollegen völlig unverdient zu Anerkennung und dem Ruf großen Talents verhalfen.

Eine unmittelbare Bedrohung ging für mich von den regelmäßigen Paßkontrollen aus, da mich mein deutscher Akzent sofort verriet. Diese Kontrollen wurden von der französischen Polizei sowie Milizen durchgeführt: Organisation und Leitung übernahmen Gestapo-Mitglieder, überall in Frankreich organisierten die deutschen Militärkommissionen Straßenkontrollen und Razzien. Ich vermied also, mich häufiger als unbedingt nötig auf die Straße zu begeben und hielt mich die meiste Zeit versteckt.

Unter anderem fand ich Zuflucht in der Wohnung einer Familie russischer Juden namens Benyoumov, die aufs Land geflohen waren. Eine Näherin, die für die Familie gearbeitet hatte, versorgte mich mit Speisen und Getränken. Die Zeit wurde mir in der leerstehenden Wohnung, in der ich ja unmöglich Klavier spielen konnte, unermeßlich lang. Angstzustände von nie gekannter Heftigkeit befielen mich, denn ich konnte mir unschwer ausrechnen, daß mich die Gestapo in der Wohnung behördlich gemeldeter Juden nicht unbehelligt lassen würde. Irgendeinen Plan mußte ich fassen und hatte doch keine Vorstellung davon, wie ich mich der drohenden Verhaftung entziehen könnte. So vergingen einige Wochen. Eines Tages wurde mir das Warten so unerträglich, daß ich mich trotz aller Gefahren zu einem Spaziergang entschloß. Ich mußte einfach wieder die Nähe anderer Menschen spüren. Es war am frühen Nachmittag eines kalten, aber sonnigen Wintertages; das Haus lag vollkommen still. Auf der Treppe waren seit ein oder zwei Stunden keine Schritte mehr zu vernehmen gewesen. Ich nutzte also die vermeintliche Gunst der Stunde und stieg die Treppe bis ins Halbdunkel des Hauseingangs hinab.

Da öffnete sich die Haustür plötzlich, und vor mir sah ich die Silhouetten zweier hochgewachsener Männer in Regenmänteln. Einer der beiden erkundigte sich bei mir, mit einem unverkennbaren deutschen Akzent, nach der Wohnung der Benyoumovs. Ich weiß, hätte ein Drehbuchautor diese Szene ersonnen, so würde man ihm wahrscheinlich vorwerfen, dieser Einfall sei nun wirklich zu billig. Aber soll ich mich dafür entschuldigen, daß die Wirklichkeit manchmal mit den abgedroschensten Clichés wetteifert? Mir ist heute auch völlig schleierhaft, wie ich die Geistesgegenwart aufbringen konnte, die dazu gehört, trotz meines Schrekkens blitzschnell einen Schnupfen vorzutäuschen, mich zu schneuzen und durch das Taschentuch »Dritte Etage« zu nuscheln, um den beiden Gestapo-Beamten meinen eigenen deutschen Akzent zu verheimlichen. Zu manchen Reaktionen findet man vielleicht nur, wenn man völlig die Fassung verloren hat.

Quälend lange hingegen konnte ich mir ein andermal ausrechnen, was mich erwartete, als ich mit ungefähr 100 weiteren Passanten an einer Straßenkreuzung angehalten wurde. Deutsche Soldaten und französische Milizionäre sprangen von Lastwagen, die die Kreuzung versperrten; hinter uns tauchten plötzlich weitere Lastwagen aus Seitenstraßen auf und schnitten uns den Rückweg ab. Wir alle mußten stehenbleiben, wo wir uns gerade befanden, dann begann die Ausweiskontrolle. Dieses Mal konnte ich nur unter Aufbringung meines ganzen Überlebenswillens zu einer vorsichtigen Reaktion finden. Ich stand in der Nähe eines Hauseingangs, dessen Klingelanlage außen in Höhe meines Rückens angebracht war. Vorsichtig, von meinen Nachbarn mißtrauisch beäugt, näherte ich mich Zentimeter um Zentimeter dem Brett mit den Druckschaltern und setzte mit dem Rücken vorsichtig sämtliche Klingeln in Betrieb. Es vergingen einige weitere, angstvolle Sekunden, dann öffnete sich die Haustür. Ich war schweißgebadet und fror.

Im dritten Stock öffnete eine alte Frau und fragte nach meinem Anliegen. In meiner Erschöpfung fiel mir nichts weiter ein, als ihr die Wahrheit zu sagen. Sie hat mich nicht verraten, sondern für die ganze Nacht bei sich versteckt.

In Marseille wurde für mich das Pflaster entschieden zu heiß. Wieder und wieder rechnete ich meine Chancen durch, und das Ergebnis wurde immer deprimierender. Genau zu jener Zeit, da es mir nur ums nackte Überleben ging und alle anderen Wünsche unendlich bedeutungslos waren, begegnete ich zahlreichen Berühmtheiten, von deren Umgang ich früher kaum zu träumen gewagt hätte. Mitten in der Kreidefelsformation der Calanques hatte die Gräfin Pastré ihr Schloß, auf dem sie unter anderem Clara Haskil, Christian Bérard, Boris Kochno, den Choreographen von Diagilev, sowie den Ravelschüler und Dirigenten Manuel Rosenthal versteckte. Sie pflegte mit Hingabe ihren Ruf als Mäzenin nach dem Vorbild der Adligen des 18. Jahrhunderts und unterhielt ein dichtes Netz von Bekanntschaften mit Künstlern und anderen Persönlichkeiten des öffentlichen Lebens. Edith Piaf hatte mir diesen Unterschlupf vermittelt. Allerdings war man auch dort vor Razzien nicht sicher, so daß in den Calanques, die jenseits des Gartens abrupt ins Meer abfielen, eine der vielen Grotten zu einem Versteck ausgebaut werden mußte. Diese nur vom Meer aus einsehbare

Höhlung in der Felswand enthielt ständig Lebensmittel, Wasser und Decken für mich oder andere heimliche Bewohner des Schlosses. Während meines Aufenthaltes bei der Comtesse Pastré hatte ich deshalb regelmäßig eine bestimmte Übung zu absolvieren: ein Hindernislauf von meinem Zimmer im Schloß quer durch den Garten, zwischen Büschen hindurch, über Bänke und Beete und die hintere Gartenmauer bis in meine Felsgrotte. Bei einem Alarm hatte ich diese Strecke auch im Dunkeln perfekt zu kennen und geräuschlos in kürzester Zeit zurückzulegen. Allerdings blieb das Schloß, soweit ich mich erinnerte, damals von Razzien verschont.

Als im November 1942 die Wehrmacht auch in dem noch unbesetzten Teil Frankreichs einmarschierte, erschien mir dieses Versteck nicht mehr sicher genug; so beschloß ich, in Nizza im italienisch besetzten Teil Frankreichs einen Unterschlupf zu suchen. Dies gelang mir auch, weil ich Glück hatte und mir bei den zahlreichen Paßkontrollen während der Bahnfahrt kein Polizist Fragen stellte.

Auch in Nizza bestritt ich meinen Lebensunterhalt als »Neger«. Mein Wohnsitz war ein unscheinbarer Gasthof namens »Hôtel de la Victoire«. Jedes Hotel war damals im Grunde für mich ein gefährlicher Aufenthaltsort, aber ich kannte ja niemanden in Nizza, und so hatte ich keine Wahl. Ich hatte es nicht einmal vermeiden können, mich ins Gästebuch einzutragen.

Was im Mai 1943 geschah, hatte ich deshalb schon seit langem kommen sehen. Ich kehrte eines Abends in mein Hotel zurück und sah, wie sich die Besitzerin in ihrer Loge mit einem Fremden unterhielt. Gäste fertigte sie normalerweise an der Rezeption ab. Eine innere Stimme sagte mir: »Dieser Besuch gilt dir.« Und tatsächlich trat der Mann – ein Kriminalbeamter – kurze Zeit später in mein Zimmer ein. »Guten Abend, Monsieur Glanzberg«, begrüßte er mich dabei, betonte er lauernd meinen wahren, jüdischen Namen. Wer in meiner Umgebung konnte mich wohl verraten haben? »Ich verhafte Sie wegen des Mitführens falscher Papiere.«

»Sie wissen ja, wie ich heiße und warum ich mir falsche Papiere zulegen mußte«, sagte ich mit gesenkter Stimme, so ruhig, wie es mir eben möglich war und bat ihn eindringlich: »Lassen Sie mich doch laufen! Geben Sie mir einen Vorsprung, damit ich entkommen kann.« Aber er blieb ungerührt: »Nein, Sie sind verhaftet!«

So kam ich erneut ins Gefängnis, wegen des Besitzes falscher Papiere. Meine Zelle teilte ich mit einem alten polnischen Juden und einem Zigeuner. Vier Monate verstrichen. Zu Beginn meiner Inhaftierung hatte ich Edith Piaf brieflich meine Verhaftung mitteilen können. Sie setzte sich weiterhin rührend für mich ein und beauftragte einen Anwalt, sich meiner Sache anzunehmen und auch für meine Ernährung zu sorgen. Denn man kann sich unschwer vorstellen, welches Essen 1943, im vierten Kriegsjahr, den Insassen eines südfranzösischen Gefängnisses vorgesetzt wurde.

Der Hunger zehrte mich wie alle meine Mitinsassen aus; er verdrängte sogar die Angst vor dem Verfahren, das gegen mich anhängig war. Wieder einmal, genau wie zu Anfang meiner Zeit in Paris, erlebte ich dieses bohrende Hungergefühl, nur viel heftiger und ohne Unterlaß. Da der von Edith beauftragte Anwalt es nicht für nötig befand, seine eingegangenen Verpflichtungen zu erfüllen, erhielt ich, anders als meine Zellengenossen, nie Pakete mit Lebensmitteln. Ich erinnere mich der bitteren Enttäuschungen, die die Appelle für mich brachten, wenn nach dem Eintreffen der Post die Namen der Empfänger aufgerufen wurden. Mein Name erklang nie.

Die monatelange Unterernährung brachte mich dem Wahnsinn nahe, daß ich die Speisen, die ich mir sehnlich wünschte, schließlich an die Zellenwand zeichnete. Um halbwegs bei Sinnen zu bleiben, kritzelte ich hemmungslos immer neue Versionen von Tischchen, die sich unter der Last ihrer Speisen bogen, und starrte auf diese groben Silhouetten an der Wand, bis sie in meiner Phantasie Form, Farbe, Geruch und Geschmack angenommen hatten.

Auch das ging vorüber; mein Prozeß fand statt. Das Urteil lautete auf sechs Monate Gefängnis, worauf mir die vier Monate, die ich bereits in Untersuchungshaft verbracht hatte, angerechnet wurden. Weitere acht Wochen Haft – diese Aussicht wäre eigentlich nicht unerträglich gewesen, hätte sich nicht in der Zwischenzeit jenseits der Mauern, die meine enge, kleine Häftlingswelt umschlossen, das Rad der Geschichte weitergedreht.

Im September 1943 handelte Marschall Badoglio nach Absetzung und Gefangennahme Mussolinis einen Waffenstillstand zwischen Italien und den Alliierten aus. Damit fielen die von der italienischen Armee besetzten Gebiete Frankreichs an Deutschland; deutsche Truppen rückten in Nizza ein, und in ihrem Gefolge nahm die »Organisation Todt« ihre Tätigkeit auf. Für einen

Juden bedeutete die Erfassung durch die »Organisation Todt« die Verschleppung ins Konzentrationslager.

Man hätte meinen können, mein Gefängnis sei eine seltsame Synagoge, so hoch war der Anteil der Juden unter den meist ausländischen Häftlingen, als diese Beamten unsere Zellen betraten. Ihr Erscheinen ließ uns Insassen das Schlimmste befürchten; die bange Frage: »Was wird man mit uns machen?« bedrängte uns fortan ebenso sehr wie der Hunger. Für die meisten meiner Schicksalsgenossen wurde das Schlimmste bald auch Wirklichkeit – als ein wach durchlittener Alptraum, aus dem es für sie kein Entkommen in eine andere Wirklichkeit mehr gab.

Für einen meiner Wärter gab es hingegen weiterhin in jener finsteren Zeit die ihm unerreichbare Welt der Filmschönheiten und Leinwandhelden, zu der ich in seinen Augen Zugang gehabt hatte. Er war Korse und verehrte seinen Landsmann Tino Rossi. Ein klein wenig von dieser Leidenschaft übertrug er auch auf mich, seit ich ihn mit Anekdoten aus Tino Rossis Privatleben unterhalten hatte. So erklärte er sich bereit, der damals berühmtesten Schauspielerin Frankreichs, Marie Bell von der Comédie Francaise, eine Nachricht über meine Lage zukommen zu lassen – und hielt sein Versprechen.

Eines Nachts öffnete sich die Zellentür und besagter Wärter befiehlt mir, ihm zu folgen. Kaum habe ich mich ihm genähert, da versetzt er mir einen mächtigen Schlag ins Gesicht. Ich blute heftig aus der Nase und will mich schon beschweren, aber er fordert mich mit einer Geste auf, ihm zu vertrauen und keinen Laut von mir zu geben. Dann sperrt er mich in eine Einzelzelle.

Ich schwanke zwischen Hoffnung und allerlei vagen Befürchtungen. Waren der Schlag und meine Verletzung also nur ein Täuschungsmanöver für den Fall, daß wir anderen Wärtern begegnen? Wozu diese Isolierung in der Einzelzelle? Natürlich beginnt meine Phantasie, angestachelt von dem verzweifelten Wunsch nach einem Entkommen, sofort, mir die schönsten Bilder von unverhofften Rettungsaktionen und einem neuen Leben in Freiheit und Sicherheit vorzugaukeln, aber ich wehre mich mit allen mir verbleibenden Willenskräften dagegen, um bei einer Enttäuschung innerlich nicht vollkommen zu zerbrechen.

Es vergehen eine, vielleicht zwei Stunden in völliger Dunkelheit. Dann erscheint der Korse wieder und reicht mir meine Zivilkleider mit der Aufforderung, mich umzuziehen. Weiterhin fällt kein Wort der Erklärung. Nachdem ich seiner Aufforderung Folge geleistet habe, wartet er unbeweglich an der spaltbreit geöffneten Zellentür. Da ertönt, kaum vernehmlich, das Brummen mehrerer Motoren. Der Wärter horcht auf, ergreift meinen Arm und führt mich aus der Zelle. Wir durchlaufen für wenige Minuten Gänge, die weder zum Eingangstrakt noch zum Innenhof führen, bis plötzlich eine unscheinbare Tür aufgeht und – mir frische Luft entgegenweht. Vor mir steht, eskortiert von zwei Motorradfahrern, eine schwarze Limousine. Die hintere Seitentür fliegt auf, der Wächter drückt mich durch die Tür und stößt mich ins Wageninnere. Ich habe gerade noch Zeit, die Wimpel an beiden Vorderseiten der Limousine zu bemerken. Die Tür wird wieder geschlossen, die Limousine fährt an, und ich werde in den Rücksitz gedrückt. Vor mir auf dem Beifahrersitz wendet sich ein Herr im schwarzen Anzug, mit steifem Hut und einer Aktentasche auf den Knien, nach mir um und erklärte mir freundlich, ich befinde mich im Dienstwagen des Präfekts Durafour, zuständig für das Département Alpes Maritimes. Fahrtziel sei Antibes, genauer gesagt, die Villa von Georges Auric. Zugegeben, die geräumige Limousine war mir nach der monatelangen Haft sehr fremd, um nicht zu sagen, nicht ganz geheuer, aber es handelte sich, daran war nun kein Zweifel mehr möglich, um meine Rettung. Meine Rettung? Gerettet!!! Das Wort tönte mir wie Glockenschläge im Kopf; mir vergingen vor Freude die Sinne.

Langsam verfestigte sich in mir der Verdacht, daß ich mein kaum vorstellbares Glück, doch noch dem Gefängnis und der drohenden KZ-Haft entkommen zu sein, Marie Bell verdankte. Marie Bell war Schaupielerin und hatte sich als Interpretin der großen, tragischen Frauengestalten von Racine den Ruf einer bedeutenden Darstellerin erworben. Darüber hinaus verkehrte sie in den Pariser Salons mit einflußreichen Politikern und Intellektuellen. Sie war eine für die Dritte Republik in Frankreich typisch »graue Eminenz«. Ich hatte sie während meines Aufenthaltes bei Gräfin Pastré kennen und schätzen gelernt. Sie erzählte mir später, daß aufgrund des Ausgangsverbots bei Einbruch der Dunkelheit und der zahlreichen Straßenkontrollen die Organisation meiner Flucht nur mit einem offiziellen Dienstwagen möglich gewesen sei. Ihr alter Freund, der Präfekt Durafour, habe sich dennoch nur zögernd zur Bereitstellung seines Fahrzeugs bewegen lassen, da er selbst wenige Tage zuvor auf der kurzen Strecke zwischen Nizza und Menton nicht weniger als viermal kontrolliert worden sei, und zwar am hellichten Tage. Wie gefährlich also würde der Transport eines Mannes ohne Papiere mitten in der Nacht sein!

Nun, dieser Gefahr war ich mir in jener Nacht nicht einmal bewußt. Ich glaubte mich schon so sicher wie in Abrahams Schoß und nahm es auch fast als selbstverständlich hin, daß sämtliche deutschen Militärpatrouillen vor dem Fahrzeug, das mich, den Untermenschen, transportierte, strammstanden und salutierten. Heute weiß ich, zu Unrecht – ich hatte nur einmal mehr Glück gehabt.

Bei Georges Auric, dem Komponisten und späteren Direktor der Pariser Oper, wartete man gespannt auf mein Eintreffen. Kaum war dies geschehen, löste sich die Stimmung sehr schnell, man amüsierte sich über mein immer noch verstörtes Gesicht, klärte mich über die Hintergründe meiner Flucht auf und nutzte den Rest der Nacht, um mein Freikommen gebührend zu feiern.

Georges Auric gewährte mir Zuflucht, solange er in Antibes bleiben konnte. Als er anläßlich einer Tournee wieder zurück nach Paris mußte, wechselte ich auf Vermittlung Marie Bells in die nahegelegene Villa von René Laporte, bei dem sich zahlreiche Künstler und Schriftsteller aufhielten, die alle der »Résistance intellectuelle« angehörten, also ihre gegen Vichy und die deutschen Besatzer gerichteten Werke in illegalen Druckereien vervielfältigen ließen und sie dann unter dem Ladentisch verkauften. Laporte, selbst Lyriker, hatte außerdem während der dreißiger Jahre in Toulouse zahlreiche Surrealisten verlegt, unterhielt weiterhin enge Beziehungen zu Tristan Tzara, Jean Cassou, Elsa Triolet, Aragon, Paul Eluard und vielen anderen, die bei ihm aus- und eingingen. Wenn Gerüchte über drohende Razzien aufkamen, floh ich im Schutze der Nacht zu Jacques Audiberti, dessen Haus mitten in der Altstadt von Antibes einfacher und weniger auffällig war.

Man versuchte, mir meinen Aufenthalt trotz meiner eingeschränkten Bewegungsfreiheit so angenehm wie möglich zu gestalten und gab mir durch viele kleine Aufmerksamkeiten zu verstehen, daß ich »zur Familie gehöre«. Zu Weihnachten 1943 fand ich an einer Wäscheklammer am Weihnachtsbaum, zwischen den Geschenken für die Kinder der Laportes, »richtige«, das heißt meisterhaft nachgeahmte, falsche Papiere. Auf der Glückwunschkarte konnte man folgenden, gereimten Kommentar lesen:

Il est venu de loin entre deux hommes noirs,
Le Rempart le reçut avec un air tragique
Mais depuis qu'il est là le Rempart chaque soir
Aime, danse et sourit au bruit de sa musique
(31 déc. 43, A Norbert, son geôlier René)

Es führten ihn zwei schwarze Männer [Polizisten] von weit her,
da lag der Hafen von Antibes noch grau und leer,
doch seit er da ist, hallen seine frohen Lieder
und Quais und Tänzer und der Hafen lächeln wieder.

Als die Perspektive einer alliierten Landung immer näher rückte, trafen immer mehr Besatzungstruppen in Antibes ein; man begann, die Côte d'Azur mit Festungen zu versehen. Damit stieg die Gefahr, daß man mich entdeckte, erheblich an. Die Laportes zogen deshalb nach Varilhes in der Gegend von Toulouse und blieben dort bis zur Befreiung Süd-West-Frankreichs.

Während meines »Wanderlebens« an der Côte d'Azur hatte ich unter anderem mit Maurice Chevalier Freundschaft geschlossen. Er hatte sich in der Nähe von Nizza eine prachtvolle Villa gekauft, in der er sich von den Anstrengungen seiner Karriere auszuruhen pflegte. Während ich mich in Antibes versteckt hielt, rief ich ihn eines Tages an. Er besuchte mich daraufhin mit dem Fahrrad und verriet mir, nachdem er mir den Schwur, es nicht weiterzusagen, abgenommen hatte, daß er gerade seine Memoiren schreibe und sie mir sogar zeigen wolle. Ich habe meinen Schwur guten Gewissens gebrochen, denn ich fand, daß sich diese Memoiren angenehm lesen ließen und außerdem viel Interessantes über die Unterhaltungsmusik jener Jahre enthielten. Auch René Laporte war meiner Ansicht und vermittelte Chevalier an einen Verleger. Das Buch mit dem Titel *Ma route et mes chansons* wird noch heute aufgelegt.

Dadurch, daß ich Chevalier auf diese Weise mit den Kreisen der »Résistance intellectuelle« Bekanntschaft schließen ließ, habe ich ihm vielleicht das Leben gerettet. Radio Londres hatte ihn nämlich während der Besatzungszeit als Kollaborateur verdächtigt, was er jedoch nicht war. Ursache dieses Irrtums war ein in der deutschen Soldatenzeitschrift *Signal* erschienenes Foto, auf dem der Standortkommandant von Paris, General von Stülpnagel, Chevalier in seiner Loge die Hand reichte. Das Foto trug die Unterschrift: »Maurice Chevalier gratuliert General von Stülpnagel zu dem Sieg der deutschen Truppen bei ...«. Dies entsprach aber nicht der Wahrheit; von Stülpnagel hatte Chevalier ganz einfach aufgesucht, um ihm zu dem Erfolg seiner Vorstellung, der er beigewohnt hatte, zu gratulieren.

Vor den Kämpfen in Südfrankreich war Chevalier im

Sommer 1944 mit seiner Lebensgefährtin Nita Raya, einem rumänischen Schlagersternchen, in die Dordogne geflohen und dort von Partisanen gefangengenommen worden. Eines Tages erscheint Nita völlig erschöpft und verzweifelt in Toulouse, wo inzwischen Jean Cassou Commissaire de la République und René Laporte Direktor von Radio Toulouse geworden waren. Sie hatte nämlich René Laporte auf Radio Toulouse sprechen hören und wußte somit, daß meine Freunde und ich selbst irgendwo in Toulouse sein mußten. Sie bittet mich, doch zu verhindern, daß Chevalier erschossen wird. Laporte beschaffte sich einen Jeep und fuhr in Begleitung zweier Amerikaner in die Dordogne. Chevalier konnte gerettet werden, mußte sich aber weiterhin verstecken. Mit hochgeschlagenem Kragen, das Gesicht im Mantel vergraben, gelangte er nach Varilhes. Wir teilten fortan mein Zimmer – ich sehe uns noch, beide mit einem Besen in der Hand, beim Kehren unseres etwas beengten, trauten Heims – nur daß sich das Blatt jetzt gewendet hatte, ich gefahrlos auf die Straße gehen konnte und er stattdessen eingeschlossen war.

Ein anderer, der die Befreiung Frankreichs nicht ganz unbehelligt überstand, war Tino Rossi. Er war während der Säuberungen zu drei Monaten Gefängnis wegen seiner Auftritte im besetzten Frankreich verurteilt worden. Nach Absitzen der Strafe verkündete er allen, die es hören wollten, daß er sich nunmehr mit jedem – Kommunisten, Amerikanern, Gaullisten, Juden – gut stellen und sich zu keiner, aber auch gar keinen politischen Stellungnahme mehr hinreißen lassen werde. Wenig später drehte er einen Film in Monaco, zu dem ich die Musik schrieb. Ich war deshalb gerade anwesend, als der Direktor von Radio Monte-Carlo, Florent Fels, mit Tino Rossi ein Interview machte. »Welches sind ihre Lieblingsautoren, Tino Rossi?« Nun bestand das Problem, daß Rossi überhaupt nicht las. Er drückte sich also diskret in meine Ecke und bat um ein paar Namen. »Na, sag ihm halt: Hemingway, Musset, Maupassant.« Er tat es. »Und welche Komponisten schätzen Sie am meisten?« Die Szene wiederholte sich. Ich flüsterte ihm »Gounod, Bizet, Lehar«, und er gab seine Antwort, kehrte aber gleich darauf wieder zu mir zurück und bät: »Hätt'ste nicht auch einen Russen? Man kann ja nie wissen.«

Der Zweite Weltkrieg nahm ein Ende, es trat auch für mich wieder Alltag und Routine ein, und ich beschloß, mich erneut in Paris niederzulassen. Ich komponierte weiter für Tino Rossi und traf Edith Piaf wieder, die damals gerade mit Yves Montand lebte. Sie bat mich, für ihn zu schreiben, und so entstanden erfolgreiche Titel wie *Mon manège à moi, Moi j'm'en fous, Les grands boulevards,* die er auch heute noch singt. Montand war mir allerdings schon in Marseille, seiner Heimatstadt begegnet. Ein Konzertagent hatte mich eines Tages zur Probe eines »vielversprechenden jungen Künstlers, der noch als Docker arbeitet«, eingeladen. Der junge Mann trug eine blonde Perücke, die ihm Ähnlichkeit mit Charles Trenet verleihen sollte, was aber durch sein Pferdegebiß und die etwas groß geratene Nase nicht ganz überzeugend gelang. Er hatte verschmitzte Augen und eine Stimme, die wirklich vielversprechend war. Seine ersten Publikumserfolge erzielte er, noch in Marseille, als »Vedette américaine« eines Variété-Theaters, das heißt, daß er im Cowboykostüm auftrat und ein entsprechendes Liedrepertoire vortrug.

Mit dem Aufkommen des Rock'n' Roll änderten sich auch die Produktionsgewohnheiten in der Unterhaltungsmusik. Man mußte Tonbandaufnahmen mit einer endgültigen Orchesterfassung vorlegen, weil die Popsänger meist nicht in der Lage waren, eine einfache, nur am Klavier vorgetragene Melodie zu beurteilen. Durch die Zusammenarbeit mit einem Variété-Orchester konnte ich diese Bedingungen erfüllen. Ein Beispiel: Eines Tages erscheint der Aufnahmeleiter von Petula Clark mit dem Tonband eines »amerikanischen« Orchesters (in Wirklichkeit das französische Orchester Frank Pourcel) im Studio. Petula Clark, von der Melodie sehr angetan, möchte sich ihren Anteil an dieser hitverdächtigen, angeblich amerikanischen Produktion nicht entgehen lassen. Sie nimmt sie unter dem Titel *Chariot* auf und erzielt damit ungewollt einen Welterfolg.

Damit wäre fast schon alles erzählt, wenn nicht ... ja, wenn mich nicht seit ungefähr fünf Jahren meine alte Neigung zur klassischen Musik erneut gepackt hätte. Inzwischen habe ich als alter Mann ja viel Zeit, und das Komponieren werde ich nach all den Jahren wohl nie mehr aufgeben können. Ob ich wirklich den Weg von der »leichten Muse« zur »ernsten Musik« gefunden habe, dies zu entscheiden, überlasse ich anderen. Jedenfalls habe ich Lieder in der alten romantischen Tradition zu Texten komponiert, die Widerständler gegen den Nationalsozialismus kurz vor ihrer Hinrichtung verfaßt haben. Ich habe Songs in brecht'scher Manier geschrieben, und die *Yiddish-Suite,* eine Klavier-Suite, zu der mich das Lesen der Erzählungen von Isaak Bashevis Singer inspiriert hat. Mit diesen Erzählungen knüpfte ich genau da wieder an, wo meine Geschichte ihren Ausgang nahm: in den »Shtetl«, den von Juden bewohnten Dörfern Polens und Weißrußlands. Denn mein Geburtsort Rohatyn in Galizien war ein solches Shtetl, an das ich selbst zwar kaum mehr Erinnerungen habe, von dem mir meine Mutter aber während meiner Jugend in Würzburg viele Geschichten erzählte.

Meine Mutter war im Shtetl aufgewachsen und hatte dort keine nennenswerte Schulausbildung genossen. Während des Ersten Weltkrieges unterhielt sie mich und meine Schwester durch Näharbeiten; sie war die alleinige Ernährerin der Familie, da mein Vater als Österreicher in der Armee der Doppelmonarchie am Krieg teilnahm. Die Nähmaschinen mußten damals mit dem Fuß angetrieben werden. Noch heute sehe ich meine Mutter vor mir, wie sie stundenlang an der Nähmaschine saß, von früh bis abends das Pedal mit dem Fuß in Bewegung hielt und Schulterklappen für die deutsche Armee herstellte. Es war hart verdientes Geld in einer harten Zeit.

Quelle ihrer Freuden und des Lebensmutes, dessen sie Tag für Tag bedurfte, war die Musik, der ihre ganze Liebe galt und für die sie sehr begabt war. Wenn sie aus dem Kino kam, setzte sie sich an den Rand meines Bettes und summte mir all die Melodien vor, mit denen das Orchester die noch stummen Filme untermalt hatte. Später, als ich schon Klavierstunden nahm, horchte sie während der Hausarbeit auf mein Spiel. Ich konnte ihr nichts vormachen; keine einzige falsche Note entging ihr, und mit der Zeit kannte sie die Klavieretüden von Czerny, die Werke von Bach, Beethoven und Schubert bis hin zu Tschaikowsky ebenso gut wie ich. Ohne jede musikalische Vorbildung verstand und liebte sie sogar

Komponisten, die für damalige Verhältnisse revolutionär waren, zum Beispiel César Franck oder Manuel de Falla. Wer jemals musizierte, oder sich überhaupt künstlerisch betätigte, weiß, wie entscheidend die beständige, bereitwillige Aufmerksamkeit einer vertrauten Person für die Entfaltung einer Begabung ist. Am Anfang meiner Musikerlaufbahn steht das vertraute Gesicht, die Allgegenwart meiner Mutter.

Von ihr weiß ich auch folgende Anekdote aus der Zeit um den Ersten Weltkrieg. Ich war damals ein Knirps von vier Jahren. Mein Vater nahm als Österreicher in der Armee der Doppelmonarchie am Krieg teil, und meine Mutter verbrachte ihre einsamen Abende oft im Kino. Dahin mußte sie mich mitnehmen, denn sie hatte in Würzburg keine Verwandten, um mich beaufsichtigen zu lassen. Während die Darsteller Dinge taten, die ich nicht begriff und ein kleines Orchester im Orchestergraben die Handlung musikalisch illustrierte, saß ich im Dunkeln auf dem Schoß meiner Mutter. »Mamma«, fragte ich, »Mamma, warum lacht die Musik?«, »Mamma, warum weint die Musik?« Das Kind, das ich damals war, hatte in der Musik einen treuen Spielgefährten gefunden.

Im Reich der Klänge kann man weinen oder lachen und ist sicher, überall verstanden zu werden. Was wäre mir, dem jedes Heimatrecht zweimal geraubt worden ist, wohl geschehen, wenn ich mich in dieser Sprache, die kein Machthaber mißbrauchen kann, nicht hätte verständlich machen können. Das Wunder meines Überlebens ereignete sich im Grunde schon damals, in jenem Kino, als sich mir die Sprache der Musik erschloß.

So war es.

Die Autoren

Lothar Baier, geb. 1942, Schriftsteller, zahlreiche Paris- und Frankreich-Aufenthalte.

Marén Berg, geb. 1946, deutsch-französische Sängerin, lebt seit 1968 in Paris.

Wolf Biermann, geb. 1936, Liedermacher und Schriftsteller.

Sigismund Freiherr von Braun, geb. 1911, Botschafter a. D. u. a. von 1972-76 in Paris.

Karin Brincourt, Mannequin, lebt seit 1956 in Paris.

Katharina von Bülow, geb. 1938, Journalistin und Autorin, lebt seit 1965 in Paris.

Daniel Cohn-Bendit, geb. 1945 in Paris, Abgeordneter des Frankfurter Stadtparlaments, lebte bis 1968 in Paris.

Ruth Fabian, geb. 1907, Mitbegründerin der deutschen Buchhandlung *Calligrammes,* lebt seit 1936 in Paris.

Albert Flocon (ursprüngl. Mentzel), geb. 1909, Graphiker und Autor, Professor em., lebt seit 1933 in Paris.

Eva-Maria Fruhtrunk, geb. 1932, lebt seit 1954 in Paris.

Jochen Gerz, geb. 1940, Künstler, lebt seit 1966 in Paris.

Norbert Glanzberg, geb. 1910, Komponist, lebt seit 1933 in Paris.

Günter Grass, Schriftsteller und Graphiker, lebte von 1956-59 in Paris.

Undine Gruenter, geb. 1952, Schriftstellerin, lebt seit 1987 in Paris.

Joseph Hanimann, geb. 1952, Kulturkorrespondent der Frankfurter Allgemeinen Zeitung, lebt seit 1979 in Paris.

Ruth Henry, Autorin, lebt seit 1954 in Paris.

Jörg Huber, freischaffender Künstler, lebt seit 1970 in Paris.

Martin Kaltenecker, geb. 1957, Musikwissenschaftler, lebt seit 1962 in Paris.

Beate Klarsfeld, geb. 1939, lebt seit 1969 in Paris.

Catherine Krahmer, geb. 1937, Kunsthistorikerin, Autorin, lebt seit ihrer Kindheit in Frankreich.

Christa Ludwig, geb. 1928, Opernsängerin.

Wolfram Mehring, geb. 1930, Theater- und Opernregisseur, lebt seit 1954 in Paris.

Günter Metken, geb. 1928, Kunsthistoriker und Journalist, lebt seit 1955 in Paris.

Bodo Morawe, geb. 1938, seit 1970 Korrespondent des WDR/NDR in Paris.

Christine Pries, Philosophin, studierte ab 1984 in Paris.

Rudolf Rach, geb. 1939, Verleger, L'Arche Editeur Paris, lebt seit 1986 in Paris.

Nina Ranalter, geb. 1940, Schriftstellerin, lebt seit 1985 in Paris.

Pierre-Paul Sagave, geb. 1913, Germanist, Professor em., lebt seit 1930 in Frankreich.

Helma Sanders-Brahms, geb. 1940, Filmemacherin.

Volker Schlöndorff, geb. 1939, Filmemacher.

Wilhelm Schlote, geb. 1946, Zeichner, lebt seit 1978 in Paris.

Wilhelm Schmid, geb. 1953, Philosoph, Lehrbeauftragter, lebt in Berlin und Paris.

Hansgerd Schulte, geb. 1932, ehem. Präsident des DAAD, lebt seit 1952 in Paris.

Heinz Peter Schwerfel, geb. 1954, Journalist und Filmemacher, lebt seit 1979 in Paris.

Marén Sell, geb. 1945, Verlegerin, Schriftstellerin, lebt seit 1968 in Paris.

Jenka Sperber, lebt seit 1934 in Paris.

Rudolf von Thadden, geb. 1932, Historiker, seit 1983 Gastprofessur in Paris.

Georg Stefan Troller, geb. 1921, Sonderkorrespondent des ZDF in Paris, Filmemacher, lebt seit 1949 in Paris.

Karl Ferdinand Werner, geb. 1924, Historiker, von 1968-89 Leiter des Deutschen Historischen Instituts Paris.

Michael Werner, geb. 1946, Germanist, Directeur de Recherche am CNRS Paris, lebt seit 1969 in Paris.

Ulrich Wickert, geb. 1942, ARD-Korrespondent in Paris.

Nachweise

Der Text von Heinrich Heine *(Ankunft in Paris)* stammt aus den *Memoiren.* Die *Pariser Mauerschau* von Günter Metken erschien zuerst 1982 in der Zeitschrift *Daidalos.* Die »Aufzeichnungen« Wilhelm Schlotes entnehmen wir mit seiner freundlichen Erlaubnis dem 1988 im Rheinischen Merkur Verlag erschienenen Buch *Passé simple – Die einfache Vergangenheit – oder Wilhelm Schlotes Pariser Notizen.* Günter Grass' *Rückblick auf »Die Blechtrommel«* drucken wir mit freundlicher Genehmigung des Luchterhand Verlags. Er erschien zuerst in der *Süddeutschen Zeitung* vom 12. Januar 1974. Die beiden Lieder von Wolf Biermann entnehmen wir mit freundlicher Genehmigung des Verlags Kiepenheuer & Witsch seinem Band *Verdrehte Welt, das seh' ich gerne,* Köln 1982. Georg Stefan Troller stellte Foto und Texte aus seinem leider vergriffenen, 1970 bei Bertelsmann erschienenen Buch *Mein Paris* zur Verfügung. Das Foto auf Seite 184 stammt von Willy Ronis, Paris. Den Beitrag von Jörg Huber *Ich liebe Paris, Paris liebt mich* entnehmen wir mit freundlicher Erlaubnis des Verlages Kiepenheuer & Witsch dem von Heinz Peter Schwerfel herausgegebenen Band *Kunst in Paris* (1990). Alle anderen Beiträge sind Originalbeiträge.

Bollmann Bibliothek

Band 1:

Undine Gruenter:

Das gläserne Café. Erzählungen

April 1991

Band 3:

Katharina von Bülow:

Deutschland zwischen Vater und Sohn

September 1991

Band 4:

Die Bücher des Albert Flocon

Mit Textbeiträgen von Gaston Bachelard, Paul Éluard, Albert Flocon, Paul Valéry und anderen sowie über 50 Illustrationen von Albert Flocon nebst einem kleinen Graphischen Glossarium

September 1991

Die Reihe wird fortgesetzt.